BIBLIOTHÈQUE CHOISIE.

OEUVRES

LITTÉRAIRES ET POLITIQUES

DE NAPOLÉON.

BATIGNOLLES-MONCEAUX,
IMPRIMERIE D'AUGUSTE DESREZ, 24, RUE LEMERCIER.

Le Général Bonaparte

OEUVRES

LITTÉRAIRES ET POLITIQUES

DE NAPOLÉON.

—

Nouvelle édition.

PARIS,

H.-L. DELLOYE, ÉDITEUR,

13, PLACE DE LA BOURSE.

—

1840.

NOTICE

SUR LES

OEUVRES LITTÉRAIRES ET POLITIQUES

DE NAPOLÉON.

—

La grande époque de l'Empire est, il faut l'avouer, bien petite dans l'histoire littéraire de la France. L'empereur, qui savait faire des savans et des généraux, n'a pas réussi à créer des poëtes, des historiens, des romanciers, des moralistes : excepté Mᵐᵉ de Staël, Bernardin de Saint-Pierre, Lebrun, Millevoye et deux ou trois autres réputations d'ordre subalterne, on ne voit que médiocrités dans la foule des littérateurs qu'il encourageait et récompensait avec des honneurs bien capables pourtant d'exalter l'émulation et d'évoquer le talent. C'est un fait incontestable que Napoléon, au milieu du rachitisme de la littérature de son temps, s'élève seul par cette supériorité qui lui appartient en qualité d'écrivain aussi bien qu'à tant d'autres titres, comme guerrier, politique et législateur. Napoléon la plume à la main est encore Napoléon.

Son style, auquel on ne prenait pas garde lorsque chaque événement de son règne amenait un de ces bulletins militaires si énergiques et si précis, un de ces ordres du jour si nobles et si imposans, une de ces proclamations si magnifiques, un de ces discours si nets, si logiques et si incisifs, son style a été souvent depuis signalé à l'admiration sinon offert à l'imitation de la littérature actuelle. Son style est sans doute peu correct, peu harmonieux, hérissé de néologismes, gonflé d'images exubérantes, chargé de clinquant et parfois de mauvais goût; mais ce qui est beau dans ce style est sublime, et le mauvais même se distingue par un air de force et de grandeur, par un singulier caractère d'originalité. Il y a du Corneille et du Bossuet, du César et du Tacite dans cette puissance d'expressions, dans cette témérité de grammaire, dans cette grande manière de rendre de grandes pensées. Napoléon voulait dominer la langue comme il faisait du reste, en maître absolu, et si c'était de la tyrannie, on doit reconnaître qu'elle a été heureuse et brillante.

L'empereur aimait à écrire, et il commença de bonne heure : à vingt et un ans, lorsqu'il était en garnison à Auxonne, il rédigea sa lettre à Matteo Buttafoco, député de la Corse à l'Assemblée nationale, et dans cette pièce de vive et mordante polémique il a prouvé que la guerre de plume ne lui convenait pas moins que celle du sabre. Il avait achevé à cette époque une *Histoire de Corse* qui aurait formé deux volumes in-12; mais au moment de mettre sous presse, il en fut détourné par les occupations de sa carrière militaire. Il trouva néanmoins, en 1791, le temps de faire un discours *sur les vérités et les sentimens qu'il importe le plus d'inculquer aux hommes pour leur bonheur*; ce discours, écrit avec les idées et le style de l'abbé Raynal, que le jeune Bonaparte avait eu pour professeur et pour ami, fut envoyé à l'Académie de Lyon et concourut à un prix qu'il n'obtint pas. Deux ans après, en 1793, Bonaparte improvisa un dialogue politique intitulé *le Souper de Beaucaire*, qui fut publié à Avignon sans nom d'auteur. Ce sont là les seuls ouvrages proprement dits qu'il ait composés avant sa captivité de Sainte-Hélène.

Lorsqu'il était général en chef, il dictait ses bulletins, ses proclamations et ses lettres, en y laissant fréquemment l'empreinte de son génie ; lorsqu'il devint premier consul, il dessina lui-même à larges traits, pendant trois années, l'exposé de la situation de la République, et il ne dédaigna pas de répondre dans le *Moniteur* aux insolentes provocations et aux mensonges effrontés des journaux anglais. On retrouve dans sa polémique la chaleur d'indignation et la verve de discussion qu'on remarque dans la lettre à Matteo Buttafoco et dans le *Souper de Beaucaire*. Empereur, il descendit quelquefois dans l'arène du *Moniteur*, et il ne confia jamais à personne ni ses discours ni ses proclamations. A Sainte-Hélène, il écrivit beaucoup, c'est-à-dire il dicta sans cesse à M. de Las-Cases, aux généraux Gourgaud et Montholon, à son valet de chambre Marchand : il embrassa tous les sujets, il raconta ses campagnes, il expliqua sa politique, il développa ses projets ; mais peut-être dans ces dictées, qui n'ont pas toutes été revues et corrigées par lui, a-t-il trop négligé la forme et abandonné au hasard le style, qui le préoccupait naguère dans les pièces officielles émanées de son gouvernement. Son travail sur les guerres de César est pourtant un chef-d'œuvre complet.

On ignorait que Napoléon eût fait des vers avant la publication d'une fable tirée, dit-on, des autographes du cabinet de M. le comte de Weimars. Cette fable, qui n'est pas sans quelque mérite, daterait du collège de Brienne, si l'on en croit le possesseur, intéressé à rehausser l'œuvre d'un écolier par le nom de Napoléon Bonaparte. La voici :

LE CHIEN, LE LAPIN ET LE CHASSEUR.

César, chien d'arrêt renommé,
Mais trop enflé de son mérite,
Tenait arrêté dans son gîte
Un malheureux lapin de peur inanimé.
« Rends-toi! » lui cria-t-il d'une voix de tonnerre
Qui fit au loin trembler les peuplades des bois.
    « Je suis César, connu par ses exploits
    Et dont le nom remplit toute la terre. »
    A ce grand nom, Jeannot Lapin,
Recommandant à Dieu son âme pénitente,
    Demande d'une voix tremblante :
    « Très-sérénissime mâtin,
    Si je me rends, quel sera mon destin ?
— Tu mourras. — Je mourrai ! dit la bête innocente.
    Et si je fuis? — Ton trépas est certain.
— Quoi ! reprit l'animal qui se nourrit de thym,
    Des deux côtés je dois perdre la vie !
    Que votre illustre seigneurie
Veuille me pardonner, puisqu'il me faut mourir,
    Si j'ose tenter de m'enfuir. »
    Il dit, et fuit en héros de garenne.
Caton l'aurait blâmé; je dis qu'il n'eut pas tort,
    Car le chasseur le voit à peine
Qu'il l'ajuste, le tire..... et le chien tombe mort !
Que dirait de ceci notre bon La Fontaine?
    Aide-toi, le ciel t'aidera.
    J'approuve fort cette morale-là.

Napoléon, qui avait fait des fables, était assez sévère pour La Fontaine : « Il condamnait, dit M. de
Las-Cases, qu'on donnât La Fontaine aux enfans,
qui ne pouvaient l'entendre. Il trouvait qu'il y avait
beaucoup trop d'ironie dans la fable du *Loup et de
l'agneau* pour être à la portée des enfans. Elle péchait d'ailleurs, à son avis, dans son principe et sa
morale. Il était faux, disait-il, que la raison du plus
fort fût la meilleure; et si cela arrivait en effet, c'était là le mal, l'abus qu'il s'agissait de condamner :
le loup eût donc dû s'étrangler en croquant l'agneau. »

Les jugemens de l'empereur sur les écrivains et leurs écrits nous donnent la mesure des défauts et des qualités de son sens littéraire : il ne sait pas isoler ses jugemens et de son époque et de ses idées personnelles ; il confond l'auteur avec son œuvre et réciproquement ; il s'attache à un détail au lieu de n'envisager que l'ensemble ; il critique tout ce qui est en contradiction avec sa manière de voir ; il ne fait jamais abnégation de son individualité en présence d'une création de l'esprit ; il ne se livre pas aux impressions spontanées ; il ne se laisse pas émouvoir et entraîner ; en un mot, il ne perd jamais de vue qu'il est Napoléon.

Lit-il l'*Odyssée*, quand il arrive au combat d'Irus contre Ulysse sur le seuil du palais de ce dernier, tous deux en mendiant, il désapprouve fort cet épisode ; il le trouve misérable, sale, inconvenant, indigne d'un roi. « Et puis, ajoutait-il, après avoir
» épuisé tout ce que j'y trouve de mauvais, je de-
» vine ce qui m'affecte encore ; je me mets à sa
» place, c'est la crainte d'être rossé par un miséra-
» ble ; il n'est pas donné à tout prince, à tout géné-
» ral, d'avoir les épaules de ses gardes ou de ses
» grenadiers ; n'est pas porte-faix qui veut. Le bon
» Homère remédie à tout cela en faisant de ses héros
» autant de colosses ; mais il n'en est pas ainsi
» parmi nous, etc. » (*Mémorial de Sainte-Hélène.*)

Et pourtant il aime, il admire Homère autant que la Bible, autant qu'Ossian ; il le déclare inimitable, et il lui sacrifie Virgile, en cherchant à démontrer que la vérité de temps et de lieu n'est point assez respectée dans le récit de la prise de Troie, au second chant de l'*Énéide*.

Lit-il Molière, après lui avoir payé un juste tribut d'éloges à propos du *Tartufe* : « Certainement,
» disait-il, l'ensemble du *Tartufe* est de main de
» maître, c'est un des chefs-d'œuvre d'un homme
» inimitable. Toutefois cette pièce porte un tel ca-

» ractère que je ne suis nullement étonné que son
» apparition ait été l'objet de fortes négociations à
» Versailles et de beaucoup d'hésitation dans
» Louis XIV. Si j'ai le droit de m'étonner de quel-
» que chose, c'est qu'il l'ait laissé jouer ; elle pré-
» sente, à mon avis, la dévotion sous des couleurs
» si odieuses ; une certaine scène offre une situa-
» tion si décisive, si complétement indécente que,
» pour mon propre compte, je n'hésite pas à dire
» que si la pièce eût été faite de mon temps, je
» n'en aurais pas permis la représentation. » (*Ibid.*)

Lit-il Racine, qu'il appréciait davantage dans les
derniers temps de sa vie, il se souvient de sa prédilection pour Corneille : « Bien que Racine ait ac-
» compli des chefs-d'œuvre en eux-mêmes, disait-
» il, il y a répandu néanmoins une perpétuelle
» fadeur, un éternel amour et son ton doucereux,
» son fastidieux entourage ; mais ce n'était pas pré-
» cisément sa faute, c'était le vice et les mœurs du
» temps. L'amour alors, et plus tard encore, était
» toute l'affaire de la vie de chacun. C'était toujours
» le lot des sociétés oisives. Pour nous, nous en
» avons été brutalement détournés par la Révolu-
» tion et ses grandes affaires. » Il condamnait aussi
tout le fameux plan de campagne de Mithridate :
« Il pouvait être beau comme récit, disait-il, mais
» il n'avait point de sens comme conception. »(*Ibid.*)

Lit-il Voltaire, qu'il haïssait d'autant plus qu'il
redoutait la philosophie du dix-huitième siècle, il
affecte d'en faire peu de cas : « Il est plein, disait-il,
» de boursouflure, de clinquant ; toujours, ne con-
» naissant ni les hommes, ni les choses, ni la vérité,
» ni la grandeur des passions. Il est étonnant combien
» peu il supporte la lecture. Quand la pompe de la
» diction, les prestiges de la scène ne trompent plus
» l'analyse ni le vrai goût, alors il perd immédiate-
» ment mille pour cent. On ne croira qu'avec peine,
» continuait-il, qu'au moment de la Révolution,

» Voltaire eût détrôné Corneille et Racine. On s'é-
» tait endormi sur les beautés de ceux-ci, et
» c'est au premier consul qu'est dû le réveil. » (*Ibid.*)

Ce n'est qu'en lisant Corneille qu'il fait éclater une
admiration sans réticence et sans mélange : il se
souvient que le grand Condé trouvait des larmes
aux représentations de *Cinna*; il se rappelle les tableaux de David et la déclamation de Talma : « La
» tragédie, disait-il avec chaleur, échauffe l'âme,
» élève le cœur, peut et doit créer des héros. Sous
» ce rapport, peut-être la France doit à Corneille
» une partie de ses belles actions. *Aussi, messieurs*
» (c'était à un des couchers de Saint-Cloud), *s'il*
» *vivait, je le ferais prince.* » (*Ibid.*)

Napoléon avait une préférence marquée pour la
tragédie héroïque; il ne comprenait pas la comédie ;
il ne savait ni rire ni pleurer; il estimait peu l'esprit; il
avait besoin d'être intéressé par la variété, la nou-
veauté et l'extraordinaire d'une action dramatique;
il dévorait une énorme quantité de romans ; il n'était
accessible qu'aux impressions fortes et, pour ainsi
dire, sublimes; cependant il se plaisait avec *Paul
et Virginie*, et il avait le courage de lire les livres de
Mme de Genlis.

On peut donc établir que la période de l'Empire
a manqué de direction littéraire : l'empereur insti-
tuait les prix décennaux, reconstituait les acadé-
mies, protégeait le théâtre avec éclat, traitait Talma
en maréchal de France, donnait des pensions à Luce
de Lancival et à Baour-Lormian, disait à Bernardin
de Saint-Pierre de lui donner tous les six mois des
Paul et Virginie et des *Chaumière indienne;* mais
dans la distribution de ses faveurs, il séparait trop
souvent l'homme de ses ouvrages, il tenait à distance le républicain Marie-Joseph Chénier, qui avait
un vrai talent tragique et lyrique ; il ne cherchait
pas à apprivoiser le farouche Ducis, qui francisait
Shakspeare; il exilait Mme de Staël à Coppet, et il ne

rappelait pas d'Angleterre l'abbé Delille. En faut-il conclure qu'il manquait de goût et de justice littéraires?

Quoi qu'il en soit, ses œuvres sont marquées au coin de cette originalité qu'on ne rencontre presque nulle part dans celles de ses contemporains.

Ces œuvres ont été recueillies et publiées plusieurs fois, c'est-à-dire qu'on a entassé par ordre chronologique tout ce qui paraît être sorti de la plume ou de la pensée de Napoléon. Nous n'avons pas procédé de même dans cette édition, laquelle, ne renfermant qu'un choix fait avec soin, présente seulement les œuvres littéraires de l'empereur, divisées en deux parties, politique et militaire. Ce volume contiendra encore assez de belles pages pour prouver que si Napoléon n'a pas donné dans son siècle les élémens d'une littérature nationale, il a souvent égalé les illustres écrivains du siècle de Louis XIV.

PAUL-L. JACOB,
bibliophile.

OEUVRES

LITTÉRAIRES ET POLITIQUES

DE NAPOLÉON.

MORCEAUX HISTORIQUES.

I.

PRÉCIS DE L'HISTOIRE DE LA CORSE [1].

Les Arabes d'Afrique régnèrent longtemps sur la Corse. Les armes de ce royaume sont encore aujourd'hui une tête de mort ayant un bandeau sur les yeux, et sur un fond blanc. Les Corses se distinguèrent à la

---

[1] Ce morceau, publié avec plus de développement par les soins du général Montholon, paraît être un extrait de l'*Histoire de la Corse*, que Napoléon avait composée dans sa jeunesse et qu'il s'était décidé à mettre sous presse, en 1790, dans l'imprimerie de Fr.-X. Joly, à Dôle.

1

bataille d'Ostie, où les Sarrasins furent battus et obligés de renoncer à leurs projets sur Rome. Il est des personnes qui pensent que ces enseignes leur furent alors données par le pape Léon II, en témoignage de leur bravoure.

La Corse est censée avoir fait partie de la donation de Constantin et de celle de Charlemagne ; mais ce qui est plus certain, c'est qu'elle faisait partie de l'héritage de la comtesse Mathilde. Les Colones de Rome prétendent qu'au neuvième siècle un de leurs ancêtres a conquis la Corse sur les Sarrasins et en a été roi. Les Colones d'Itria et de Cinerca ont été reconnus par les Colones de Rome et les généalogistes de Versailles ; mais le fait historique de la souveraineté d'une branche de la famille Colonna en Corse n'en est pas moins un problème. Ce qui est constant toutefois, c'est que la Corse formait le douzième royaume reconnu en Europe, titre dont ces insulaires étaient glorieux et auquel ils ne voulurent jamais renoncer. C'est à ce titre que le doge de Gênes portait la couronne royale. Dans les momens où ils étaient le plus exaltés pour la liberté, ils conciliaient ces idées opposées en déclarant la sainte Vierge leur reine. On en trouve des traces dans les délibérations de plusieurs consultes ; entre autres, de celle tenue au couvent de Vinsolasca.

Comme toute l'Italie, la Corse fut soumise au régime féodal : chaque village eut un seigneur ; mais l'affranchissement des communes y précéda de cinquante ans le mouvement général qui eut lieu en Italie dans le onzième siècle. On aperçoit encore, sur des rochers escarpés, des ruines de châteaux, que la tradition désigne comme le refuge des seigneurs pendant la guerre des communes dans les douzième, treizième, quatorzième et quinzième siècles. La partie dite du Liamone et spécialement la province de la Rocca exercèrent la principale influence dans les affaires de l'île. Mais dans les seizième, dix-septième et dix-huitième siècles, les pièves dites des terres des communes, ou autrement, de la Castagnichia, furent à leur tour prépondérantes dans les consultes, ou assemblées de la nation.

Pise était la ville du continent la plus près de la Corse; elle en fit d'abord le commerce, y établit des comptoirs, étendit insensiblement son influence et soumit toute l'île à son gouvernement. Son administration fut douce, conforme aux vœux et aux opinions des insulaires, qui la servirent avec zèle dans ses guerres contre Florence. L'énorme puissance de Pise finit à la bataille de la Maloria. Sur ses débris s'éleva la puissance de Gênes, qui hérita de son commerce. Les Génois s'établirent en Corse. Ce fut l'époque des malheurs de ce pays, qui allèrent toujours en croissant. Le sénat de Gênes, n'ayant pas su captiver l'affection des habitans, s'étudia à les affaiblir, à les diviser et à les tenir dans la pauvreté et l'ignorance. Aussi, est-il peu d'exemples d'une inimitié et d'une antipathie égales à celles qui animèrent ces insulaires contre les Génois.

La France, si près de la Corse, n'y eut jamais de prétention. On a dit que Charles Martel y avait envoyé un de ses lieutenans combattre les Sarrasins; cela est fort apocryphe. Ce fut Henri II qui, le premier, envoya une armée sous les ordres du maréchal de Thermes, du fameux San-Piétro Ornano et d'un des Ursins; mais ils n'y restèrent que peu d'années. Le vieux André Doria, quoique âgé de quatre-vingt-cinq ans, reconquit cette île à sa patrie.

L'Espagne, divisée en plusieurs royaumes et uniquement occupée de sa guerre contre les Maures, n'eut de vues sur la Corse que fort tard ; mais elle en fut divertie par ses guerres en Sicile.

Les pièves des terres des communes, Rostino, Ampugnani, Orezza et la Penta, se soulevèrent les premiers contre le gouvernement du sénat de Gênes ; les autres pièves de la Castagnichia, et insensiblement toutes les autres provinces de l'île, suivirent leur exemple. Cette guerre, qui commença en 1729, s'est terminée, en 1769, par la réunion de la Corse à la monarchie française ; la lutte a duré quarante ans. Les Génois ont levé des armées suisses et ont eu plusieurs fois recours aux grandes puissances, en prenant à leur solde des troupes auxiliaires. C'est ainsi que l'empereur d'Allemagne envoya d'abord en Corse le baron Wachtendorf, et plus tard le prince de Wurtemberg ; que Louis XV y envoya le comte de Boissieux, et depuis le maréchal de Maillebois. Les armées génoises et suisses éprouvèrent des défaites ; Wachtendorf et Boissieux furent battus ; le prince de Wurtemberg et Maillebois obtinrent des succès et soumirent tous deux le pays ; mais ils laissèrent le feu sous les cendres, et aussitôt après leur départ, la guerre se renouvela avec plus de fureur. Le vieux Giafferi, le chanoine Orticone, homme souple et éloquent, Hyacinthe Paoli, Cianoldi, Gaforio, furent successivement à la tête des affaires, qu'ils conduisirent avec plus ou moins de succès, mais toujours loyalement et animés par les plus nobles sentimens. La souveraineté du pays résidait dans une consulte composée des députés des pièves. Elle décidait de la guerre et de la paix, décrétait les impositions et les levées de milices. Il n'y avait aucune troupe soldée, mais tous les citoyens en état de porter les armes étaient inscrits sur trois rôles dans chaque commune; ils marchaient à l'ennemi à l'appel du chef : les armes, les munitions, les vivres, étaient au compte de chaque particulier.

Dans tous les consultes, et il est des années où il s'en tint plusieurs, les Corses publièrent des manifestes, dans lesquels ils détaillaient leurs griefs anciens et modernes contre leurs oppresseurs. Ils avaient pour but d'intéresser l'Europe à leur cause et aussi d'exalter le patriotisme national. Plusieurs de ces manifestes, rédigés par Orticone, sont pleins d'énergie, de logique et des plus nobles sentimens.

On a de fausses idées sur le roi Théodore. Le baron de Neuhoff était Westphalien ; il débarqua à la marine d'Aléria avec quatre bâtimens de transport chargés de fusils, de poudre, de souliers, etc..... Les frais de cet armement étaient faits par des particuliers et des spéculateurs hollandais. Ce secours inattendu, au moment où les esprits étaient découragés, parut descendre du ciel. Les chefs proclamèrent roi le baron allemand, le représentèrent au peuple comme un grand prince d'Europe, qui leur était un garant des secours puissans qu'ils recevraient. Cette machine eut l'effet qu'ils s'en proposaient; elle agit sur la multitude pendant dix-huit mois; elle s'usa, et alors le baron de Neuhoff retourna sur le continent. Il reparut plusieurs fois sur les plages de l'île avec des secours importans, qu'il dut à la cour de Sardaigne et au bey de Tunis. C'est un épisode curieux de cette guerre mémorable et qui indique les ressources de tout genre des meneurs du pays.

En 1755, Pascal Paoli fut déclaré premier magistrat et général de la Corse. Fils d'Hyacinthe Paoli et

élevé à Naples, il était capitaine au service du roi
don Carlos. La piève de Rostino le nomma son député à la consulte d'Alésani. Sa famille était très-
populaire. Il était grand, jeune, bien fait, fort instruit,
éloquent. La consulte se divisa en deux partis : l'un
le proclama chef et général; c'était celui des plus
chauds patriotes et les plus éloignés de tout accommodement. Les modérés lui opposèrent Matras, député de Fiumorbo. Les deux partis en vinrent aux
mains; Paoli fut battu et obligé de s'enfermer dans
le couvent même d'Alésani. Ses affaires paraissaient
perdues ; son rival le cernait. Mais aussitôt que la
nouvelle en fut arrivée dans les pièves des communes, tous les pitons des montagnes se couvrirent de
feu ; les cavernes et les forêts retentirent du son lu-
gubre du cornet : c'était le signal de la guerre. Matras voulut prévenir ces redoutables milices; il donna
l'assaut au couvent. D'un caractère impétueux, il
marcha le premier, et tomba frappé à mort. Dès lors
tous les partis reconnurent Paoli : peu de mois
après, la consulte d'Alésani fut reconnue par toutes
les pièves. Paoli déploya du talent ; il concilia les
esprits ; il gouverna par des principes fixes ; créa des
écoles, une université ; se concilia l'amitié d'Alger et
des Barbaresques ; créa une marine de bâtimens légers, eut des intelligences dans les villes maritimes,
et sut se captiver l'opinion des bourgeois. Il fit une
expédition maritime, s'empara de Capraja et en chassa
les Génois, qui ne furent pas sans quelque crainte que
les Corses ne débarquassent dans la Rivière. Il fit tout
ce qu'il était possible de faire dans les circonstances
du moment et chez le peuple auquel il commandait.
Il allait s'emparer des cinq ports de l'île, lorsque le
sénat de Gênes, alarmé, eut pour la troisième fois

recours à la France. En 1764, six bataillons français prirent la garde des villes maritimes ; et sous leur égide, ces places continuèrent à reconnaître l'autorité du sénat.

Ces garnisons françaises restèrent neutres et ne prirent aucune part à la guerre, qui continua entre les Corses et les Génois. Les officiers français manifestèrent hautement les sentimens les plus favorables aux insulaires, et les plus contraires aux oligarques, ce qui acheva de leur aliéner tous les habitans des villes. En 1768, les troupes devaient retourner en France : ce moment était attendu avec impatience ; il ne fût resté aucun vestige de l'autorité de Gênes dans l'île, lorsque le duc de Choiseul conçut la pensée de réunir la Corse à la France. Cette acquisition parut importante, comme une dépendance naturelle de la Provence, comme propre à protéger le commerce du Levant et à favoriser des opérations futures en Italie. Après de longues hésitations, le sénat consentit ; et Spinola, son ambassadeur à Paris, signa un traité par lequel les deux puissances convinrent que le roi de France soumettrait et désarmerait les Corses, et les gouvernerait jusqu'au moment où la république serait en mesure de lui rembourser les avances que lui aurait coûté cette conquête. Or, il fallait plus de 30,000 hommes pour soumettre l'île et la désarmer ; et pendant plusieurs années il fallait y maintenir de nombreuses garnisons ; ce qui devait nécessairement monter à des sommes que la république de Gênes ne pourrait ni ne voudrait rembourser.

Les deux parties contractantes le comprenaient bien ainsi ; mais les oligarques croyaient, par cette stipulation, mettre à couvert leur honneur et déguiser l'odieux qui rejaillissait sur eux aux yeux de toute l'Italie, de leur voir céder de gaîté de cœur à une puissance étrangère une partie du territoire. Choiseul voyait dans cette tournure un moyen de faire prendre le change à l'Angleterre et, s'il le fallait, de revenir sur ses pas sans compromettre l'honneur de la France. Louis XV ne voulait pas de guerre avec l'Angleterre.

Le ministre français fit ouvrir une négociation avec Paoli : il lui demandait qu'il portât son pays à se reconnaître sujet du roi et, conformément aux vœux que de plus anciennes consultes avaient quelquefois manifesté, qu'il se reconnût librement province du royaume. Pour prix de cette condescendence, on offrait à Paoli fortune, honneurs ; et le caractère grand et généreux du ministre avec lequel il traitait ne pouvait lui laisser aucune inquiétude sur cet objet. Il rejeta toutes les offres avec dédain ; il convoqua la consulte et lui exposa l'état critique des affaires ; il ne lui dissimula pas qu'il était impossible de résister aux forces de la France, et qu'il n'avait qu'une espérance vague, mais rien de positif sur l'intervention de l'Anglerre. Il n'y eut qu'un cri : « *La liberté ou la mort !* » Il insista pour qu'on ne s'engageât pas légèrement ; que ce n'était pas sans réflexion et par enthousiasme qu'il fallait entreprendre une pareille lutte. Mais tous paraissaient surtout indignés de ce que la France, qui avait été souvent médiatrice dans leurs querelles avec Gênes et avait toujours protesté de son désintéressement, se présentait aujourd'hui comme partie et feignait de croire que le gouvernement de Gênes pouvait vendre les Corses comme un troupeau de bœufs, et contre la teneur des *pacta conventa*.

Maillebois, en 1738, avait levé le régiment Royal-Corse de deux bataillons, composé entièrement de nationaux. On pratiqua, par le moyen des officiers, des intelligences avec les principaux chefs. Beaucoup se montrèrent au-dessus de la corruption; mais quelques-uns cédèrent et se firent un mérite de courir au-devant d'une domination qui désormais était inévitable.

La masse de la population et surtout les montagnards n'avaient aucune idée de la puissance de la France. Accoutumés à se battre et à repousser souvent les faibles corps du comte de Boissieux et de Maillebois, rien de ce qu'ils avaient vu ne les effrayait. Ils croyaient que ces faibles détachemens étaient les armées françaises. La consulte fut presque unanime pour la guerre; la population partagea les mêmes sentimens.

Le traité par lequel Gênes cédait la Corse au roi excita en France un sentiment de réprobation générale. Lorsque l'on connut par les résolutions de la consulte qu'il faudrait faire la guerre et mettre en mouvement une partie de la puissance française contre ce petit peuple, l'injustice et l'*ingénérosité* de cette guerre émurent tous les esprits. Le sang qui allait couler retombait tout entier sur Choiseul.

Le lieutenant général Chauvelin débarqua à Bastia; il eut sous ses ordres 12,000 hommes. Il publia des proclamations, intima des ordres aux communes et commença les hostilités; mais ses troupes, battues au combat de Borgo, repoussées dans toutes leurs attaques, furent obligées, à la fin de la campagne de 1768, de se renfermer dans les places fortes, ne communiquant plus entre elles que par le secours de quelques frégates de croisière. Les Corses se crurent sauvés : ils ne doutèrent point que l'Angleterre n'intervînt; Paoli partagea cette illusion; mais le ministère anglais, inquiet de la fermentation qui se manifestait dans ses colonies d'Amérique, ne voulait pas la guerre. Il fit remettre à Versailles une note faible et se contenta des explications plus faibles encore qui lui furent données. Des clubs de Londres envoyèrent des armes et de l'argent ; la cour de Sardaigne et quelques sociétés d'Italie donnèrent en secret des secours ; mais c'étaient de faibles ressources contre l'armement redoutable qui se préparait sur les côtes de la Provence. Les échecs qu'avait éprouvés Chauvelin furent un sujet de satisfaction pour toute l'Europe et spécialement en France. On avait le bon esprit de concevoir que la gloire nationale n'était en rien compromise dans une lutte contre une poignée de montagnards. Louis XV même montra quelques sentimens favorables aux Corses ; il était peu jaloux de mettre cette nouvelle couronne sur sa tête ; et pour le décider à ordonner les préparatifs d'une dernière campagne, il fallut lui parler de la joie qu'éprouveraient les philosophes de voir le grand roi battu par un peuple libre et obligé de reculer devant lui. L'influence en serait grande pour l'autorité royale. La liberté avait des fanatiques qui verraient des miracles dans le succès d'une lutte si inégale. Il n'y eut plus à délibérer. Le maréchal de Vaux partit pour la Corse ; il eut sous ses ordres 30,000 hommes ; les ports de cette île furent inondés de troupes. Les habitans se défendirent cependant pendant une partie de la campagne de 1769, mais sans espoir de succès. La population de la Corse était alors de 150,000 habitans au plus, 30,000 étaient contenus par les forts et les garnisons françaises, il restait 20,000 hommes en état de porter les armes, desquels il fallait ôter tous ceux qui appartenaient aux chefs qui avaient fait leur traité avec les agens du ministère français. Les Corses se battirent avec obstination au passage du Golo. N'ayant pas eu le temps de couper le pont, qui était en pierre, ils se servirent des cadavres de leurs morts pour en former un retranchement. Paoli, acculé au sud de l'île, s'embarqua sur un bâtiment anglais, à Porto-Vecchio, débarqua à Livourne, traversa le continent et se rendit à Londres. Il fut accueilli partout, par les souverains et par le peuple, avec les plus grandes marques d'admiration ; 4 ou 500 patriotes suivirent Paoli et émigrèrent ; un grand nombre d'autres abandonnèrent leurs villages et leurs maisons, et continuèrent plusieurs années à faire la petite guerre, coupant les chemins aux convois et à tous les soldats isolés. Les habitans les appelaient les patriotes, les Français les appelaient les bandits. Ils méritaient ce dernier titre par les cruautés qu'ils commettaient, quoique jamais contre les naturels.

Les vues du cabinet de Versailles étaient bienfaisantes : il accorda aux Corses des états de province, composés de trois ordres, le clergé, la noblesse, le tiers-état ; il rétablit la magistrature des douze nobles, que les Corses avaient toujours réclamée ; des encouragemens furent donnés à l'agriculture ; la compagnie d'Afrique de Marseille fut contrainte à reconnaître d'anciens usages favorables aux pêcheurs corses pour la pêche du corail. Des grandes routes furent percées, des marais desséchés. On essaya même de former des colonies de Lorrains, d'Alsaciens pour mettre sous les yeux des insulaires des modèles de culture. Les impositions ne furent pas onéreuses ; les écoles furent encouragées ; les enfans des principales familles furent appelés en France pour y être élevés. C'est en Corse que les économistes firent l'essai de l'imposition en nature. Dans les vingt années qui s'écoulèrent de

1769 à 1789, l'île gagna beaucoup. Mais tant de bienfaits ne touchèrent pas le cœur des habitans, qui, au moment de la Révolution, n'étaient rien moins que Français. Ils le sont devenus en 1790, la Révolution ayant changé l'esprit de ces insulaires. Paoli quitta l'Angleterre, où il vivait d'une pension que lui avait faite le parlement et qu'il abandonna. Il fut accueilli par la Constituante, par la garde nationale de Paris et même par Louis XVI. Son arrivée dans l'île produisit une joie générale; la population tout entière accourut à Bastia pour le voir. En peu de jours, il reprit une grande influence sur le peuple. Le Conseil exécutif le nomma général de division, commandant les troupes de ligne dans l'île. Les gardes nationales lui avaient déféré leur commandement. L'assemblée électorale l'avait nommé président. Il réunit ainsi tous les pouvoirs. Cette conduite du Conseil exécutif n'était pas politique; mais il faut se reporter à l'esprit qui régnait alors. Quoi qu'il en soit, Paoli servit fidèlement la Révolution jusqu'au 10 août. La mort de Louis XVI acheva de le dégoûter. Dénoncé par les sociétés populaires de Provence, la Convention, qu'aucune considération n'arrêtait jamais, l'appela à la barre. Il avait près de quatre-vingts ans. C'était l'inviter à porter lui-même sa tête sur l'échafaud. Il n'eut d'autre ressource que d'en appeler à ses compatriotes; il insurgea toute l'île contre la Convention. Les représentans du peuple, commissaires chargés de mettre à exécution ce décret, arrivèrent dans ces circonstances; ils ne purent que conserver, à l'aide de quelques bataillons, les places de Bastia et de Calvi. Si la décision du parti que devait prendre la Corse avait dépendu d'une assemblée des principales familles, Paoli n'aurait pas réussi. On blâmait généralement les excès qui se commettaient en France ; mais on pensait qu'ils étaient passagers, qu'il était facile de s'en garantir dans l'île, et qu'il ne fallait pas, pour obvier à l'inconvénient du moment, se séparer d'une patrie qui pouvait seule assurer le bonheur et la tranquillité du pays. Paoli fut étonné du peu de crédit qu'il obtint dans des conférences privées. Plusieurs de ceux mêmes qui l'avaient accompagné en Angleterre et avaient passé vingt ans à maudire la France furent les plus récalcitrans, entre autres le général Gentili ; cependant, dans la masse entière de la population, à l'appel de son ancien chef, il n'y eut qu'un cri. En un moment la tête de mort fut arborée sur tous les clochers, et la Corse cessa d'être française. Peu de mois après, les Anglais s'emparèrent de Toulon ; lorsqu'ils en furent chassés, l'amiral Hood mouilla à Saint-Florent ; il débarqua 12,000 hommes, qu'il mit sous les ordres de Nelson ; Paoli y joignit 6,000 hommes. Ils cernèrent Bastia. La Combe Saint-Michel et Gentili défendirent la ville avec la plus grande intrépidité ; elle ne capitula qu'après quatre mois de siége. Calvi résista quarante jours de tranchée ouverte. Le général Dundas, qui commandait un corps anglais de 4,000 hommes et était campé à Saint-Florent, se refusa à prendre part au siége de Bastia, ne voulant pas compromettre ses troupes sans l'ordre spécial de son gouvernement.

L'on vit alors un spectacle bien étrange : le roi d'Angleterre posa sur sa tête la couronne du royaume de Corse, bien étonnée de se trouver à côté de la couronne de Fingal. En juin 1794, la consulte de Corse, présidée par Paoli, proclama que ses liens politiques avec la France étaient rompus à jamais et que la couronne de Corse serait offerte au roi d'An-

gleterre. Une députation, composée de Galeazzi, président ; Filippi de Vescovato, Negroni de Bastia, Ce-
sari-Rocca de la Rocca, se rendit à Londres, et le roi
accepta la couronne. Il nomma pour vice-roi lord
Gilbert Elliot. La consulte avait en même temps dé-
crété une constitution qui assurait les libertés et les
priviléges du pays. Elle était calquée sur celle d'Angleterre. Lord Elliot était un homme de mérite ; il
avait été vice-roi des Indes ; mais il ne tarda pas à se
brouiller avec Paoli. Ce vieillard s'était retiré au milieu des montagnes, et là il désapprouvait la conduite
du vice-roi, qui était influencé par deux jeunes gens,
Pozzo di Borgo et Colonna , dont l'un servait auprès
de lui en qualité de secrétaire, et l'autre comme aide
de camp. On reprochait à Paoli d'être d'un caractère
inquiet, de ne pas savoir se résoudre à vivre en simple
particulier, de vouloir toujours trancher du maître du
pays. Cependant l'influence qu'il avait dans l'île et
qui n'était pas contestée, les services que dans cette
circonstance il avait rendus à l'Angleterre , tout ce
qu'avaient de respectable sa carrière et son caractère,
portaient le ministère anglais à de grands ménagemens. Il eut plusieurs conférences avec le vice-roi et
le secrétaire d'État. C'est dans l'une d'elles que, pi-
qué par quelques observations, il leur dit : « Je suis
ici dans mon royaume ; j'ai deux ans fait la guerre
au roi de France ; j'ai chassé les républicains. Si vous
violez les priviléges et les droits du pays , je puis
plus facilement encore en chasser vos troupes. »
Quelques mois après, le roi d'Angleterre lui écrivit
une lettre convenable à la circonstance, où il lui con-
seillait, par l'intérêt qu'il portait à sa tranquillité et à
son bonheur , de venir finir ses jours dans un pays
où il était considéré et où il avait été heureux. Paoli

sentit que c'était un ordre : il hésita ; mais rien n'annonçait que le règne de la Terreur dût se terminer en France. Il se soumit au destin et se rendit à Londres, où il mourut en 1807.

Les Corses étaient extrêmement mécontens des gouverneurs anglais ; ils n'entendaient rien à leur langue, à leur tristesse habituelle, à leur manière de vivre. Des hommes continuellement à table, presque toujours pris de vin, peu communicatifs, contrastaient avec leurs mœurs. La différence de religion fut aussi un sujet de répugnance. Les Anglais répandaient l'or à pleines mains ; les habitans le recevaient, sans que cela leur inspirât aucune reconnaissance. Dans ce temps, Napoléon entra dans Milan, s'empara de Livourne, y réunit, sous les ordres de Gentili, tous les réfugiés corses. L'exaltation devint extrême dans toutes les montagnes. Dans une grande fête, à Ajaccio, on accusa le jeune Colonna, aide de camp du vice-roi, d'avoir insulté un buste de Paoli. Ce jeune homme en était incapable. L'insurrection éclata ; les habitans de Borgognano interceptèrent les communications de Bastia à Ajaccio, cernèrent le vice-roi, qui avait marché contre eux avec un corps de troupes : il fut contraint d'abandonner ses deux favoris et de les chasser de son camp. Elliot vit qu'il était impossible de se maintenir en Corse ; il chercha un refuge et s'empara de Porto-Ferrajo. Gentili et tous les réfugiés débarquèrent, en octobre 1796, malgré les croisières anglaises. Ils intimèrent une marche générale de la population. Toutes les crêtes des montagnes se couvrirent pendant la nuit de feux ; le bruit rauque de la corne, signal de l'insurrection, se fit entendre dans toutes les vallées ; ils s'emparèrent de Bastia et de toutes les places. Les Anglais s'embarquèrent en hâte et abandonnèrent beaucoup de prisonniers. Le roi d'Angleterre ne porta que deux ans la couronne de Corse, qui ne servit qu'à dévoiler l'ambition de son cabinet et à lui donner un ridicule. Cette fantaisie coûta cinq millions sterling à la trésorerie de Londres.

La Corse forma la 23e division militaire de la République; le général Vaubois en eut le commandement. Au commencement de 1798, des malveillans, sous un prétexte de religion, insurgèrent une partie du Fiumorbo; voulant s'accréditer d'un grand nom, ils mirent à leur tête le général Giafferi. Le général Vaubois marcha à eux, les dispersa et fit prisonnier leur général. Il était âgé de quatre-vingt-dix ans et dominé par son confesseur. Il avait été élevé à Naples, où il avait servi et était parvenu au grade de général major; il jouissait depuis dix-huit ans de sa retraite et vivait tranquillement dans sa piève. Vaubois le fit traduire à une commission militaire, qui le condamna à mort; il fut fusillé. Cette catastrophe fit couler les larmes de tous les Corses; c'était le fils du fameux Giafferi qui, pendant trente ans, les avait commandés dans la guerre de l'indépendance. Son nom était éminemment national. C'eût été le cas de considérer ce vieillard comme en enfance et de se contenter de faire tomber la vindicte nationale sur le moine hypocrite qui le dirigeait.

II.

DESCRIPTION GÉOGRAPHIQUE DES ALPES[1].

Les Alpes sont les plus grandes montagnes de l'Europe; elles séparent l'Italie du continent. Grand nom-

[1] Ce morceau est extrait des dictées de l'empereur à Sainte-Hélène.

bre de cols les traversent; cependant un petit nombre
sont seuls pratiqués par les armées, les voyageurs et
le commerce. A quatorze cents toises d'élévation, les
hommes respirent et vivent difficilement; au-dessus
de seize cents toises, sont les glaciers et les montagnes
de neiges éternelles d'où sortent des rivières dans
toutes les directions, qui se rendent dans le Pô, le
Rhône, le Rhin, le Danube ou l'Adriatique. La partie
des Alpes qui verse ses eaux dans le Pô et l'Adriatique appartient à l'Italie; celle qui les verse dans
le Rhône appartient à la France; celle qui les verse
dans le Rhin et le Danube appartient à l'Allemagne. Le Rhône reçoit les eaux de tous les versans
des Alpes du côté de la France et de la Suisse, depuis
le Saint-Gothard jusqu'au col d'Argentière, et les
porte dans la Méditerranée. Lacagna et l'Arce, qui s'y
jettent près d'Hyères, ne prennent pas leurs sources
dans les Alpes, mais dans les collines de la Provence.
Toutes les eaux des Alpes sont arrêtées par la Durance et ses affluens, qui se jettent dans le Rhône.

La Suisse est tout entière dans les Alpes, entre le
Rhin, le Rhône et le Jura; c'est une surface de deux
mille six cents lieues couverte de grandes montagnes,
remplie de lacs et de vallées, dont les deux principales sont celles de l'Aar et de la Limma. Les eaux de
la Suisse coulent dans le Rhin ou le Rhône; aucune
d'elles dans le Danube. La Suisse est séparée de la vallée
du Pô par deux chaînes, celle qui sépare la vallée du
Pô de la vallée du Rhône, qui est la haute chaîne, et
celle qui sépare cette dernière de la vallée du Rhin.

Les eaux des Alpes cadoriques, juliennes et dori-
ques coulent dans le Danube, soit par des vallées perpendiculaires, telles que celles de l'Ill, du Lech, de
l'Iser, de l'Inn et de l'Ens, soit par des vallées trans-

versales : après avoir coulé parallèlement au Danube, elles finissent par s'y jeter, telles que la Drave et la Muer ; il s'ensuit que les plaines de l'Allemagne sont séparées des plaines de l'Italie, ou la vallée du Danube de la vallée du Pô, 1° par les hautes chaînes des Alpes qui dominent l'Italie et d'où s'écoulent les eaux qui coulent d'un côté dans le Pô et l'Adriatique, et de l'autre dans la Drave ; 2° par la chaîne qui sépare la vallée de Drave de la vallée de la Muer ; 3° par la chaîne qui sépare la vallée de la Muer de la vallée du Danube.

Toutes les vallées tombent perpendiculairement du sommet des Alpes dans le Pô ou l'Adriatique, et sans qu'il y ait aucune vallée transversale ou parallèle ; d'où il résulte que les Alpes, du côté de l'Italie, forment un amphithéâtre qui se termine à la chaîne supérieure.

En gardant le débouché de toutes ces vallées, on garde toute la frontière. Le mont qui domine le col de Tende est élevé de quatorze cents toises ; le mont Viso, de quinze cent quarante-cinq toises ; le mont Genèvre, de dix-sept cents toises ; le pic de Gletscherberg, sur le Saint-Gothard, de dix-neuf cents toises, et le mont Brenner, de douze cent cinquante toises.

Ces sommités dominent la demi-circonférence de la haute chaîne des Alpes, et vues de près, elles se présentent comme des géants de glace placés pour défendre l'entrée de cette belle contrée.

Les Alpes se divisent en Alpes maritimes, cottiennes, grecques, pennines, rhétiennes, cadoriennes, cadoriques, noriques, juliennes. Les Alpes maritimes séparent la vallée du Pô de la mer ; c'est une deuxième barrière de ce côté. Le Var et les Alpes cottiennes et grecques séparent l'Italie de la France ;

les Alpes pennines, de la Suisse ; les Alpes rhétiennes, du Tyrol ; les Alpes cadoriennes et juliennes, de l'Autriche ; les Alpes noriques sont une seconde ligne et dominent la Drave et la Muer.

Les Alpes maritimes commencent au Mont-Ariol, à huit lieues de la Méditerranée près de Savone ; elles longent parallèlement la mer jusqu'au col d'Argentières, où commencent les Alpes cottiennes. Le comté de Nice est assis sur leurs revers du côté de la mer. Leurs cols principaux et les plus fréquentés sont le col Ardente et le col de Tende ; ce dernier est élevé de huit cent quatre-vingt-dix-sept toises au-dessus de la mer. Les torrens qui découlent des Alpes maritimes sont l'Aroscica, qui descend de Monte-Grande et se jette dans la mer près d'Albenga ; la Taggia, qui descend du col Ardente et a son embouchure près de San-Remo ; la Roya, qui descend du col de Tende et finit à Ventimilli après douze lieues de cours, et le Var, qui descend du mont Pélouse près le col d'Argentières, serpente vingt-deux lieues et arrive à la mer entre Nice et Antibes, formant la limite de la France et de l'Italie.

Les cols d'Argentières, du mont Genèvre, du mont Cénis, sont dans les Alpes cottiennes ; celui du petit Saint-Bernard, dans les Alpes grecques ; ceux du grand Saint-Bernard, du Simplon, du Saint-Gothard, dans les Alpes pennines ; le Splugen, le Brenner, dans les Alpes rhétiennes ; Tarvis, dans les Alpes carniques, qu'on appelle aussi Alpes juliennes.

Le mont Blanc est le point le plus élevé ; il domine toute l'Europe. De ce point central, les Alpes vont toujours en diminuant d'élévation, soit du côté de l'Adriatique, soit du côté de la Méditerranée. Dans le système de montagnes qui dominent le mont Viso, prennent leurs sources : le Var, qui se jette dans la Méditerranée ; la Durance, qui se jette dans le Rhône, et le Pô, qui traverse toutes les plaines de l'Italie en recueillant toutes les eaux de cette pente des Alpes et d'une portion de l'Apennin. Dans le système de montagnes qui dominent le Saint-Gothard, prennent leurs sources : le Rhin, le Rhône, l'Inn, un des plus gros affluens du Danube, et le Tésin, un des plus gros affluens du Pô. Dans le système de montagnes qui dominent le mont Brenner, prennent leurs sources : l'Adda, qui se jette dans le Pô, et l'Adige, qui va à l'Adriatique. Enfin dans les Alpes cadoriennes, le Piave, la Tagliamente et l'Isonzo ; la Brenta et la Livensa ont leurs sources au pied de ces montagnes. Le Pô, le Rhône et le Rhin ont cent lieues de cours ; ce sont, pour la largeur, la profondeur et la rapidité de leurs eaux, de très-gros affluens ; mais le Danube, qui a cinq cent cinquante-cinq lieues de cours et reçoit cent vingt rivières navigables, est le premier fleuve de l'Europe. Le Nil en Afrique est plus considérable encore ; il a huit cents lieues de cours.

Les Apennins sont des montagnes du second ordre beaucoup inférieures aux Alpes ; ils traversent l'Italie et séparent les eaux qui se jettent dans l'Adriatique de celles qui se jettent dans la Méditerranée. Ils commencent où finissent les Alpes, aux collines de Saint-Jacques, près du mont Ariol, le dernier des Alpes. Saint-Jacques et le col de Cadibone, près de Savone, sont plus bas encore, de sorte que ce point est à la fois la partie la plus basse des Alpes et la partie la plus basse des Apennins. Depuis le premier col, celui de Cadibone, les Apennins vont toujours en s'élevant par un mouvement inverse à celui des Alpes, jusqu'au centre de l'Italie. Ils se divisent en Apennins liguriens, Apennins étrusques, Apennins romains et Apennins napolitains.

Les Apennins liguriens commencent aux monts Saint-Jacques à la source de la Bormida, près Savone; ils finissent au mont Saint-Pellegrino sur les confins de la Toscane. Ils ont cinquante lieues. Ils séparent les États de Gênes du Montferrat et du duché de Parme. La crête supérieure est éloignée de trois à douze lieues de la mer, et de douze à vingt du Pô. Le mont Saint-Pellegrino s'élève à huit cents toises au-dessus de la mer. Les eaux des Apennins liguriens descendent d'un côté dans la Méditerranée par des torrens extrêmement rapides, qui forment un grand nombre de petites vallées; et de l'autre côté dans la vallée du Pô par des torrens dont la rapidité est moindre. De ceux qui vont à la Méditerranée, la Magra est le plus considérable; il s'y jette près de la Spezia et a douze lieues de cours.

Lors de la campagne de 1796, il n'y avait, pour suivre le bord de la mer, aucun chemin praticable à l'artillerie; pour se rendre de Nice à Gênes, on fut obligé de transporter les pièces sur des affûts de montagnes, et lors de l'ouverture de la campagne, les équipages durent arriver par mer à Savone, d'où ils pénétrèrent en Italie par le col de Cadibone, qu'on rendit facilement praticable aux voitures. Il n'y avait alors qu'une seule chaussée qui permît de se rendre de la mer dans l'intérieur de l'Italie. C'était celle de Gênes, dite de la Bocchotta. Mais en 1812, le chemin de Nice à Gênes, appelé chemin de la Corniche, était ouvert pendant trente lieues; il permet aux voituriers une facile communication entre ces deux villes. La chaussée de Savone à Alexandrie, par Cadibone, et celle de la Spezia à Parme, ont ouvert deux autres débouchés des ports de Savone et de la Spezia au Pô; Savone est à vingt lieues du Pô, Gênes à quinze, et la Spezia à vingt-quatre.

Les Apennins étrusques commencent à la montagne de Saint-Pellegrino et se terminent au mont Cornaro; ils ont trente lieues d'étendue; ils s'élèvent graduellement et s'approchent de l'Adriatique.

Le mont Cornaro est à dix lieues de Rimini, port de l'Adriatique, et à quarante lieues d'Orbitello, port de la Méditerranée. Ces montagnes séparent la Toscane des duchés de Parme et de Modène, des légations de Bologne et de la Romagne.

L'Arno et l'Ombrone sont les principales rivières qui coulent du haut de ces montagnes dans la Méditerranée. Elles ne coulent pas perpendiculairement à la mer, elles serpentent et sont considérables; de l'autre côté, les eaux se versent dans l'Adriatique par des torrens rapides et de peu de cours. Lors de la campagne d'Italie, en 1796, il y avait deux chaussées qui traversaient les Apennins et communiquaient de la Méditerranée à l'Adriatique : celle de Modène, appelée la Grafignana, débouchait sur Lucques et traversait le mont Cimone, élevé de mille toises au-dessus de la mer. En 1812, on avait tracé et commencé les travaux d'une chaussée, de Florence à Rimini.

Les Apennins romains commencent au mont Cornaro et se terminent au mont Vellino; leur étendue est de soixante lieues; ils partagent la péninsule par le milieu entre les deux mers. Leur distance n'en est jamais de plus de douze à quinze lieues, la presqu'île en ayant alors trente de large. Le mont Vellino est le point le plus élevé des Apennins, il a treize cents toises au-dessus de la mer.

Arrivés à ce point, les Apennins vont en baissant jusqu'à l'extrémité du royaume de Naples; ce mont est couvert de neige tout l'été. Ainsi dans l'espace de cent trente lieues, depuis le col de Cadibone, les Apennins se sont élevés progressivement jusqu'à treize cents toises. Le mont Vellino est le point culminant et central de la presqu'île de l'Italie. Il est situé à dix-huit lieues de Rome et à dix-huit lieues de Pescara, point opposé sur l'Adriatique. Le mont Saint-Genèvre, près Rome, a six cent soixante-quinze toises d'élévation. Le mont Reticosa quatre cent cinquante-cinq toises. Des eaux des Apennins romains qui coulent dans la Méditerranée, la principale rivière est le Tibre, qui reçoit quarante-deux torrens, et dont le cours est de cinquante lieues. Il serpente parallèlement aux Apennins et prend sa source sur le sommet des Apennins étrusques.

Les Apennins romains versent leurs eaux dans l'Adriatique, par de petites vallées perpendiculaires à la mer. Trois chaussées traversent les Apennins romains et communiquent de la Méditerranée à l'Adriatique : 1° celle de Fano à Perrugia et à Rome; 2° celle d'Ancône à Foligno, à Spoleto et à Rome; 3° celle de Pescara à Terni et à Rome.

Les Apennins napolitains ou du Vésuve courent soixante-dix lieues entre l'Adriatique et la Méditerranée, et partagent presque également la presqu'île depuis le mont Vellino jusqu'au mont Caruso. Le Vésuve a cinq cent quatre-vingt-quatre toises. Ces montagnes vont toujours en s'abaissant. La crête supérieure des Apennins napolitains passe à quinze lieues de Naples et à dix-huit de l'Adriatique. Les vallées serpentent; les principales rivières sont le Socco et le Volturno.

Depuis le mont Caruso, les Apennins se divisent en deux branches ; l'une entre en Calabre, et les eaux de leurs sommets coulent d'un côté dans la Méditerranée, et de l'autre dans le golfe de Tarente.

La sommité de cette chaîne s'approche de la Méditerranée et vient mourir près de Reggio, après avoir parcouru un espace de cinquante lieues. L'autre branche entre dans les pays de Bari et d'Otrante ; elle sépare les eaux qui coulent dans l'Adriatique de celles qui coulent dans le golfe de Tarente et parcourt trente lieues. Toutes ces montagnes suivent la loi constante et vont toujours en s'abaissant ; ainsi on peut parcourir pendant l'espace de deux cent quatre-vingts lieues la crête supérieure des Apennins, depuis Cadibone jusqu'à la mer de Sicile. Ceci est le tracé de la chaîne supérieure des Apennins, ou pentes qui versent les eaux d'un côté dans la Méditerranée et de l'autre dans l'Adriatique. Différentes ramifications courent et rencontrent les deux mers, mais elles sont toutes subordonnées à la chaîne principale.

III.

RELATION DE L'ENTREVUE DE BONAPARTE,

MEMBRE DE L'INSTITUT NATIONAL, GÉNÉRAL EN CHEF DE L'ARMÉE D'ORIENT, AVEC PLUSIEURS MUPHTIS ET IMANS DANS L'INTÉRIEUR DE LA GRANDE PYRAMIDE, DITE PYRAMIDE DE CHÉOPS [1].

Ce jourd'hui 25 thermidor de l'an 6 de la république française, une et indivisible, répondant au 28

[1] Ce morceau a été publié dans *le Moniteur* du 7 frimaire an 7 (27 novembre 1798). Il est aisé d'y reconnaître le style de Napoléon.

de la lune de Mucharem, l'an de l'hégire 1213, le général en chef, accompagné de plusieurs officiers de l'état-major de l'armée et de plusieurs membres de l'Institut national, s'est transporté à la grande pyramide, dite de Chéops, dans l'intérieur de laquelle il était attendu par plusieurs muphtis et imans, chargés de lui en montrer la construction intérieure. A neuf heures du matin, il est arrivé avec sa suite, sur la croupe des montagnes de Gizeh, au nord-ouest de Memphis. Après avoir visité les cinq pyramides inférieures, il s'est arrêté avec une attention particulière à la pyramide de Chéops, dont les membres de l'Institut ont à l'instant déterminé, par des figures trigonométriques, la hauteur perpendiculaire.

Cette hauteur s'est trouvée être d'environ cent cinquante-cinq mètres (près de quatre cent soixante-cinq pieds), ce qui est près du double de celle des monumens les plus élevés de l'Europe [1].

Le général et sa suite, ayant pénétré dans l'intérieur de la pyramide, ont trouvé d'abord un canal de cent pieds de long et de trois pieds de large, qui les a conduits, par une pente rapide, vers les vallées qui servaient de tombeau au pharaon qui érigea ce monument. Un second canal, fort dégradé et remontant vers le sommet de la pyramide, les a menés successivement sur deux plates-formes, et de là à une galerie voûtée, de la longeur de cent dix-huit pieds, aboutissant au vestibule du tombeau. C'est une vallée voûtée, d'environ dix-sept pieds de long sur quinze de large, dans un des murs de laquelle on

---

[1] Cette assertion n'est pas exacte. Le clocher de Strasbourg, qui est le monument le plus élevé de l'Europe, a 428 pieds 4 pouces, ou à peu près 138 mètres de hauteur, y compris la croix.

remarque la place d'une momie que l'on croit avoir été l'épouse du pharaon.

On voit dans cette vallée la trace des fouilles faites avec violence par les ordres d'un calife arabe qui fit ouvrir la pyramide et qui croyait que ces lieux recélaient un trésor. L'effet des mêmes tentatives se remarque dans une seconde salle, perpendiculaire à la première et plus haute de cent pieds, où l'on croit qu'était le corps du pharaon.

Cette dernière salle, à laquelle le général en chef est enfin parvenu, est à voûte plate et longue de trente-deux pieds sur seize de large et dix-neuf de haut. On ignore ce que les Arabes spoliateurs découvrirent dans ce sanctuaire de la pyramide; le général n'y a trouvé qu'une caisse de granit, d'environ huit pieds de long sur quatre d'épaisseur, qui renfermait sans doute la momie d'un pharaon. Il s'est assis sur le bloc de granit, a fait asseoir à ses côtés les muphtis et imans Suleiman, Ibrahim et Muhamed, et il a eu avec eux, en présence de sa suite, la conversation suivante :

Bonaparte. — Dieu est grand et ses œuvres sont merveilleuses. Voici un grand ouvrage de mains d'hommes! Quel était le but de celui qui fit construire cette pyramide ?

Suleiman. — C'était un puissant roi d'Égypte, dont on croit que le nom était Chéops. Il voulait empêcher que des sacrilèges ne vinssent troubler le repos de sa cendre.

B. — Le grand Cyrus se fit enterrer en plein air, pour que son corps retournât aux élémens. Penses-tu qu'il ne fît pas mieux? le penses-tu ?

S. (s'inclinant). — Gloire à Dieu, à qui toute la gloire est due.

B. — Honneur à Allah ! Quel est le calife qui a fait ouvrir cette pyramide et troubler la cendre des morts ?

Muhamed. — On croit que c'est le commandeur des croyans Mahmoud, qui régnait il y a plusieurs siècles à Bagdad ; d'autres disent le renommé Aaroun-Al-Raschid (Dieu lui fasse paix !), qui croyait y trouver des trésors ; mais quand on fut entré par ses ordres dans cette salle, la tradition porte qu'on n'y trouva que des momies, et sur le mur cette inscription en lettres d'or : « *L'impie commettra l'iniquité sans fruit, mais non sans remords.* »

B. — Le pain dérobé par le méchant remplit sa bouche de gravier.

M. (s'inclinant). — C'est le propos de la sagesse.

B. — Gloire à Allah ! Il n'y a point d'autre Dieu que Dieu ; Mohamed est son prophète, et je suis de ses amis.

S. — Salut de paix sur l'envoyé de Dieu ! Salut aussi sur toi, invincible général, favori de Mohamed !

B. — Muphti, je te remercie. Le divin Koran fait les délices de mon esprit et l'attention de mes yeux. J'aime le prophète et je compte, avant qu'il soit peu, aller voir et honorer son tombeau dans la ville sacrée ; mais ma mission est auparavant d'exterminer les mameluks.

Ibrahim. — Que les anges de la victoire balaient la poussière sur ton chemin et te couvrent de leurs ailes ! Le mameluk a mérité la mort.

B. — Il a été frappé et livré aux anges noirs Moukir et Quarkir. Dieu, de qui tout dépend, a ordonné que sa domination fût détruite.

S. — Il étendit la main de la rapine sur les terres, les moissons, les chevaux de l'Égypte.

B. — Et sur les esclaves les plus belles, très-saint muphti. Allah a desséché sa main. Si l'Égypte est sa ferme, qu'il montre le bail que Dieu lui a fait ; mais Dieu est juste et miséricordieux pour le peuple.

Ib. — O le plus vaillant entre les serviteurs d'Issa[1], Allah t'a fait suivre de l'ange exterminateur pour délivrer sa terre d'Égypte.

B. — Cette terre était livrée à vingt-quatre oppresseurs rebelles au grand sultan notre allié (que Dieu l'entoure de gloire !) et à dix mille esclaves venus du Caucase et de la Géorgie. Adriel, ange de la mort, a soufflé sur eux ; nous sommes venus et ils ont disparu.

M. — Noble successeur de Scander[2], honneur à tes armes invincibles et à la foudre inattendue qui sort du milieu de tes guerriers à cheval[3].

B. — Crois-tu que cette foudre soit une œuvre des enfans des hommes ? le crois-tu ? Allah l'a fait mettre entre mes mains par le génie de la guerre.

Ib. — Nous reconnaissons à tes œuvres Allah, qui t'envoie. Serais-tu vainqueur si Allah ne l'avait permis ? Le Delta et tous les pays voisins retentissent de tes miracles.

B. — Un char céleste montera par mes ordres jusqu'au séjour des nuées[4] et la foudre descendra vers la terre le long d'un fil de métal[5] dès que je l'aurai commandé.

S. — Et le grand serpent sorti du pied de la colonne de Pompée, le jour de ton entrée triomphale

[1] Jésus-Christ.
[2] Alexandre.
[3] L'artillerie légère, qui a beaucoup étonné les mameluks.
[4] Les aérostats, inconnus en Égypte.
[5] Les paratonnerres.

à Scanderich [1], et qui est resté desséché sur le socle de la colonne, n'est-ce pas encore un prodige opéré par ta main ?

B. — Lumière des fidèles, vous êtes destinés à voir encore de plus grandes merveilles, car les jours de la régénération sont venus.

Ib. — La divine unité te regarde d'un œil de prédilection, adorateur d'Issa, et te rend le soutien des enfans du prophète.

B. — Mohamed n'a-t-il pas dit : « Tout homme qui adore Dieu et qui fait de bonnes œuvres, quelle que soit sa religion, sera sauvé ? »

Suleiman, Muhamed, Ibrahim (ensemble, en s'inclinant). — Il l'a dit.

B. — Et si j'ai tempéré par ordre d'en haut l'orgueil du vicaire d'Issa [2], en diminuant ses possessions terrestres pour lui amasser des trésors célestes, dites, n'était-ce pas pour rendre gloire à Dieu, dont la miséricorde est infinie ?

M. (d'un air interdit). — Le muphti de Rome était riche et puissant ; mais nous ne sommes que de pauvres muphtis.

B. — Je le sais : soyez sans crainte ; vous avez été pesés dans la balance de Balthazar, et vous avez été trouvés légers. Cette pyramide ne renfermait donc aucun trésor qui vous fût connu ?

S. (ses mains sur l'estomac). — Aucun, seigneur ; nous le jurons par la cité sainte de la Mecque.

B. — Malheur, et trois fois malheur à ceux qui recherchent les richesses périssables et qui convoitent l'or et l'argent, semblables à la boue !

---

[1] Alexandrie. — [2] Le pape.

S. — Tu as épargné le vicaire d'Issa, et tu l'as traité avec clémence et bonté.

B. — C'est un vieillard que j'honore (que Dieu accomplisse ses désirs quand ils seront réglés par la raison et la vérité!); mais il a tort de condamner au feu éternel tous les musulmans, et Allah défend à tous l'intolérance.

Ib. — Gloire à Allah et à son prophète, qui t'a envoyé au milieu de nous pour réchauffer la foi des faibles et rouvrir aux fidèles les portes du septième ciel!

B. — Vous l'avez dit, très-zélés muphtis, soyez fidèles à Allah, le souverain maître des sept cieux merveilleux, à Mohamed, son visir, qui parcourut tous ces cieux dans une nuit. Soyez amis des Francs, et Allah, Mohamed et les Francs vous récompenseront.

Ib. — Que le prophète lui-même te fasse asseoir à sa gauche le jour de la résurrection, après le troisième son de la trompette!

B. — Que celui-là écoute qui a des oreilles pour entendre. L'heure de la résurrection politique est arrivée pour tous les peuples qui gémissaient dans l'oppression. Muphtis, imans, mullahs, derviches, kalenders, instruisez le peuple d'Égypte. Encouragez-le à se joindre à nous pour achever d'anéantir les beys et les mameluks. Favorisez le commerce des Francs dans vos contrées, et leurs entreprises pour parvenir d'ici à l'ancien pays de Brama. Offrez-leur des entrepôts dans vos ports, et éloignez de vous les insulaires d'Albion, maudite entre les enfans d'Issa; telle est la volonté de Mohamed. Les trésors, l'industrie et l'amitié des Francs seront votre partage en attendant que vous montiez au septième ciel, et qu'assis aux côtés des houris aux yeux noirs, toujours jeunes et toujours pucelles, vous vous reposiez à l'ombre du laba, dont les branches offriront d'elles-mêmes aux vrais musulmans tout ce qu'ils pourront désirer.

S. (s'inclinant). — Tu as parlé comme le plus docte des mullahs. Nous ajoutons foi à tes paroles ; nous servirons ta cause, et Dieu nous entend.

B. — Dieu est grand et ses œuvres sont merveilleuses. Salut de paix sur vous, très-saints muphtis !

Le général est alors ressorti avec sa suite de la pyramide de Chéops, et il est retourné au Caire, laissant les autres membres de l'Institut national occupés à terminer leurs observations.

IV.

LE TREIZE VENDÉMIAIRE [1].

LA chute de la municipalité du 31 mai 1793, du parti de Danton, de Robespierre, amenèrent la chute des jacobins et la fin du gouvernement révolutionnaire.

Depuis, la Convention fut successivement gouvernée par des factions qui ne surent acquérir aucune prépondérance ; ses principes variaient chaque mois. Une épouvantable réaction *affligea* l'intérieur de la république ; les domaines cessèrent de se vendre, et le discrédit des assignats croissant chaque jour, les

---

[1] Ce morceau a été écrit par M. de Las Cases, sous la dictée de Napoléon. Les passages imprimés en italique sont les corrections faites de la main même de l'empereur.

armées se trouvaient sans solde ; les réquisitions et
le *maximum* y avaient seuls maintenu l'abondance ;
les magasins se vidèrent, le pain même du soldat ne
fut plus assuré.

Le recrutement, dont les lois avaient été exécutées
avec la plus grande rigueur sous le gouvernement
révolutionnaire, cessa. Les armées continuèrent d'obtenir de grands succès, parce que jamais elles n'a-
vaient été plus nombreuses ; mais les armées éprou-
vaient des pertes journalières ; il n'y avait plus de
moyen de les réparer. Le parti de l'étranger, qui s'é-
tayait du prétexte du rétablissement des Bourbons,
acquérait chaque jour de nouvelles forces. Les salons
étaient ouverts ; on y discourait sans crainte ; les communications étaient devenues plus faciles avec l'extérieur : la perte de la république se tramait publiquement.

La révolution était vieille ; elle avait froissé bien
des intérêts : une main de fer avait pesé sur les individus. Bien des crimes avaient été commis ; ils furent
tous relevés avec acharnement, et chaque jour davantage on excita l'animadversion publique contre
tous ceux qui avaient gouverné, administré ou par-
ticipé d'une manière quelconque aux succès de la révolution.

Pichegru avait été gagné : c'était le premier général de la république. Fils d'un laboureur de Franche-
Comté et frère minime dans sa jeunesse au collége
de Brienne, il se vendit au parti royal et lui livra
les succès des opérations de son armée.

Les prosélytes des ennemis de la république ne
furent pas nombreux dans l'armée ; elle resta fidèle
aux principes de la révolution, pour lesquels elle avait
versé tant de sang et remporté tant de victoires.

Tous les partis étaient fatigués de la Convention ; elle l'était d'elle-même. Sa mission avait été l'établissement d'une constitution : elle vit enfin que le *salut de la patrie*, le sien propre, exigeait que sans délai *elle remplît sa principale mission :* elle adopta la constitution connue sous le titre de constitution de l'an 3. Le gouvernement était confié à cinq personnes, sous le nom de directoire ; la législature à deux conseils, dits des Cinq-Cents et des Anciens. Cette constitution fut soumise à l'acceptation du peuple, réuni en assemblées primaires.

L'opinion était généralement répandue qu'il fallait attribuer la chute de la constitution de 91 à la loi de la Constituante, *qui excluait ses membres de la législature.* La Convention ne *tomba pas* dans la même faute ; elle joignit à la constitution deux lois additionnelles, par lesquelles elle prescrivit que les deux tiers de la législature nouvelle seraient composés des membres de la Convention, et que les assemblées électorales de département n'auraient à nommer *pour cette fois* qu'un tiers seulement des deux conseils. La Convention prescrivit de plus que ces deux lois additionnelles seraient soumises à l'acceptation du peuple, comme parties inséparables de la constitution.

Le mécontentement fut dès lors général. Le parti de l'étranger voyait surtout ses projets déjoués par ces dispositions. Il s'était flatté que les deux conseils auraient été entièrement composés d'hommes neufs et étrangers à la révolution, ou même au parti de ceux qui en avaient été victimes, et dès lors *il espérait* d'arriver à la contre-révolution par l'influence même de la législature.

Ce parti ne manquait pas de très-bonnes raisons pour cacher les véritables motifs de son mécontentement ;

il alléguait que les droits du peuple étaient méconnus, puisque la Convention, qui n'avait eu de mission que pour établir une constitution, usurpait les pouvoirs d'un corps électoral en donnant elle-même à ses membres les pouvoirs d'un corps législatif ; que la preuve que la Convention savait qu'elle agissait contre l'intention du peuple, c'est qu'elle imposait aux assemblées primaires la condition *arbitraire* de voter à la fois sur l'ensemble de la constitution et ses lois additionnelles. La Convention ne devait vouloir que ce que voulait le peuple. Pourquoi ne le laissait-elle pas voter séparément sur la constitution et les lois additionnelles ? C'est qu'elle savait que ces lois additionnelles seraient unanimement rejetées. Quant à la constitution en elle-même, elle était préférable sans doute à tout ce qui existait, et sur ce point tous les partis étaient d'accord. Les uns, il est vrai, eussent voulu un président au lieu de cinq directeurs, les autres auraient désiré un conseil plus populaire ; mais, en général, on vit cette nouvelle constitution avec plaisir. Quant au parti de l'étranger, qui était dirigé par des comités secrets, il n'attachait aucune importance à des formes de gouvernement qu'il ne voulait pas maintenir ; il n'étudiait dans la constitution que le moyen d'en profiter pour opérer la contre-révolution, et tout ce qui tendait à ôter l'autorité des mains de la Convention et des conventionnels lui était agréable.

Les quarante-huit sections de Paris se réunirent ; ce fut quarante-huit tribunes dans lesquelles accoururent les orateurs les plus virulens, La Harpe, Serisy, Lacretelle jeune, Vaublanc, Regnault de Saint-Jean-d'Angely, etc. Il fallait peu de talent pour exciter les esprits contre la Convention, et *plusieurs* de ces orateurs en montrèrent beaucoup.

La capitale fut ainsi mise en fermentation. *Après le 9 thermidor, on avait organisé* la garde nationale : on avait eu *en vue d'éloigner* les jacobins; mais on était tombé dans l'excès contraire, et les contre-révolutionnaires s'y trouvaient en assez grand nombre.

Cette garde nationale était de plus de quarante mille hommes armés et habillés : elle partagea toute l'exaspération des sectionnaires contre la Convention, et les lois additionnelles furent rejetées dans Paris. Les factions se succédaient à la barre de la Convention et y transmettaient hautement leur opinion. La Convention cependant croyait encore que toute cette agitation se calmerait aussitôt que les provinces auraient manifesté leur opinion par l'acceptation de la constitution et des lois additionnelles ; elle croyait pouvoir comparer cette agitation de la capitale à ces commotions si communes à Londres, et dont Rome avait si souvent donné l'exemple au temps des comices. Elle proclama, le 23 septembre, l'acceptation de la constitution par la majorité des assemblées primaires; mais, dès le lendemain, les sections de Paris nommèrent des députés pour former une assemblée centrale d'électeurs qui se réunirent à l'Odéon.

Les sections avaient mesuré leurs forces, évalué la faiblesse de la Convention. Cette assemblée d'électeurs fut une assemblée d'insurgés. La Convention annula l'assemblée de l'Odéon, la déclara illégale, et ordonna à ses comités de la dissoudre par la force. Le 10 vendémiaire (2 octobre 1795), la force armée se porta à l'Odéon et exécuta cet ordre. Le peuple, rassemblé sur la place de l'Odéon, fit entendre quelques murmures, se permit quelques injures, mais n'opposa aucune résistance.

Le décret de la Convention qui fermait l'Odéon

excita l'indignation de toutes les sections ; celle Lepelletier, dont le chef-lieu était au couvent des Filles-
Saint-Thomas, paraissait être à la tête de ce mouvement. Un décret de la Convention ordonna que le
lieu des séances fût fermé, l'assemblée dissoute et la
section-désarmée.

Le 12 vendémiaire, à sept ou huit heures du soir, le
général Menou, accompagné des représentans du
peuple, commissaire près de l'armée de l'intérieur,
se rendit, avec un corps nombreux de troupes, au
lieu des séances de la section Lepelletier, pour y faire
exécuter le décret de la Convention. Infanterie, cavalerie, artillerie, tout fut entassé dans la rue Vivienne, à l'extrémité de laquelle est le couvent des
Filles-Saint-Thomas. Les sectionnaires occupaient les
fenêtres des maisons de cette rue. Plusieurs de leurs
bataillons se rangèrent en bataille dans la cour du
couvent, et la force militaire que commandait le général Menou se trouva compromise.

Le comité de la section s'était déclaré représentant
du peuple souverain dans l'exercice de ses fonctions ;
il refusa d'obéir aux ordres de la Convention, et
après une heure d'inutiles pourparlers, le général Menou et les commissaires de la Convention se retirèrent
par une espèce de capitulation, sans avoir désarmé ni
dissous ce rassemblement.

La section, demeurée victorieuse, se constitua en
permanence, envoya des députations à toutes les autres sections, vanta ses succès et pressa l'organisation
qui pouvait assurer sa résistance. On se prépara à la
journée du 13 vendémiaire.

Le général Bonaparte, attaché depuis quelques
mois à la direction des mouvemens des armées de la
république, était dans une loge à Feydeau lorsque

de ses amis le prévinrent de la scène singulière qui se passait. Il fut curieux d'observer les détails d'un si grand spectacle. Voyant les troupes conventionnelles repoussées, il courut aux tribunes de l'assemblée pour y juger l'effet de cette nouvelle et suivre les développemens de la couleur qu'on y donnerait.

La Convention était dans la plus grande agitation. Les représentans auprès de l'armée, pour se disculper, se hâtèrent d'accuser Menou. On attribua à la trahison ce qui n'était dû qu'à la malhabileté : il fut mis en arrestation.

Alors différens représentans se montrèrent successivement à la tribune ; ils peignirent l'étendue du danger : les nouvelles qui à chaque instant arrivaient des sections ne faisaient voir que trop combien il était grand. Chacun des membres proposa le général qui avait sa confiance. Ceux qui avaient été à Toulon, à l'armée d'Italie, et les membres du comité de salut public qui avaient des relations journalières avec le général Bonaparte le proposèrent comme plus capable que personne de les tirer de ce pas dangereux par la promptitude de son coup d'œil et l'énergie de son caractère. On l'envoya chercher dans la ville.

Bonaparte, qui avait tout entendu et savait ce dont il était question, délibéra près d'une demi-heure avec lui-même sur ce qu'il avait à faire. Une guerre à mort éclatait entre la Convention et Paris, qui se disait parler au nom de toute la France. *Était-il sage de se déclarer ?* Qui oserait descendre seul dans l'arène pour se faire le champion de la Convention ? La victoire même aura quelque chose d'odieux, tandis que la défaite voue à l'exécration des races futures.

Comment se dévouer ainsi à être le bouc émissaire de tant de crimes auxquels on fut étranger? Pourquoi s'exposer bénévolement à aller grossir en peu d'heures le nombre de ces noms qu'on ne prononce qu'avec horreur?

Mais, d'un autre côté, si la Convention succombe, que deviennent les grandes vérités de notre révolution? Nos nombreuses victoires, notre sang si souvent versé, ne sont plus que des actions honteuses; l'étranger, que nous avons tant vaincu, triomphe et nous accable de son mépris; une race incapable, un entourage insolent et dénaturé, reparaissent triomphans, nous reprochent nos crimes, exercent leur vengeance et nous gouvernent en ilotes par la main de l'étranger. Ainsi la défaite de la Convention ceindrait le front de l'étranger et scellerait la honte et l'esclavage de la patrie.

Ces sentimens, vingt-cinq ans, la confiance en sa force, sa destinée, le décidèrent. Il alla se présenter au comité, auquel il peignit vivement l'impossibilité de pouvoir diriger une opération aussi importante avec trois représentans, qui, dans le fait, exerçaient tous les pouvoirs et gênaient toutes les opérations du général. Il ajouta qu'il avait été témoin de l'événement de la rue Vivienne, que les commissaires avaient été les plus coupables et s'étaient pourtant trouvés au sein de l'assemblée des accusateurs triomphans.

Frappé de ces raisons, mais dans l'impossibilité de destituer les commissaires sans une longue discussion dans l'assemblée, le comité, pour tout concilier, *car on n'avait pas de temps à perdre*, détermina de prendre le général dans l'assemblée même. Dans cette vue, il proposa Barras à la Convention comme général en chef, et donna le commandement à Bonaparte, qui par là se trouvait débarrassé des trois commissaires, sans qu'ils eussent à se plaindre.

Aussitôt que le général Bonaparte se trouva chargé du commandement des forces qui devaient protéger l'assemblée, il se transporta dans un des cabinets des Tuileries où était Menou, afin d'obtenir de lui les renseignemens nécessaires sur les forces et les positions des troupes et de l'artillerie. L'armée n'était que de cinq mille hommes de toutes armes, avec quarante pièces de canon alors aux Sablons, sous la garde de quinze hommes. Il était une heure après minuit. Bonaparte expédia aussitôt un chef d'escadron du 21e chasseurs (Murat), avec trois cents chevaux, pour se rendre en toute diligence aux Sablons et ramener l'artillerie au jardin des Tuileries. Un moment plus tard il n'était plus temps. Cet officier arrivant à deux heures aux Sablons s'y trouva avec la tête d'une colonne de la section Lepelletier qui venait saisir le parc; mais il était à cheval, on était en plaine; la section se retira, et, à six heures du matin, les quarante pièces entrèrent aux Tuileries.

Depuis six heures jusqu'à neuf, Bonaparte courut tous les postes et plaça cette artillerie à la tête du pont Louis XVI, du Pont-Royal, de la rue de Rohan, au cul-de-sac Dauphin, dans la rue Saint-Honoré, au Pont-Tournant, etc., etc. Il en confia la garde à des officiers sûrs. La mèche était allumée partout, et la petite armée distribuée aux différens postes ou en réserve au jardin et au Carrousel.

La générale battait partout, et les gardes nationales se formaient à tous les débouchés, cernant ainsi le palais et le jardin. Leurs tambours portaient l'audace jusqu'à venir battre la générale sur le Carrousel et sur la place Louis XV.

Le danger était imminent. Quarante mille gardes nationales bien armées, organisées depuis longtemps, se présentaient animées contre la Convention. Les troupes de ligne chargées de la défendre étaient peu nombreuses et pouvaient être facilement entraînées par le sentiment de la population qui les environnait. La Convention, pour accroître ses forces, donna des armes à quinze cents individus dits *les Patriotes de* 89. C'étaient des hommes qui, depuis le 9 thermidor, avaient perdu leurs emplois et quitté leurs départemens, où ils étaient poursuivis par l'opinion. On forma trois bataillons, que l'on confia au général Berruyer. Ces hommes se battirent avec la plus grande valeur; ils entraînèrent la troupe de ligne et furent pour beaucoup dans le succès de la journée.

Un comité de quarante membres, sous la présidence de Cambacérès et composé des comités de salut public et de sûreté générale, dirigeait toutes les affaires. On discutait beaucoup, on ne décidait rien, et le danger devenait à chaque instant plus pressant.

Les uns voulaient qu'on posât les armes et qu'on reçût les sections comme les sénateurs romains avaient reçu les Gaulois ; d'autres voulaient qu'on se retirât sur les hauteurs de Saint-Cloud, au camp de César, pour y être joint par l'armée des côtes de l'Océan ; d'autres voulaient qu'on envoyât des députations aux quarante-huit sections *pour leur faire diverses propositions.* Pendant ces vaines discussions, à deux heures après midi, un nommé Lafond déboucha sur le Pont-Neuf, venant de la section Lepelletier à la tête de trois ou quatre bataillons, dans le temps qu'une autre colonne de même force venait de l'Odéon à sa rencontre. Ils se réunirent place Dauphine.

Le général Carteaux, qui avait été placé au Pont-Neuf avec quatre cents hommes et quatre pièces de canon, ayant l'ordre de défendre les deux côtés du pont, quitta son poste et se replia sous les guichets. En même temps un bataillon de gardes nationales venait occuper le jardin de l'Infante : il se disait affectionné à la Convention et pourtant saisissait ce poste sans ordre. D'un autre côté, Saint-Roch, le Théâtre-Français et l'hôtel de Noailles étaient occupés en force par les gardes nationales. Les postes opposés n'étaient séparés que de douze à quinze pas ; les sectionnaires envoyaient des femmes à chaque instant ou se présentaient eux-mêmes, sans armes et les chapeaux en l'air, pour fraterniser avec la ligne.

A chaque instant les affaires empiraient. A trois heures, Danican, général des sections, envoya un parlementaire sommer la Convention d'éloigner les troupes qui menaçaient le peuple, de désarmer les terroristes. Ce parlementaire traversa les postes. les yeux bandés avec toutes les formes de la guerre. Il fut introduit ainsi au milieu du comité des quarante, qu'il émut beaucoup par ses menaces. On le renvoya vers les quatre heures : la nuit approchait, et il n'était pas douteux qu'elle ne dût être favorable aux sectionnaires, vu leur grand nombre. Ils pouvaient se faufiler de maison en maison dans toutes les avenues des Tuileries, déjà étroitement bloquées. A peu près à la même heure, on apporta dans la salle de la Convention sept cents fusils, des gibernes et des cartouches, pour armer les conventionnels eux-mêmes comme corps de réserve, ce qui en alarma plusieurs, qui ne comprirent qu'alors *la grandeur* du danger où ils étaient.

Enfin à quatre heures un quart, des coups de fusil furent tirés à l'hôtel de Noailles, où s'étaient introduits les sectionnaires. Les balles arrivaient jusqu'au perron des Tuileries. Au même moment, la colonne de Lafond déboucha par le quai Voltaire, marchant sur le Pont-Royal.

Alors on donna l'ordre aux batteries de tirer : une pièce de huit, au cul-de-sac Dauphin, commença le feu et servit de signal pour tous les postes. Après plusieurs décharges, Saint-Roch fut enlevé. La colonne Lafond, prise en tête et en écharpe par l'artillerie placée sur le quai à la hauteur du guichet du Louvre et à la tête du Pont-Royal, fut mise en déroute. La rue Sainte-Honoré, celle Saint-Florentin et les lieux adjacens furent balayés. Une centaine d'hommes essayèrent de résister au théâtre de la République ; quelques obus les délogèrent en un instant. A six heures tout était infini. Si l'on entendait *dans la nuit,* de loin en loin, quelques coups de canon, c'était pour empêcher les barricades, que quelques *havitans* avaient cherché à établir avec des tonneaux.

Il y eut environ deux cents tués ou blessés du côté des sectionnaires et presque autant du côté des conventionnels, la plus grande partie de ceux-ci aux portes de Saint-Roch.

Trois représentans, Périn, Louvet et Sieyes, montrèrent *de la résolution.*

La section des Quinze-Vingts, faubourg Saint-Antoine, est la seule qui ait fourni deux cent cinquante hommes à la Convention, tant ses dernières oscillations politiques lui avaient *indisposé toutes les classes.*

Toutefois, si les faubourgs ne se levèrent point en sa faveur, du moins ils n'agirent pas non plus contre elle.

Il est faux qu'on ait fait tirer à poudre au commencement de l'action : cela n'eût servi qu'à enhardir les sectionnaires et à compromettre les troupes. Mais il est vrai que, le combat une fois engagé, le succès n'étant pas douteux, alors en effet on ne tira plus qu'à poudre.

Il existait encore des rassemblemens dans la section Lepelletier, le 14 au matin. Des colonnes débouchèrent contre eux par les boulevards, la rue de Richelieu et le Palais-Royal. Des canons avaient été placés aux principales avenues. Les sectionnaires furent promptement délogés, et le reste de la journée fut employé à parcourir la ville, à visiter les chefs-lieux de section, ramasser les armes et lire des proclamations. Le soir tout était rentré dans l'ordre, et Paris se trouvait parfaitement tranquille.

Lorsque après ce grand événement les officiers de l'armée de l'intérieur furent présentés en corps à la Convention, celle-ci, par acclamation, nomma Bonaparte général en chef de cette armée, Barras ne pouvant cumuler plus longtemps le titre de représentant avec des fonctions militaires.

Le général Menou fut traduit à un conseil de guerre; on voulait sa mort. Le général en chef le sauva en disant aux juges que si Menou méritait la mort, les trois représentans qui avaient dirigé les opérations et parlementé avec les sectionnaires la méritaient aussi; que la Convention n'avait qu'à mettre en jugement les trois membres, et qu'alors on jugerait Menou. L'esprit de corps fut plus puissant que la voix des ennemis de Menou.

La même commission condamna plusieurs individus à mort par contumace, *entre autres Vaublanc*.
Le nommé Lafond fut le seul exécuté. Ce jeune homme avait montré beaucoup de courage dans l'action ;
la tête de sa colonne, sur le Pont-Royal, se reforma
trois fois sous la mitraille avant de se disperser tout
à fait. C'était un émigré. Il n'y eut pas moyen de le
sauver, quelque désir qu'on en eût ; l'imprudence de
ses réponses déjoua constamment les bonnes intentions de ses juges.

Après le 13 vendémiaire, Bonaparte eut à réorganiser la garde nationale, qui était un objet de la plus
haute importance, comptant jusqu'à cent quatre bataillons.

Il forma en même temps la garde du directoire et
réorganisa celle du corps législatif. Ces mêmes élémens se trouvèrent précisément dans la suite une des
causes de son succès à la fameuse journée du 18 brumaire. Il avait laissé de tels souvenirs parmi ces
corps qu'à son retour d'Égypte, bien que le directoire eût recommandé à ses soldats de ne point lui
rendre d'honneurs militaires qu'il ne fût en grand
uniforme, rien ne put les empêcher de battre aux
champs de quelque manière qu'il parût.

Le peu de mois que Bonaparte commanda l'armée
de l'intérieur se trouvèrent remplis de difficultés et
d'embarras : ce furent l'installation d'un gouvernement nouveau, dont les membres étaient divisés entre eux et souvent en opposition avec les conseils ;
une fermentation sourde parmi les anciens sectionnaires, qui composaient la majorité de Paris ; la turbu-
lence active des jacobins, qui se reformaient sous le
nom de Société du Panthéon ; les agens du royalisme,
qui formaient un parti puissant ; le discrédit des

finances et du papier-monnaie, qui mécontentait les troupes à l'extrême; mais, plus que tout cela encore, l'horrible famine qui, à cette époque, désola la capitale. Dix ou douze fois les subsistances manquèrent, et les faibles distributions journalières que le gouvernement avait été contraint d'établir furent interrompues. Il fallait une dextérité peu commune pour surmonter tant d'obstacles et maintenir le calme dans la capitale, en dépit de circonstances si fâcheuses et si graves. La Société du Panthéon donnait chaque jour plus d'inquiétude au directoire : sa police n'osait aborder cette société de front. Le général en chef fit mettre le scellé sur le lieu de ses assemblées, et ses membres ne bougèrent plus tant qu'il demeura présent. Ce ne fut qu'après son départ qu'ils parurent de nouveau sous l'influence de Babeuf, Antonelle et autres et qu'ils éclatèrent au camp de Grenelle.

Il eut souvent à haranguer à la halle, dans les rues, aux sections et dans les faubourgs, et une remarque singulière à ce sujet, c'est que de toutes les parties de la capitale, le faubourg Saint-Antoine est celui qu'il a toujours trouvé le plus facile à entendre raison et à recevoir des impulsions généreuses.

Ce fut pendant le commandement de Paris que Bonaparte fit la connaissance de Mme de Beauharnais.

On avait exécuté le désarmement général des sections. Il se présenta à l'état-major un jeune homme de dix ou douze ans qui vint supplier le général en chef de lui faire rendre l'épée de son père, qui avait été général de la république. Ce jeune homme était Eugène de Beauharnais, depuis vice-roi d'Italie. Bonaparte, touché de la nature de sa demande et des grâces de son âge, lui accorda ce qu'il demandait. Eugène se mit à pleurer en voyant l'épée de son père. Le général en fut touché et lui témoigna tant de bienveillance que Mme de Beauharnais se crut obligée de venir le lendemain lui en faire des remercîmens. Bonaparte s'empressa de lui faire sa visite. Chacun connaît la grâce extrême de l'impératrice Joséphine, ses manières douces et attrayantes. La connaissance devint bientôt intime et tendre, et ils ne tardèrent pas à se marier.

On reprochait à Schœrer, commandant l'armée d'Italie, de ne pas avoir su profiter de la bataille de Loano. Depuis on était peu satisfait de sa conduite; on voyait à son quartier général de Nice beaucoup plus d'employés que de militaires. Ce général demandait de l'argent pour solder ses troupes et réorganiser les différens services; il demandait des chevaux pour remplacer les siens, qu'on avait laissés périr faute de subsistances. Le gouvernement ne pouvait donner ni l'un ni l'autre. On lui fit des réponses dilatoires; on l'amusa par de vaines promesses. Il fit connaître alors que si on tardait davantage il serait forcé d'évacuer la rivière de Gênes, de revenir sur la Roya et peut-être même de repasser le Var. Le directoire résolut de le remplacer.

Un jeune général de vingt-cinq ans ne pouvait rester plus longtemps à la tête de l'armée de l'intérieur. Le sentiment de ses talens et la confiance que l'armée d'Italie avait en lui *le désignèrent* comme le seul capable de la tirer de la fâcheuse position où elle se trouvait. Les conférences qu'il eut avec le directoire à ce sujet et des projets qu'il lui présenta ne laissèrent plus aucun doute. Il partit pour Nice; et le général Hatry, âgé de soixante ans, vint de l'armée de Sambre-et-Meuse le remplacer à l'armée de l'intérieur, laquelle avait perdu son importance depuis que la crise des subsistances était passée et que le gouvernement se trouvait assis.

———

V.

NOTICE HISTORIQUE SUR MOREAU [1].

Le général Moreau a fait la campagne de 1794 et de 1795, sous les ordres des généraux Pichegru et Jourdan, comme Souham, Taponier, Michaud, etc.; il commanda en chef, pour la première fois, au mois de mai 1796, à l'armée du Rhin; il passa ce fleuve au mois de juillet. Napoléon était alors maître de toute l'Italie.

La campagne en Allemagne de 1796 ne fait honneur ni aux talens militaires de ceux qui en ont conçu le plan ni au général qui en a eu la principale direction et qui a commandé la principale armée. 1° Il passa sur la rive droite du Danube et du Lech après la bataille de Neresheim, le 11 août, tandis qu'en marchant devant lui sur l'Athmuhl, par la rive gauche du Danube, il se fût joint en trois marches

[1] Moreau (Jean-Victor), général en chef des armées de la République, né à Morlaix le 11 août 1763; mort à Tann, en Bohême, le 2 septembre 1813, des suites d'un coup de canon qui lui avait emporté les deux jambes à la bataille de Dresde.
  Cette notice a été écrite, sous la dictée de l'empereur, par le général Montholon, à Sainte-Hélène.

avec l'armée de Sambre-et-Meuse, qui était sur la
Rednitz, et eût, par ce mouvement, décidé de la campagne. 2º Il resta inactif six semaines, pendant août
et septembre, en Bavière, pendant que l'archiduc
battait l'armée de Sambre-et-Meuse et la rejetait
au delà du Rhin. 3º Il laissa assiéger Kehl pendant
plusieurs mois, par une armée inférieure, à la vue de
la sienne, et il le laissa prendre.

Dans la campagne de 1799, il servit d'abord en
Italie, sous Schœrer, comme général de division; il y
montra autant de bravoure que d'habileté, à la tête
d'une ou deux divisions; mais, appelé au commandement en chef de cette même armée, à la fin d'avril,
par le rappel de Schœrer, il ne fit que des fautes et ne
montra pas plus de connaissances du grand art de la
guerre qu'il n'en avait montré dans la campagne de
1796. 1º Il se fit battre à Cassano par Suwarow; il
y perdit la plus grande partie de son artillerie et
laissa cerner et prendre la division Serrurier. 2º Il fit
sa retraite sur le Tésin, tandis qu'il eût dû la faire sur
la rive droite du Pô, par le pont de Plaisance, afin
de se réunir à l'armée de Naples, que commandait
Macdonald, et qui était en marche pour s'approcher
du Pô : cette réunion faite, il était maître de l'Italie.
3º Du Tésin, il fit sa retraite sur Turin, laissant Suwarow maître de se porter sur Gênes et de le couper entièrement de l'armée de Naples. Il s'aperçut à
temps de cette faute, revint en toute hâte par la rive
droite du Pô sur Alexandrie; mais, quelques jours
après, il commit la même faute en marchant sur Côni
et abandonnant entièrement l'armée de Naples, et les
hauteurs de Gênes. 4º Pendant qu'il marchait à
l'ouest, Macdonald arrivait avec l'armée de Naples
sur la Spezia; au lieu d'opérer sa jonction avec ce

général sur Gênes, derrière l'Apennin, et de déboucher réunis par la Bocchetta pour faire lever le siége
de Mantoue, Moreau prescrivit à Macdonald de
passer l'Apennin et d'entrer dans la vallée du Pô
pour opérer sa jonction sur Tortone; il arriva ce qui
devait arriver : l'armée de Naples seule eut à supporter tous les efforts de l'ennemi aux champs de la
Trebbia, et l'Italie alors fut véritablement perdue.

En 1799, Moreau ne jouissait d'aucun crédit, ni
dans l'armée ni dans la nation; sa conduite en fructidor 1797 l'avait discrédité dans tous les partis; il
avait gardé pour lui les papiers trouvés dans le four-
gon de Klinglin, qui prouvaient les correspondances
de Pichegru avec le duc d'Enghien et les Autrichiens,
ainsi que les trames des factions de l'intérieur, pendant que Pichegru, masqué par la réputation qu'il
avait acquise en Hollande, exerçait une grande influence sur la législature. Moreau trahit son serment
et viola ses devoirs envers son gouvernement en lui
dérobant la connaissance de papiers d'une si haute
importance et auxquels pouvait être attaché le salut
de la république; si c'était son amitié pour Pichegru
qui le portait à ce coupable ménagement, il fallait
alors ne pas communiquer ces papiers au moment où
leur connaissance n'était plus utile à l'État, puisque après la journée du 18 fructidor, le parti était
abattu et Pichegru dans les fers. La proclamation de
Moreau à l'armée et sa lettre à Barthélemy furent un
coup mortel qui priva Pichegru et ses malheureux
compagnons de la seule consolation qui reste aux
malheureux, l'intérêt public.

Moreau n'avait aucun système, ni sur la politique
ni sur le militaire; il était excellent soldat, brave de
sa personne, capable de bien remuer sur un champ

de bataille une petite armée, mais absolument étranger aux connaissances de la grande tactique. S'il se fût mêlé dans quelques intrigues pour faire un 18 brumaire, il eût échoué. Il se serait perdu, ainsi que le parti qui se serait attaché à lui. Lorsqu'au mois de novembre 1799, le corps législatif donna un dîner à Napoléon, un grand nombre de députés ne voulurent point y assister parce que Moreau devait y occuper un rang distingué et qu'ils ne voulaient rendre aucun témoignage de considération au général qui avait trahi la république en fructidor. Ce fut dans cette circonstance que ces deux généraux se virent pour la première fois. Quelques jours avant le 18 brumaire, pressentant qu'il se tramait quelques changemens, Moreau se mit à la disposition de Napoléon et lui dit qu'il suffisait de le prévenir une heure d'avance, qu'il viendrait à cheval près de lui, avec ses officiers et ses pistolets, sans autre condition. Il ne fut pas dans le secret du 18 brumaire. Il se rendit, le 18, à la pointe du jour, chez Napoléon, comme un grand nombre d'autres généraux et officiers qu'on avait prévenus dans la nuit et sur l'attachement desquels on avait droit de compter.

Le 18 brumaire à midi, après que Napoléon eut pris le commandement de la 17e division militaire et des troupes qui étaient à Paris, il donna celui des Tuileries à Lannes, celui de Saint-Cloud à Murat, celui de la chaussée de Paris à Saint-Cloud à Serrurier, celui de Versailles à Macdonald, et celui du Luxembourg à Moreau. Quatre cents hommes de la 96e furent destinés à marcher sous ses ordres pour garder ce palais; ils s'y refusèrent, disant qu'ils ne voulaient pas marcher sous les ordres d'un général qui n'était pas patriote. Napoléon dut s'y rendre lui-même et les haranguer pour lever ces difficultés.

Après brumaire, les Jacobins continuèrent à remuer et à chercher des appuis dans les armées de Hollande et d'Helvétie. Masséna était plus propre que personne pour commander dans la rivière de Gênes, où il n'y avait pas un sentier qu'il ne connût. Brune, qui commandait en Hollande, fut envoyé dans la Vendée : on rompit ainsi toutes les trames qui pouvaient exister dans ces armées ; d'ailleurs, le premier consul n'eut jamais qu'à se louer de Moreau jusqu'au moment de son mariage, qui eut lieu pendant l'armistice de Pahrsdorf, en juillet 1800.

Ce serait avoir des idées bien fausses de l'état de l'esprit public alors, que de supposer qu'il y eût aucun partage dans l'autorité : la république était une ; Napoléon, premier magistrat, était l'homme de la France, il était tout : les autorités constituées, le sénat, le tribunal, le corps législatif avaient leur influence : tout individu qui n'exerçait pas d'influence sur ces corps n'était rien. Moreau ne commandait pas d'armées, elles étaient toutes entre les mains d'une faction opposée. Masséna, qui venait de sauver la France à Zurich ; Brune, qui venait de battre le duc d'York et de sauver la Hollande, jouissaient alors d'une grande réputation. Moreau, qui à la tache de fructidor joignit celles des défaites de Cassano et de la Trebbia, auxquelles on attribuait la perte de l'Italie, était peu en faveur ; mais c'est justement parce qu'il était alors peu accrédité, que le danger ne pouvait venir, s'il y en avait du côté des armées, que de la part du parti opposé, que le gouvernement consulaire accorda une grande confiance à ce général et lui confia une armée de cent quarante mille hommes, dont le commandement s'étendit de la Suisse au bord du Mein.

Il n'y eut aucune discussion sur le plan de campagne de 1800 entre Moreau et le ministre de la guerre. Napoléon, en considérant la position de la France, reconnut que les deux frontières sur lesquelles on allait se battre, celle d'Allemagne, celle d'Italie, la première était la frontière prédominante; celle d'Italie était la frontière secondaire. En effet, si l'armée de la république eût été battue sur le Rhin et victorieuse en Italie, l'armée autrichienne eût pu entrer en Alsace, en Franche-Comté ou en Belgique, et poursuivre ses succès sans que l'armée française victorieuse en Italie pût opérer aucune diversion capable de l'arrêter, puisque, pour s'asseoir dans la vallée du Pô, il lui fallait prendre Alexandrie, Tortone et Mantoue, ce qui exigeait une campagne entière; toute diversion qu'elle eût voulu opérer sur la Suisse eût été sans effet. Du dernier col des Alpes, on peut entrer en Italie sans obstacle; mais des plaines d'Italie, on eût trouvé à tous les pas des positions si on eût voulu pénétrer dans la Suisse. Si l'armée française était victorieuse sur la frontière prédominante, tandis que celle sur la frontière secondaire d'Italie serait battue, tout ce qu'on pouvait craindre était la prise de Gênes, une invasion en Provence ou peut-être le siége de Toulon; mais un détachement d'Allemagne qui descendrait de Suisse dans la vallée du Pô arrêterait court l'armée victorieuse en Italie et en Provence. Il conclut de là qu'il ne fallait pas envoyer à l'armée d'Italie au delà de ce qui était nécessaire pour la porter à quarante mille hommes, et qu'il fallait réunir toutes les forces de la république à partir de la frontière prédominante : en effet, cent quarante mille hommes furent réunis depuis la Suisse jusqu'à Mayence, et une deuxième armée, celle de réserve, fut réunie entre la Saône et le Jura, en deuxième ligne. L'intention du premier consul était de se rendre, au mois de mai, en Allemagne avec ces deux armées réunies, et de porter d'un trait la guerre sur l'Inn; mais les événemens arrivés à Gênes au commencement d'avril le décidèrent à faire commencer les hostilités sur le Rhin, lorsque l'armée de réserve se réunissait à peine. Le succès sur cette frontière n'était pas douteux; tous les efforts de l'Autriche avaient été dirigés sur l'Italie. Le maréchal Kray avait une armée très-inférieure en nombre et surtout en qualité à l'armée française, puisqu'il avait beaucoup de troupes de l'empire.

Le plan de campagne que le premier consul dicta au ministre de la guerre et que celui-ci envoya à Moreau fut le suivant : réunir les quatre corps d'armée par des mouvemens masqués sur la rive gauche du Rhin, entre Schaffhouse et Stein; jeter quatre ponts sur le Rhin et passer à la fois, dans le même jour, sur la rive droite, de manière à se mettre en bataille la gauche au Rhin et la droite au Danube; acculer le général Kray dans les défilés de la Forêt-Noire et dans la vallée du Rhin; saisir tous ses magasins, empêcher ses divisions de se rallier; arriver avant lui sur l'Ulm, lui couper la retraite de l'Inn et ne laisser à ses débris, pour tout refuge, que la Bohême. Ce mouvement eût, en quinze jours, décidé de la campagne. Il ne pouvait y avoir aucune circonstance plus favorable, car il ne fut jamais un meilleur rideau qu'une rivière aussi large que le Rhin pour masquer des mouvemens : le succès était infaillible; Moreau ne le comprenait pas : il voulait que la gauche débouchât par Mayence, ce à quoi le premier consul ne voulut pas consentir ; mais les circonstances de la république ne lui ayant pas permis de se rendre à l'armée, il dit alors à son ministre qu'il serait impossible d'obliger un général en chef à exécuter un plan qu'il n'entendait pas ; qu'il fallait donc lui laisser diriger ses colonnes à sa volonté, pourvu qu'il n'eût qu'une seule ligne d'opération et ne manœuvrât que sur la rive droite du Danube.

Moreau ouvrit la campagne, sa gauche commandée par Sainte-Suzanne, par le pont de Kehl. Saint-Cyr passa le pont de Neu-Brissach ; la réserve passa à Bâle, et Lecourbe, cinq jours après, passa à Stein. A peine Sainte-Suzanne est-il passé que Moreau s'aperçut que ce corps était compromis ; il le fit repasser à Neu-Brissach. Cette ouverture de campagne est contraire aux premières notions de la guerre. Il fit manœuvrer son armée dans le cul-de-sac du Rhin, dans le défilé des Montagnes-Noires, devant une armée qui était en position. Moreau manœuvra comme si la Suisse avait été occupée par l'ennemi ou eût été neutre ; il ne sentit pas le parti que l'on pouvait tirer de cette importante position en débouchant par le lac de Constance. Le général Kray, ainsi prévenu, réunit ses troupes à Stockach et à Engean avant l'armée française ; il n'éprouva aucun mal ; il eût été perdu sans ressource si Moreau eût pu comprendre qu'il fallait que toute son armée débouchât par où déboucha Lecourbe. Le détail d'opérations si mal conduites faisait dire souvent au premier consul : « Que voulez-vous ! ils n'en savent pas davantage ; ils ne connaissent pas les secrets de l'art ni les ressources de la grande tactique. »

Nous n'avons pas besoin de réfuter l'assertion que

le premier consul voulait déboucher des montagnes
de la Suisse en Italie sans prendre l'offensive sur le
Rhin : cela est trop absurde. Bien loin de là, il ne
croyait pas que la diversion par le Saint-Gothard fût
possible si, au préalable, on n'avait battu et rejeté
l'armée autrichienne au delà du Lech, car l'opération
de l'armée de réserve eût été une insigne folie si, au
moment où elle fût arrivée sur le Pô, l'armée autrichienne d'Allemagne eût pris l'offensive et battu l'armée française. S'il eût voulu à toute force, et conduit
par la passion, prendre d'abord l'Italie, qui l'eût empêché de laisser l'armée d'Helvétie dans la situation
où elle se trouvait en janvier 1800, et d'envoyer les
quarante mille hommes dont il la renforçait à Gênes,
ce qui aurait permis à Masséna de s'avancer sur le
Pô? Napoléon savait bien que l'Italie n'était pas la
conséquence d'une victoire en Allemagne, que c'était
le corollaire du succès obtenu sur la frontière prédominante.

Rewbel, ayant eu occasion d'entretenir le premier
consul en 1800, lui dit : « Vous réunissez une belle
armée sur le Rhin ; vous avez là toutes les troupes de
la France ; ne craignez-vous pas des inconvéniens de
mettre tant de troupes dans une seule main? Cette
considération politique m'a toujours fait maintenir
les deux armées du Rhin-et-Moselle et de Sambre-et-
Meuse ; peut-être cet inconvénient est-il moindre vis-
à-vis de vous, que le soldat regarde comme le premier général. Cependant, croyez-moi, allez à cette
armée vous-même ; sans cela, vous en éprouverez de
grands inconvéniens. Je sais que Moreau n'est pas
dangereux ; mais les factieux, les intrigans de ce
pays, quand ils s'attachent à un homme, suppléent à
tout. »

Pendant l'armistice de Pahrsdorf, Moreau ayant fait un voyage à Paris, descendit aux Tuileries ; il n'était pas attendu. Comme il était avec le premier consul, le ministre de la guerre Carnot arriva avec une paire de pistolets de Versailles, couverts de diamans d'un très-haut prix ; ils étaient destinés pour le premier consul, qui les prit et les remit à Moreau en disant : « *Ils viennent fort à propos.* » Cette scène n'était pas arrangée ; cette générosité frappa le ministre.

L'impératrice Joséphine maria Moreau avec Mlle Hulot, créole de l'Ile-de-France. Cette demoiselle avait une mère ambitieuse ; elle dominait sa fille et bientôt domina son gendre. Elle changea son caractère ; ce ne fut plus le même homme : il se mêla dans les intrigues ; sa maison fut le rendez-vous de tous les malveillans. Non-seulement il s'opposa, mais il conspira contre le rétablissement du culte et du concordat en 1801. Il tourna en ridicule la Légion d'honneur. Plusieurs fois le premier consul voulut ignorer ces inadvertances ; mais enfin il dit : « Je m'en lave les mains ; qu'il se casse le nez contre les piliers du palais des Tuileries. » Cette conduite de Moreau était contraire à son caractère. Il était Breton, détestait les Anglais, avait les chouans en horreur, une grande répugnance pour la noblesse ; c'était un homme incapable d'une grande contention de tête ; il était naturellement loyal et bon vivant. La nature ne l'avait pas fait pour les premiers rôles. S'il eût fait un autre mariage, il eût été maréchal, duc, eût fait les campagnes de la grande armée, eût acquis une nouvelle gloire, et si sa destinée était de tomber sur le champ de bataille, il eût été frappé par un boulet russe, prussien ou autrichien : il ne devait pas mourir par un boulet français.

Au mois d'octobre 1813, lorsque plusieurs corps de l'armée française descendirent de Dresde vis-à-vis Wittemberg et passèrent l'Elbe, un courrier du quartier général de l'armée de Bohême, se rendant en Angleterre, fut intercepté, et tous les papiers de Moreau furent pris. Le général Rapatel, son aide de camp et son compatriote, renvoyait à Mme Moreau ses papiers; elle était très-bourboniste : elle lui reprochait dans toutes ses lettres son éloignement pour les Bourbons, son défaut d'intrigues, et lui donnait des conseils sur la manière dont il devait se faire valoir à la cour de Russie et d'Autriche. Moreau répondait à toutes : « Vous êtes folle avec vos Bourbons..... Au surplus, vous connaissez mes sentimens ; quant à moi, je ne demande pas mieux de les aider ; mais au fond de mon cœur, je vous assure que je crois cet ordre de choses fini à jamais, etc. » La première pensée de l'empereur fut de faire imprimer cette correspondance ; mais il se reprochait d'avoir laissé exister des phrases dans un bulletin relatif à la mort de ce général : il lui semblait que des mots de regret qu'il avait prononcés en apprenant cette nouvelle eussent dû être recueillis de préférence ; il jugea inconvenant de troubler sa cendre en dévoilant des sentimens secrets écrits d'abandon à sa femme et dans une correspondance confidentielle. Moreau avait rendu des services et avait de belles pages dans l'histoire de la guerre de la Révolution. Ses opinions politiques avaient toujours été fort sages, et quelquefois Napoléon a laissé percer des regrets de sa fin déplorable..... « Ces femmes l'ont perdu ! »

MORCEAUX
PHILOSOPHIQUES ET LITTÉRAIRES.

———

I.

DISCOURS SUR CETTE QUESTION :

DÉTERMINER LES VÉRITÉS ET LES SENTIMENS QU'IL IMPORTE LE
PLUS D'INCULQUER AUX HOMMES POUR LEUR BONHEUR.

SUJET DU PRIX PROPOSÉ PAR L'ACADÉMIE DE LYON
POUR LE CONCOURS DE 1791 [1].

Les sociétés littéraires n'eussent jamais dû être animées que de l'amour de la vérité et des hommes;
mais il n'est point de vérité où règnent par devoir les
préjugés. Il n'est point d'hommes où les rois sont
souverains : il n'y a que l'esclave oppresseur, plus
vil que l'esclave opprimé. Cela explique pourquoi les
sociétés littéraires ont offert dans tous les temps le
spectacle affligeant de la flatterie et de la plus coupable adulation. Cela explique pourquoi les sciences

[1] Ce discours a été publié pour la première fois en 1826, par
M. le général Gourgaud, d'après une copie faite sur l'original,
que possède Louis Bonaparte. O'Méara raconte que M. de Tal-
leyrand, croyant faire sa cour à l'empereur, lui remit un jour
le manuscrit de son ouvrage, retrouvé dans les archives de
l'Académie de Lyon, et que l'empereur le jeta au feu, en désavouant les sentimens républicains qui avaient dicté cette
composition de collége.

vraiment utiles, celles de la morale et de la politique, ont langui dans l'oubli ou se sont entortillées
dans le labyrinthe de l'obscurité. Elles ont fait cependant dans ces derniers temps des progrès rapides.
On le doit à quelques hommes hardis qui, impulsés
par leur génie, n'ont craint ni le tonnerre des despotes ni les cachots de la Bastille. Ces rayons de lumière ont embrasé l'atmosphère, éclairé l'opinion,
qui, fière de ses droits, a détruit l'enchantement où
étaient enlacées les nations depuis tant de siècles.
Ainsi Renaud fut rendu à la vertu, à lui-même,
dès qu'une main courageuse et amie lui présenta le
bouclier où étaient tracés à la fois ses devoirs et son
apathie. A quoi peuvent être mieux comparés les
ouvrages immortels de ces grands hommes qu'au
divin bouclier du Tasse? La liberté, conquise après
vingt mois d'énergie et de chocs les plus violens, fera
à jamais la gloire des Français, de la philosophie et
des lettres.

C'est dans ces circonstances que l'Académie pro-
pose de *déterminer les vérités, les sentimens qu'il importe le plus d'inculquer aux hommes pour leur bonheur.* Cette question, vraiment digne de la méditation
de l'homme libre, fait l'éloge des sages qui l'ont
proposée. Aucune ne pourrait mieux répondre au but
du fondateur.

Illustre Raynal, si, dans le courant d'une vie agitée par les préjugés et les grands, que tu as démasqués,
tu fus toujours constant et inébranlable dans ton zèle
pour l'humanité souffrante et opprimée, daigne aujourd'hui, au milieu des applaudissemens d'un peuple
immense qui, appelé par toi à la liberté, t'en fait le
premier hommage, daigne sourire aux efforts d'un
zélé disciple dont tu voulus quelquefois encourager

les essais[1] ! La question dont je vais m'occuper est digne de ton burin ; mais, sans ambitionner d'en posséder la trempe, je me suis dit avec courage : *Moi aussi je suis peintre.*

Il est indispensable d'abord de fixer nos idées sur le bonheur.

L'homme est né pour être heureux. La nature, mère éclairée, l'a doué de tous les organes nécessaires au but de sa création. Le bonheur n'est donc que la jouissance de la vie la plus conforme à son organisation. Hommes de tous les climats, de toutes les sectes, de toutes les religions, y en aurait-il d'entre vous à qui le préjugé de leurs dogmes empêcherait de sentir l'évidence de ce principe ? Eh bien ! qu'ils mettent la main droite sur leur cœur, la gauche sur leurs yeux, qu'ils rentrent en eux-mêmes, qu'ils soient de bonne foi..... et qu'ils disent si comme moi ils ne le pensent pas.

Vivre donc d'une manière conforme à notre organisation, ou point de bonheur.

Notre organisation animale a des besoins indispensables : manger, dormir, engendrer..... une nourriture, une cabane, des vêtemens, une femme, sont donc d'une stricte nécessité pour le bonheur.

Notre organisation intellectuelle a des appétits non moins impérieux et dont la satisfaction est beaucoup plus précieuse. C'est dans leur entier développement que consiste vraiment le bonheur. Sentir et raisonner, voilà proprement le fait de l'homme, voilà ses

[1] Bonaparte, étant élève de l'École militaire de Paris, dans laquelle il entra en 1783, eut des relations assez suivies avec l'abbé Raynal.

titres à la suprématie qu'il a acquise, qu'il conserve, qu'il conservera toujours.

Le sentiment nous révolte contre la gêne, nous rend amis du beau, du juste, ennemis de l'oppresseur et du méchant. C'est dans le sentiment que gît la conscience, dès lors la moralité. Malheur à celui à qui ces vérités ne sont pas démontrées! il ne connaît de la vie que les rebuts, il ne connaît des plaisirs que la jouissance des sens.

Raisonner, c'est comparer. La perfection naît du raisonnement, comme le fruit de l'arbre. La raison, juge immobile de nos actions, en doit être la règle invariable. Les yeux de la raison garantissent l'homme du précipice des passions, comme ses décrets modifient même le sentiment de ses droits. Le sentiment fait naître la société; la raison la maintient encore.

Il faut donc manger, dormir, engendrer, sentir, raisonner, pour vivre en homme, dès lors pour être heureux.

De tous les législateurs que l'estime de leurs concitoyens appela à leur donner des lois, aucuns ne paraissent avoir été plus pénétrés de ces vérités que Lycurgue et M. Paoli. Ils sont parvenus cependant par des chemins bien différens à les mettre en œuvre dans leur législation.

Les Lacédémoniens avaient une nourriture abondante, des vêtemens et des maisons commodes, des femmes robustes; ils raisonnaient dans leurs sociétés, ils étaient libres dans leur gouvernement, ils jouissaient de leur force, de leur adresse, de la gloire, de l'estime de leurs compatriotes, de la prospérité de la patrie. C'étaient là les satisfactions de leur sentiment. Ils pouvaient s'attendrir avec leurs femmes, s'émouvoir aux perspectives variées du beau climat de la Grèce ; cependant c'était principalement par le spectacle du fort et de la vertu qu'ils sentaient. Dans le courage, dans la force, consiste la vertu. L'énergie est la vie de l'âme comme le principal ressort de la raison.

Les palpitations d'un Spartiate étaient celles de l'homme fort, et l'homme fort est bon, le faible seul est méchant. Le Spartiate vivait d'une manière conforme à son organisation : il était heureux.

..... Mais tout ceci n'est qu'un rêve. Sur les bords de l'Eurotas vit aujourd'hui le pacha à trois queues, et le voyageur, navré de ce spectacle déchirant, se retire avec effroi, doutant un moment de la bonté du moteur de l'univers.

Mais, pour conduire les hommes au bonheur, faut-il donc qu'ils soient égaux en moyens ? Jusqu'à quel point doit-on leur prêcher, doit-on leur inspirer l'amour de l'égalité facultative ?

Puisqu'il faut sentir pour vivre heureux, quels sont les sentimens que l'on doit leur inspirer ?

Quelles sont les vérités que l'on doit leur développer ? Raisonner, dites-vous, ou point de félicité.

PREMIÈRE PARTIE.

L'homme en naissant porte avec lui des droits sur la portion des fruits de la terre nécessaire à son existence.

Après l'étourderie de l'enfance vient l'éveil des passions. Il choisit parmi les compagnes de ses jeux celle qui doit l'être de sa destinée. Son bras vigoureux, de concert avec ses besoins, demande du travail. Il jette un regard autour de lui ; il voit la terre, partagée en peu de mains, servir d'aliment au luxe et à la superfluité ; il se demande : « Quels sont donc les titres de ces gens-là ? Pourquoi le fainéant est-il tout, l'homme qui travaille presque rien ? Pourquoi enfin, à moi qui ai une femme, un père et une mère décrépits à nourrir, ne m'ont-ils rien laissé ? »

Il court chez le ministre dépositaire de sa confiance, lui expose ses doutes..... « Homme, lui répond le » prêtre, ne réfléchis jamais sur l'existence de la so- » ciété..... Dieu conduit tout..... Abandonne-toi à la » Providence..... Cette vie n'est qu'un voyage. Les » choses y sont faites par une justice dont nous ne » devons pas chercher à approfondir les décrets..... » Crois, obéis, ne raisonne jamais et travaille : voilà » tes devoirs. »

Une âme fière, un cœur sensible, une raison naturelle, ne peuvent être satisfaits de cette réponse. Il porte ailleurs ses doutes et ses inquiétudes. Il arrive chez le plus savant du pays, c'est un notaire..... « Homme savant, lui dit-il, on s'est partagé les biens » de la contrée, et l'on ne m'a rien donné. » L'homme savant rit de sa simplicité, le conduit dans son étude, et là, d'acte en acte, de contrat en contrat, de testament en testament, il lui prouve la légitimité des partages dont il se plaint..... « Quoi! ce sont là les » titres de ces messieurs! s'écrie-t-il indigné : les » miens sont plus sacrés, plus incontestables, plus » universels ; ils se renouvellent avec ma transpira- » tion, circulent avec mon sang, sont écrits sur mes » nerfs, dans mon cœur, c'est la nécessité de mon » existence et surtout de mon bonheur. » En achevant ces mots, il saisit ces paperasses, qu'il jette aux flammes.....

Il ne tarde pas à craindre le bras du puissant que l'on appelle justice. Il se réfugie dans sa cabane pour se jeter tout ému sur le corps glacé de son père. Ce respectable vieillard, aveugle et perclus par l'âge, ne paraît vivre encore que par un oubli de la mort..... « Mon père, vous m'avez donné la vie, avec » elle un vif instinct du bonheur. Eh bien ! mon père, » des ravisseurs se sont tout partagé. Je n'ai que mes » bras, parce qu'ils n'ont pas pu me les ôter. O mon » père, je suis donc condamné au travail le plus con- » tinuel, à l'asservissement le plus avilissant ! Au so- » leil d'août, comme aux frimas de janvier, il n'y aura » donc jamais de repos pour votre fils ! pour prix d'un » si grand travail, d'autres cueilleront les moissons » acquises à la sueur de mon front ! et encore si je » pouvais suffire à tout : il faut que je nourrisse, loge, » habille, chauffe une famille entière. Le pain nous » manquera, mon cœur se brisera à chaque instant, » ma sensibilité s'émoussera, ma raison s'offus- » quera. O mon père, je vivrai hébété, misérable, » peut-être méchant. Je vivrai malheureux. Suis-je » donc né pour cela ?

—» Mon fils, lui répond le vénérable vieillard, le sa- » cré caractère de la nature est tracé dans ton sein » avec toute son énergie. Conserve-le toujours pour » vivre heureux et fort ; mais écoute attentivement ce » que quatre-vingts ans d'expérience m'ont enseigné. » Mon fils, je t'ai élevé dans mes bras, j'ai protégé tes » jeunes ans, et aujourd'hui que ton cœur commence » à palpiter, tes fibres sont accoutumées au travail » sans doute, mais au travail modéré, qui rafraîchit » le corps, excite le sentiment, calme l'imagination » fougueuse. Mon fils, t'a-t-il rien manqué ? Ton » habillement est grossier, ta demeure est rustique, » ta nourriture est simple ; mais, encore une fois, » as-tu rien désiré ? Tes sentimens sont purs comme

» les sensations, comme toi-même. Il te manquait
» une femme, mon fils, tu l'as choisie. Je t'ai aidé de
» mon expérience à décider ton jeune cœur... O mon
» tendre ami, pourquoi te plains-tu ? Tu crains l'a-
» venir, fais toujours comme tu as fait, et tu ne le re-
» douteras jamais.

   » Mon fils, si j'avais été au nombre des hommes
» misérables qui ne possèdent rien, j'eusse façonné
» ton corps au joug de l'animal, j'eusse moi-même
» étouffé tes sentimens et tes idées, j'eusse fait de
» toi le premier des animaux de ta grange. Plié par le
» joug de l'habitude, tu eusses vécu tranquille de ton
» apathie, content de ton ignorance. Tu n'eusses pas
» été heureux, ô mon fils ! tu ne l'eusses pas été, mais
» tu fusses mort sans savoir si tu avais vécu, car,
» mon fils, comme tu l'as observé, pour vivre il faut
» sentir et raisonner, dès lors ne pas être accablé par
» le besoin physique. Oui, bon jeune homme, que
» cette nouvelle te rafraîchisse, te console ; calme tes
» inquiétudes : ces champs, cette cabane, ces ani-
» maux sont à nous. J'ai voulu te le laisser ignorer :
» il est si heureux et si doux de monter, si dur de
» descendre !

   » Ton père bientôt ne sera plus ; il a assez vécu, il
» a connu les vrais plaisirs ; il connaît le plus grand
» de tous, puisqu'il te presse encore contre son sein.
» Une seule chose, mon fils, si tu veux l'imiter : ton
» âme est ardente, mais ton travail, mais ta femme,
» ce doux présent de l'amour, mais tes enfans, que
» d'objets pour remplir le vide de ton cœur ! Garde-
» toi seulement de la cupidité des richesses. Les ri-
» chesses n'influent sur le bonheur, mon fils, qu'au-
» tant qu'elles procurent ou refusent le nécessaire
» physique. Tu l'as, ce nécessaire, et avec lui l'habi-

» tude du travail. Tu es le plus riche du pays : sache
» donc brider ton imagination. D'une âme ardente à
» une imagination déréglée, il n'y a, mon fils, que
» la raison au milieu.

    » Les riches sont-ils heureux ? Mon fils, ils peuvent
» l'être, mais pas plus que toi. Ils peuvent l'être, en-
» tends-tu, car rarement ils le sont. Le bonheur est
» spécialement dans ton état, parce que c'est celui de
» la raison et du sentiment. L'état du riche est l'em-
» pire de l'imagination déréglée, de la vanité, des
» jouissances des sens, des caprices, des fantaisies...
» Ne l'envie jamais, et si l'on t'offrait toutes les ri-
» chesses de la contrée, mon unique ami, rejette-les
» loin de toi, à moins que ce ne soit pour les partager
» incontinent à tes concitoyens. Mais, mon fils, cette
» lutte de force et de magnanimité n'appartient qu'à
» un dieu..... Sois homme, mais sois-le vraiment :
» vis maître de toi. Sans force, mon fils, il n'est ni
» vertu ni bonheur. »

Voilà les deux bouts de la chaîne sociale connus.
Oui, messieurs, qu'au premier soit l'homme riche,
j'y consens ; mais qu'au dernier ne soit pas le misérable : que ce soit, ou le petit propriétaire, ou le petit
marchand, ou l'habile artisan, qui puisse, avec un
travail modéré, nourrir, habiller, loger sa famille.
Vous recommanderez donc au législateur de ne pas
consacrer la loi civile où peu pourraient tout posséder ; il faut qu'il résolve son problème politique de manière que le moindre ait quelque chose. Il n'établit
pas pour cela l'égalité, car les deux extrêmes sont si
éloignés, la latitude est si forte, que l'inégalité peut
subsister dans l'intervalle..... Dans la hutte comme
dans le palais, couvert de peaux comme de broderies
de Lyon, à la table frugale de Cincinnatus comme

à celle de Vitellius, l'homme peut être heureux ; mais encore cette hutte, ces peaux, cette table frugale, encore faut-il qu'il les ait. Comment le législateur peut-il y influer ? Comment doit-il résoudre son problème politique pour que le moindre ait quelque chose ? Les difficultés sont grandes, et je ne sache personne qui s'en soit mieux tiré que M. Paoli.

M. Paoli, dont la sollicitude pour l'humanité et ses compatriotes fait le caractère distinctif, qui fit un moment renaître au milieu de la Méditerranée les beaux jours de Sparte et d'Athènes ; M. Paoli, plein de ces sentimens, de ce génie que la nature ne réunit dans un même homme que pour la consolation des peuples, parut en Corse pour fixer les regards de l'Europe. Ses concitoyens, ballottés par les guerres civiles et étrangères, reconnurent son ascendant et le proclamèrent à peu près comme jadis Solon le fut à Athènes ou les décemvirs à Rome. Les affaires étaient dans un tel désordre qu'un magistrat revêtu d'une grande autorité et d'un génie transcendant pouvait seul sauver la patrie. Heureuse la nation où la chaîne sociale n'est pas assez rivée pour craindre les conséquences d'une démarche aussi téméraire ! heureuse lorsqu'elle a des hommes qui justifient une confiance aussi illimitée, s'en rendent dignes !

Arrivé au timon des affaires, appelé par ses compatriotes à leur donner des lois, M. Paoli établit une constitution, non-seulement fondée sur les mêmes principes que l'actuelle, mais encore sur les mêmes divisions administratives. Il y eut des municipalités, des districts, des procureurs syndics, des procureurs de la commune. Il renversa le clergé et appropria à la nation le bien des évêques : enfin la marche de son gouvernement est presque celle de la révolution ac-

tuelle. Il trouva dans son activité sans pareille, dans
son génie pénétrant et facile, de quoi garantir sa constitution naissante des efforts des méchans et des ennemis, car on était alors en guerre avec Gênes.

Mais à nos yeux le principal mérite de M. Paoli est
d'avoir paru pénétré du principe qu'en consacrant la
loi civile, le législateur devait conserver à chaque
homme une portion de propriété telle qu'avec un mé-
diocre travail elle pût suffire à son entretien. Pour
cela, il distingua les territoires de chaque village en
deux espèces : ceux de la première furent les plaines,
bonnes aux semailles et aux pâturages ; ceux de la
seconde furent les montagnes, propres à la culture de
l'olivier, de la vigne, du châtaignier, de l'arbre de
toute espèce. Les terres de la première espèce, appelées *pacages*, devinrent la propriété publique et l'usu-
fruit particulier. Tous les trois ans le *pacage* de chaque village se partageait entre les habitans. Les terres
de la seconde espèce, susceptibles d'une culture particulière, restèrent sous l'inspection de la cupidité individuelle. Par cette sage disposition, tout citoyen
naissait propriétaire, sans détruire l'industrie, sans
nuire aux progrès de l'agriculture, enfin sans avoir
d'ilotes.

Mais tous les législateurs ne se sont pas trouvés
dans les mêmes circonstances ; tous n'ont pas pu maîtriser les choses et les conduire à une si heureuse fin :
cependant, pressés par le principe, ils lui ont rendu
hommage en excluant de la société ceux qui ne pos-
sédaient rien ou ne payaient pas telle imposition.
Pourquoi cette seconde injustice? C'est que l'homme
que les lois n'ont pas mis à même d'être heureux ne
peut être citoyen ; c'est que l'homme qui n'a point
d'intérêt au maintien de la loi civile en est l'ennemi.

Il eût fallu lui assurer une portion de propriété, afin de l'y intéresser, de l'attacher ; à défaut de cela, il a fallu l'exclure comme un être avili, hébété, et comme tel, incapable d'exercer une portion de la souveraineté... Voilà la raison politique sans doute... Mais aux yeux de la morale ! mais aux yeux de l'humanité ! Quand je verrai un de ces infortunés transgresser la loi de l'État, être supplicié, je me dirai : « C'est le fort qui victime le faible. » Il me semblera voir l'Américain périr pour avoir violé la loi de l'Espagnol.

Après avoir persuadé au législateur qu'il doit s'occuper également du sort de tous les citoyens dans la rédaction de sa loi civile, vous direz au riche : « Tes richesses font ton malheur ; rentre dans la latitude de tes sens ; tu ne seras plus ni inquiet ni fantasque. » Combien de jeunes ménages deviennent méchans parce qu'il leur manque ce qui produit dans toi cette inquiétude ! Tu as trop, et eux pas assez. Votre sort est égal, avec la différence que toi, plus sage, pourrais y remédier, au lieu qu'eux ne peuvent que gémir !.... Homme froid, ton cœur ne palpite donc jamais ? Je te plains et je t'abhorre : tu es malheureux et tu fais le malheur des autres. »

Sans femme, avons-nous dit, il n'est ni santé ni bonheur. Vous enseignerez donc à la classe nombreuse des célibataires que leurs plaisirs ne sont pas les vrais, à moins que, convaincus qu'ils ne peuvent vivre sans femme, ils ne fondent sur celles des autres la satisfaction de leur appétit. Vous les dénoncerez dès lors à la société entière.

Vous dénoncerez l'extravagante présomption du ministre de Brama ; vous lui apprendrez que l'homme heureux est seul digne du Créateur, et que le fakir qui se mutile est un monstre de dépravation et de folie.

Vous rirez avec le dédain de l'indignation lorsque l'on prétendra vous persuader que la perfection consiste dans le célibat. Vous avez ouvert le grand livre de la raison et du sentiment, ainsi vous dédaignerez de répondre aux sophismes des préjugés et de l'hypocrisie.

Que la loi civile assure à chacun son nécessaire physique. Que la soif inextinguible des richesses soit remplacée par le sentiment consolant du bonheur. Qu'à votre voix, le vieillard soit le père de tous ses enfans, qu'il partage également ses biens, et que le spectacle harmonique de huit ménages heureux fasse à jamais abhorrer la loi barbare de la primogéniture. Que l'homme apprenne enfin que sa vraie gloire est de vivre en homme. Qu'à votre voix les ennemis de la nature se taisent et avalent de rage leurs langues de serpent. Que le ministre de la plus sublime des religions, qui doit porter des paroles de paix et de consolation dans l'âme navrée de l'infortuné, connaisse les douces émotions de l'épanchement ; que le nectar de la volupté le rende sincèrement pénétré de la grandeur de l'auteur de la vie : alors, vraiment digne de la confiance publique, il sera l'homme de la nature et l'interprète de ses décrets ; qu'il choisisse une compagne, ce jour sera le vrai triomphe de la morale, et les vrais amis de la vertu le célèbreront de cœur. Le ministre sensible bénira l'âge de la raison en goûtant les prémices de ses bienfaits.

Voilà, messieurs, sous le rapport animal, les vérités, les sentimens qu'il faut inculquer aux hommes pour leur bonheur.

DEUXIÈME PARTIE.

Qu'est-ce que le sentiment? C'est le lien de la vie, de la société, de l'amour, de l'amitié. C'est lui qui unit le fils à la mère, le citoyen à la patrie. C'est surtout dans l'homme de la nature qu'il est puissant. La dissipation, les plaisirs des sens en émoussent la délicatesse, mais dans l'infortune, l'homme le retrouve toujours; cet agent consolateur ne nous adandonne entièrement qu'avec la vie.

N'êtes-vous pas satisfait, grimpez sur un des pitons du Mont-Blanc; voyez le soleil, se levant par gradations, porter la consolation sous le chaume du laboureur. Que le premier rayon qu'il lance soit surtout recueilli dans votre cœur! souvenez-vous bien des sentimens que vous goûterez.

Descendez au bord de la mer, voyez l'astre du jour sur son déclin se précipiter avec majesté dans le sein de l'infini : la mélancolie vous maîtrisera, vous vous y abandonnerez; l'on ne résiste pas à la mélancolie de la nature.

Êtes-vous sous le monument de Saint-Remi, vous en avez contemplé la majesté : le doigt de ces fiers Romains tracé dans les âges passés vous fait exister Émile, Scipion, Fabius. Vous revenez à vous pour voir des montagnes, dans l'éloignement d'un voile noir, couronner la plaine immense de Tarascon, où cent mille Cimbres restèrent ensevelis. Le Rhône coule à l'extrémité, plus rapide que le trait; un chemin est sur la gauche, la petite ville à quelque distance, un troupeau dans la prairie : vous rêvez sans doute, c'est le rêve du sentiment.

Égarez-vous dans la campagne, réfugiez-vous dans

la chétive cabane du berger ; passez-y la nuit, couché sur des peaux, le feu à vos pieds ; quelle situation ! Minuit sonne ; tous les bestiaux des environs sortent pour paître, leurs bêlemens se marient à la voix des conducteurs : il est minuit, ne l'oubliez pas ; quel moment pour rentrer en vous-même et pour méditer sur l'origine de la nature, en en goûtant les délices les plus exquises !

Au retour d'une longue promenade, êtes-vous surpris par la nuit, arrivez-vous au clair des rayons argentés dans le parfait silence de l'univers ; vous avez été accablé de la chaleur de la canicule : vous goûtez les délices de la fraîcheur et le baume salutaire de la rêverie.

Votre famille est-elle couchée, vos lumières éteintes, mais non pas votre feu, car les frimas de janvier s'opposent à la végétation de votre jardin... : que faites-vous là pendant plusieurs heures ? je ne suppose pas que vous soyez égaré par la rage et l'ambition des richesses ; qu'est-ce que vous faites ? vous jouissez de vous-même.

Vous savez que la métropole de Saint-Pierre de Rome est grande comme une ville ; une lampe est devant le principal autel : vous y entrez à dix heures du soir, vous marchez en tâtonnant ; cette faible lumière ne vous permet de voir qu'elle. Vous croyez ne faire que d'y entrer, il est déjà l'heure de l'aurore : elle entre par les fenêtres, la pâleur du matin succède aux ténèbres de la nuit. Vous vous en apercevez enfin pour vous retirer ; mais vous y êtes resté six heures ! Si j'eusse pu inscrire vos pensées, qu'elles intéresseraient le moraliste !

La curiosité, mère de la vie, vous fait-elle embarquer pour la Grèce ; êtes-vous jeté par les courans à l'île de Monte-Christo : deux heures vous restent ; à la nuit, vous cherchez un refuge ; vous avez parcouru ce petit rocher ; vous vous trouvez sur une hauteur, au milieu des débris d'un vieux monastère, derrière un pan de mur couvert par le lierre et le romarin ; vous faites dresser votre tente ; le mugissement rauque des vagues qui se brisent sur les rochers, car le vaste gouffre des mers vous environne, vous représente l'idée de cet élément terrible pour le faible passager. Une légère toile et un mur de plus de quinze siècles vous abritent ; vous êtes *agité* par l'agitation du sentiment.

Êtes-vous à sept heures du matin dans vos bosquets fleuris ou dans une vaste forêt, pendant la saison des fruits ; sommeillez-vous dans une grotte environnée des eaux des dryades, dans le fort de la canicule ? vous serez seul à passer des heures entières, sans pouvoir vous en arracher ni soutenir les discours du fâcheux qui viendra vous importuner.

Il n'est point d'homme qui n'ait éprouvé la douceur, la mélancolie, le tressaillement qu'inspirent la plupart de ces situations. Que je plaindrais celui qui ne me comprendrait pas et qui n'aurait jamais été ému par l'électricité de la nature ! Le sentiment ne nous ferait-il éprouver que ces délicieuses émotions, il aurait déjà fait beaucoup pour nous ; il nous aurait offert une succession de jouissances sans regrets, sans fatigues, sans aucune espèce d'ébranlement violent. C'aurait été son plus précieux don, si l'amour de la patrie, si l'amour conjugal, si la divine amitié, n'étaient aussi de ses libéralités.

Vous rentrez dans votre pays après quatre ans d'absence ; vous parcourez les sites théâtres des jeux de votre enfance et témoins de l'agitation que la pre-

mière connaissance des hommes et l'aurore des passions produisent dans nos sens : vous vivrez dans un
moment de la vie de votre enfance, vous jouirez de
ses plaisirs ; vous sentez tous les feux de l'amour de
la patrie. Vous avez, dites-vous, un père, une tendre
mère, des sœurs encore innocentes, des frères à la
fois vos amis ; homme trop heureux ! cours, vole, ne
perds pas un moment. Si la mort t'arrêtait en chemin, tu n'aurais pas connu les délices de la vie, celles
de la douce reconnaissance, du tendre respect et de
la sincère amitié. Mais, me dites-vous, j'ai une
femme et des enfans... Une femme et des enfans !...
C'en est trop, mon cher ami ; c'en est trop, ne t'en
éloigne plus ; le plaisir pourrait te suffoquer au retour ou la douleur t'accabler au départ... Une femme
et des enfans, un père et une mère, des frères et des
sœurs, un ami ! Et l'on se plaint de la nature, et l'on
se demande : « Pourquoi sommes-nous nés ? » Et l'on
souffre avec impatience les maux passagers, et l'on
court avec fureur après les vides de la vanité, des
richesses. Quelle est donc, ô infortunés humains, la
boisson dépravatrice qui a ainsi altéré les penchans
écrits dans votre sang, sur vos nerfs, dans vos
yeux ?..... Eussiez-vous l'âme aussi ardente que le
foyer de l'Etna, si vous avez un père, une mère, une
femme, des enfans, vous ne pouvez redouter les
anxiétés de l'ennui.

Oui, voilà les seuls, les vrais plaisirs de la vie, et
dont rien ne peut ni nous distraire ni nous indemniser. L'homme a beau s'environner de tous les biens
de la fortune, dès que ces sentimens s'enfuient de son
cœur, l'ennui s'en empare ; la tristesse, la noire mélancolie, le désespoir, se succèdent, et si cet état dure
encore, il se donne la mort.

Pontavéri est arraché à Taïti ; conduit en Europe, il est accablé de soins ; l'on n'oublie rien pour le distraire. Un seul objet le frappe, lui arrache les larmes de la douleur, c'est le mûrier à papier. Il l'embrasse avec transport en s'écriant : *Arbre de mon pays ! arbre de mon pays !*..... L'on prodigue en vain aux cinq Groënlandais tout ce que la cour de Copenhague peut offrir. L'anxiété de la patrie, de la famille, les conduit à la mélancolie et de là à la mort..... Au lieu de cela, combien d'Anglais, de Hollandais, de Français, qui vivent avec les sauvages ! C'est que ces infortunés étaient avilis en Europe, vivaient jouets des passions et tristes rebuts des grands ; tandis que l'homme de la nature vit heureux dans le sein du sentiment et de la raison naturelle.

Nous venons de voir comment par le sentiment nous jouissons de nous, de la nature, de la patrie, des hommes qui nous environnent. Il nous reste à observer comment il nous fait tressaillir à l'aspect de différentes vicissitudes de la vie. C'est ici que nous nous convaincrons que s'il nous rend amis du beau, du juste, il nous révolte contre l'oppresseur et le méchant.

Une jeune beauté est entrée dans sa seizième année ; les roses sur son teint font place aux lis ; des yeux de feu se sont presque éteints ; la vivacité des grâces n'est plus que la langueur de la mélancolie... elle aime... T'inspire-t-elle le respect, la confiance, c'est le respect et la confiance du sentiment. T'inspire-t-elle le mépris de sa faiblesse, à la bonne heure ; mais ne me le dis jamais, si tu prises mon estime.

Nina aima ; son bien-aimé mourut, elle eût dû mourir aussi. Elle lui survécut toutefois, mais pour lui rester fidèle. Nina a bien su que son bien-aimé était mort, mais le sentiment ne peut pas concevoir son anéantisssement. Elle l'a attendu toujours ; elle l'attendrait encore..... Tu plains dédaigneusement sa folie..... Homme dur ! sens-tu, au lieu de cela, l'estime de sa constance et l'attendrissement de son erreur ? C'est l'estime et l'attendrissement du sentiment.

Une femme adorée est morte. C'est celle de ton ennemi. L'infortuné en est accablé ; il a fui la société des hommes ; le drap noir a remplacé la tapisserie de la gaîté. Deux flambeaux sont sur la table, le désespoir dans son cœur ; il passera ainsi le reste languissant de sa vie..... Ame bonne, tu sens ta haine se calmer ; tu cours à son tombeau lui prodiguer les marques de la réconciliation. C'est la réconciliation du sentiment.

Vous avez lu Tacite : quel est celui de vous qui ne s'est écrié avec le jeune Caton : *Que l'on me donne une épée pour tuer ce monstre.* Depuis deux mille ans, le récit des actions de Marius, de Sylla, Néron, Caligula, Domitien, etc., vous révolte. Leur souvenir est celui de la haine et de l'exécration.

Le spectacle odieux du crime prospérant ou de l'innocence dans les fers vous brise le cœur, le découragement circule dans vos veines pour y allumer bientôt le désir de la vengeance. Viennent-ils à paraître.....

(*La dernière phrase était indéchiffrable.*)

II.

SUR LE DIVORCE [1].

Le divorce sera-t-il conservé en France? Il faut que deux individus qui ne peuvent vivre ensemble soient séparés sans déshonneur, pourvu que quelques faits viennent à l'appui de l'allégation de l'incompatibilité d'humeur et de caractère.

Le jugement qui prononcerait le divorce serait déshonorant s'il était fondé sur des faits prouvés. Un homme honnête ne rend point la vie insupportable à sa compagne; mais l'incompatibilité d'humeur entre deux individus qui ne sont par organisés de même ne porte aucune atteinte à la moralité. Peut-être la procédure publique serait utile lorsque le divorce serait demandé pour une cause grave, parce que la crainte du déshonneur pourrait retenir les époux dans le devoir.

Le système de Portalis se réduit à ceci : Le principe de la liberté des cultes exige qu'on admette le divorce; l'intérêt des mœurs demande qu'on le rende difficile. Ainsi, dans ce système, ce n'est pas par des vues politiques que le divorce est admis; il ne le serait pas s'il n'était dans les principes d'aucun culte; d'un autre côté, il deviendrait si difficile et si déshonorant qu'il serait en quelque sorte exclu.

[1] Ce morceau est extrait du procès-verbal de la discussion du Conseil d'État et du Tribunat sur le Code civil, discussion que le premier consul a surtout dirigée et dominée dans les séances de fructidor et de vendémiaire an 10 (septembre et octobre 1802).

Il est permis de se marier à quinze et à dix-huit ans, c'est-à-dire avant l'âge où il est permis de disposer de ses biens. Croit-on que cette exception faite en faveur du mariage aux principes généraux sur la majorité, doive faire établir que, quoique l'un des époux ait reconnu l'erreur dans laquelle il est tombé à un âge aussi tendre, il ne pourra néanmoins la réparer sans se flétrir? C'est tout au plus ce qu'on pourrait décider si le mariage n'était autorisé qu'à vingt ans et à vingt et un ans. On a dit que le divorce pour incompatibilité est contraire à l'intérêt des femmes, des enfans et à l'esprit de famille. Mais rien n'est plus contraire à l'intérêt des époux, lorsque leurs humeurs sont incompatibles, que de les réduire à l'alternative, ou de vivre ensemble, ou de se séparer avec éclat. Rien n'est plus contraire à l'esprit de famille qu'une famille divisée. Les séparations de corps avaient autrefois, par rapport à la femme, au mari, aux enfans, à la famille, à peu près les mêmes effets que le divorce; cependant elles étaient aussi multipliées que les divorces le sont aujourd'hui; mais elles avaient cet inconvénient, qu'une femme déhontée continuait de déshonorer le nom de son mari parce qu'elle le conservait. Le respect pour les cultes obligera d'admettre la séparation de corps; mais il ne sera pas convenant de restreindre tellement le divorce par les difficultés qu'on y apporterait, que les époux fussent tous réduits à n'user que de la séparation. L'article 2 du projet spécifie des causes pour lesquelles il admet le divorce; mais quel malheur ne serait-ce pas que de se voir forcé à les exposer, et à révéler jusqu'aux détails les plus minutieux et les plus secrets de l'intérieur de son ménage! Le système mitigé de l'incompatibilité prévient, à la vérité, ces inconvéniens; cependant comme il suppose des faits et des preuves, il est aussi flétrissant que le système des causes déterminées. D'ailleurs ces causes, quand elles seront réelles, opéreront-elles toujours le divorce? La cause de l'adultère, par exemple, ne peut obtenir de succès que par des preuves toujours très-difficiles, souvent impossibles. Cependant le mari qui n'aurait pu les faire serait obligé de vivre avec une femme qu'il abhorre, qu'il méprise, et qui introduit dans sa famille des enfans étrangers. Sa ressource serait de recourir à la séparation de corps ; mais elle n'empêcherait pas que son nom ne continuât à être déshonoré.

Le mariage n'est pas toujours, comme on le suppose, la conclusion de l'amour. Une jeune personne consent à se marier pour se conformer à la mode, pour arriver à l'indépendance et à un établissement ; elle accepte un mari d'un âge disproportionné, dont l'imagination, les goûts et les habitudes ne s'accordent pas avec les siens. La loi doit donc lui ménager une ressource pour le moment où, l'illusion cessant, elle reconnaît qu'elle se trouve dans des liens mal assortis et que sa volonté a été séduite.

Le mariage prend sa forme des mœurs, des usages, de la religion de chaque peuple. C'est par cette raison qu'il n'est pas le même partout. Il est des contrées où les femmes et les concubines vivent sous le même toit, où les esclaves sont traités comme les enfans. L'organisation des familles ne dérive donc pas du droit naturel : les ménages des Romains n'étaient pas organisés comme ceux des Français.

Les précautions établies par la loi pour empêcher qu'à quinze ou à dix-huit ans on ne contracte avec légèreté un engagement qui s'étend à toute la vie, sont certainement sages ; cependant sont-elles satisfaisantes? Qu'après dix ans de mariage, le divorce ne soit plus admis que pour des causes très-graves, on le conçoit; mais puisque les mariages contractés dans la première jeunesse sont si rarement l'ouvrage des époux, puisque ce sont les familles qui les forment d'après certaines idées de convenance, il faut que les premières années soient un temps d'épreuve et que, si les époux reconnaissent qu'ils ne sont pas faits l'un pour l'autre, ils puissent rompre une union sur laquelle il ne leur a pas été permis de réfléchir. Cependant cette facilité ne doit favoriser ni la légèreté ni la passion. Qu'on l'entoure donc de toutes les précautions, de toutes les formes propres à en mieux prévenir l'abus; qu'on décide, par exemple, que les époux seront entendus dans un conseil secret de famille, formé sous la présidence du magistrat; qu'on ajoute encore, si l'on veut, qu'une femme ne pourra user qu'une fois du divorce; qu'on ne lui permette de se remarier qu'après cinq ans, afin que le projet d'un autre mariage ne la porte pas à dissoudre le premier; qu'après dix ans de mariage, la dissolution soit rendue très-difficile. On a donc des moyens de restreindre les effets de la cause trop vague de l'incompatibilité d'humeur.

Le mariage ayant été formé sous l'autorisation des familles, on pourrait exiger cette même autorisation pour le dissoudre par le consentement mutuel, afin qu'il ne fût rompu que de la même manière qu'il a été contracté. Cette condition du consentement de la famille serait une garantie que le mariage ne serait dissous que pour des causes graves et réelles; et cependant il existerait un moyen de couvrir les causes de divorce que l'intérêt des mœurs ne permet pas de divulguer.

Ce n'est point un tribunal de famille qu'il faut, c'est le consentement de la famille ou plutôt des deux familles. Le tribunal public serait le seul qui prononcerait le divorce, mais sans procédure et sans examen, quand les époux lui auraient justifié de ce double consentement. Il faudrait que les pères, les mères, en un mot tous les parens appelés des deux côtés eussent été unanimes. Leur aveu serait une garantie suffisante qu'il y a des causes réelles de divorce ; car ils ont intérêt de maintenir un mariage qu'ils ont formé, et ils ne partagent pas l'égarement et les passions qui peuvent faire agir les époux, qui doivent toujours être considérés comme mineurs, parce que les passions ne leur permettent pas d'user de leur maturité d'esprit.

Le divorce par consentement mutuel ne devrait pas être admis après dix ans de mariage et sans l'autorisation des ascendans ; cependant, à défaut d'ascendans, on pourrait appeler des hommes graves par leur réputation et par leur âge, qui porteraient la responsabilité morale du divorce et arrêteraient les écarts de l'opinion si elle interprétait mal les causes qui l'ont fait prononcer.

De toutes les causes pour lesquelles la législation a admis le divorce, l'adultère est la seule qui rompe l'engagement du mariage ; elle doit donc être la seule cause déterminée du divorce, la seule pour laquelle il puisse être prononcé d'après un examen et une procédure judiciaire. On laisserait cependant à l'époux outragé la faculté de couvrir le déshonneur de sa femme en recourant au divorce par consentement mutuel, entouré des formes et des précautions nécessaires. Ce dernier mode, qui n'entraîne pas d'examen judiciaire, serait le seul admis lorsque le divorce serait demandé pour d'autres causes que pour adultère : il n'aurait pas les inconvéniens du divorce pour incompatibilité d'humeur, lequel en effet blesse l'essence du mariage.

En général les sévices sont des causes de séparation et non de divorce. Il est d'ailleurs difficile de prouver que les sévices que se permet l'un des époux rendent la vie insupportable à l'autre.

Le mariage pourra-t-il être dissous pour cause d'incompatibilité ? On a répondu que le mariage n'avait plus de stabilité s'il ne devait subsister que jusqu'au moment où les époux changent d'inclination et d'humeur ; qu'un contrat formé par le concours de deux volontés ne peut être rompu par la volonté d'un seul des contractans. Ceci est fondé. Mais est-il également vrai que l'indissolubilité du mariage soit absolue ? Le mariage est indissoluble en ce sens qu'au moment où il est contracté chacun des époux doit être dans la ferme intention de ne jamais le rompre et ne doit pas prévoir alors les causes accidentelles, quelquefois coupables, qui par la suite pourront en nécessiter la dissolution. Mais que l'indissolubilité du mariage ne puisse recevoir de modification dans aucun cas, c'est un système démenti par les maximes et par les exemples de tous les siècles. Il n'est pas dans la nature des choses que deux êtres organisés à part soient jamais parfaitement identifiés ; or, le législateur doit prévoir les résultats que la nature des choses peut amener. Aussi la fiction de l'identité des époux a-t-elle toujours été modifiée ; elle l'a été par la religion catholique dans le cas de l'impuissance ; elle l'a été partout par le divorce.

Lorsqu'il y a impuissance, la matière du mariage manque ; quand il y a adultère, l'engagement du mariage est violé : ces deux causes de divorce sont positives.

Il est important de réduire dans le fait l'intervention des tribunaux au seul effet de prononcer sans examen le divorce et d'empêcher cependant que le consentement mutuel sans motifs ne donne au mariage une telle instabilité qu'il ne subsiste plus que tant qu'il plaît aux époux d'y rester. Cependant les motifs ne doivent pas être déduits devant les juges. Pour obtenir ce résultat, on pourrait déclarer que le divorce sera admis pour sévices et pour plusieurs des autres causes moins graves énoncées dans l'article 2 du projet, mais que ces causes seront réputées constatées lorsque les parens autoriseront le divorce; par là on éviterait la nécessité de prouver publiquement devant les tribunaux, et l'on se ménagerait un moyen de dissimuler des causes scandaleuses de divorce, comme serait celle de l'impuissance.

Si l'on n'admet le divorce que pour cause d'adultère publiquement prouvé, c'est le proscrire absolument : car, d'un côté, peu d'adultères peuvent être prouvés; de l'autre, il est peu d'hommes assez éhontés pour proclamer la turpitude de leur épouse. Il serait d'ailleurs scandaleux et contre l'honneur de la nation de révéler ce qui se passe dans un certain nombre de ménages; on en conclurait, quoiqu'à tort, que ce sont là les mœurs des Français.

Si l'intérêt des mœurs et de la société exige que les mariages aient de la stabilité, il exige peut-être aussi qu'on sépare des époux qui ne peuvent vivre ensemble et dont l'union, si elle était prolongée, engloutirait souvent le patrimoine commun, dissoudrait la famille et produirait l'abandon des enfans.

C'est offenser la sainteté du mariage que de laisser subsister de pareils nœuds.

Un honnête homme ne se détermine au divorce que pour cause d'adultère et pourvu que le divorce puisse s'effectuer sans éclat. Ces idées sont dans les mœurs françaises, la loi doit s'y plier. Or, il serait dur d'obliger un mari, qui d'ailleurs n'est pas retenu par des opinions religieuses, à garder une femme qui le déshonore ; il faut donc lui offrir un moyen d'éviter la publicité des tribunaux.

L'adultère du mari ne suffirait pas pour autoriser le divorce, à moins d'y joindre la circonstance qu'il tient sa concubine dans la maison commune.

Le mariage est contracté pour la vie : si un mari s'absente avec le consentement de sa femme et que celle-ci puisse se remarier, il arrivera qu'à son retour ce mari retrouvera tous ses biens et cependant aura perdu son épouse. Il est donc convenable de distinguer entre l'absence et l'abandon.

La femme de l'absent est d'ordinaire chargée de la conduite de ses affaires ; lorsqu'il a des enfans, il se trouverait accablé à son retour, si sa femme s'était permis d'oublier que ses enfans avaient un père. Cependant on pourrait autoriser les tribunaux à prononcer le divorce après dix ans d'absence, lorsque, d'après une enquête, ils présumeraient la mort de l'absent.

Les articles 5 et 6 blessent la dignité du mariage, puisqu'ils admettent, sous le titre de sévices, la véritable cause d'incompatibilité. En effet, un mari qui veut arriver au divorce maltraite sa femme pour l'obliger à demander la séparation, et, trois ans après, il demande lui-même le divorce. Ainsi, dans ce cas, le mariage est rompu par la volonté d'un seul de la même manière que dans le divorce par incompatibilité.

Je ne voudrais point de la cause d'incompatibilité sous quelque forme qu'on la déguise ; je voudrais que le consentement mutuel fût l'aveu et la preuve des sévices, qui seraient le seul motif apparent du divorce et qui cacheraient des causes plus graves ; que quand il y aurait aveu et consentement mutuel, le tribunal fût tenu de prononcer le divorce sans examen.

Pour ne point se diffamer, les époux n'allégueront que la cause des sévices et se diront d'accord sur le divorce ; le public n'apercevra que cette cause. Si ensuite quelques personnes soupçonnent et devinent la cause plus réelle, ce ne sera qu'un de ces bruits qui passent et qui ne sont point comparables à la diffamation résultant des preuves judiciaires.

Le système de la séparation de corps ne présente aucun moyen de réprimer et de punir la femme adultère qui continue à vivre dans le désordre et à déshonorer son mari.

Quand le divorce a été prononcé à la suite de l'adultère, l'honneur du mari est satisfait et la femme coupable punie. La femme perd le nom de son époux. Il n'en est pas de même dans le cas de la séparation.

La séparation ne peut être prononcée pour cause d'adultère sans qu'il soit divulgué. On parvient au contraire à le masquer lorsqu'il est employé comme cause de divorce.

Le divorce et la séparation de corps sont des parallèles, et des parallèles ne peuvent jamais se rencontrer ; il convient de raisonner séparément sur les deux cas. Au surplus, la séparation doit être admise, car il serait injuste d'abandonner au malheur qui l'attend le mari que sa conscience empêche de faire usage du divorce.

On peut renvoyer au Code pénal les dispositions sur le châtiment de l'adultère, mais il ne faut pas déroger à l'usage universel en laissant ce crime impuni ; autrement, la législation serait immorale, puisqu'elle autoriserait une séparation qui permettrait à la femme adultère d'aller vivre avec son séducteur.

La séparation de corps doit être admise pour sévices, ou comme échelon pour arriver au divorce ; mais il serait dangereux de se borner à ce moyen lorsqu'il y a adultère, il conviendrait de rétablir à cet égard la législation ancienne.

Si le crime d'adultère est allégué et prouvé dans une demande de séparation, il sera impossible à la partie publique de ne pas poursuivre la femme coupable ; la justice ne pourra surtout se taire, si le motif de la demande est une tentative d'empoisonnement ou d'assassinat.

Quand le Code civil prononce qu'il y aura divorce lorsqu'il y aura eu attentat, il dit tout ce qu'il doit dire, et il n'a pas à s'occuper ensuite de ce qu'ordonnera la loi criminelle à l'égard de l'épouse coupable, puisque le mariage se trouve rompu.

Mais il n'en est pas de même lorsqu'il s'agit de la séparation. Le mariage, qui est du domaine de la loi civile, continue de subsister ; et la loi civile doit continuer aussi à en régler les suites et les effets. Il faut donc qu'elle fixe la condition de chacun des époux, qu'elle explique ce que deviendra la femme, ce que deviendront les enfans.

III.

SUR LE SUICIDE[1].

Un homme a-t-il le droit de se tuer ? Oui, si sa mort ne fait tort à personne et si la vie est un mal pour lui.

Quand la vie est-elle un mal pour l'homme ? Lorsqu'elle ne lui offre que des souffrances et des peines ; mais comme les souffrances et les peines changent à chaque instant, il n'est aucun moment de la vie où l'homme ait le droit de se tuer : le moment ne serait arrivé qu'à l'heure même de sa mort, puisqu'alors seulement il lui serait prouvé que sa vie n'a été qu'un tissu de maux et de souffrances.

Il n'est pas d'homme qui n'ait eu plusieurs fois dans sa vie l'envie de se tuer, succombant aux affections morales de son âme, mais qui, peu de jours après, n'en eût été fâché par les changemens survenus dans ces affections et dans les circonstances.

L'homme qui se fût tué le lundi eût voulu vivre le samedi, et cependant on ne se tue qu'une fois. La vie de l'homme se compose du passé, du présent et de l'avenir ; il faut donc que la vie soit un mal pour lui, si non pour le passé, le présent et l'avenir, au moins pour le présent et l'avenir. Mais si elle n'est un mal que pour le présent, il sacrifie l'avenir. Les maux d'un jour ne l'autorisent pas à sacrifier sa vie à venir. L'homme dont la vie est un mal et qui aurait l'assu-

---

[1] Ce morceau, dicté le 10 août 1820 à Sainte-Hélène, ne fut publié qu'en 1836, par M. Marchand, à la suite du *Précis des guerres de Jules César.*

rance, ce qui est impossible, qu'elle le serait toujours, et ne changerait pas de position ou de volonté, soit par des modifications de circonstances et de situation, soit par l'habitude et la marche du temps, ce qui est encore impossible, aurait seul le droit de se tuer.

L'homme qui, succombant sous le poids des maux présens, se donne la mort, commet une injustice envers lui-même, obéit par désespoir et faiblesse à une fantaisie du moment, à laquelle il sacrifie toute l'existence à venir.

La comparaison d'un bras gangrené que l'on coupe pour sauver le corps n'est pas bonne : lorsque le chirurgien coupe le bras, il est certain qu'il donnerait la mort au corps ; ce n'est pas un sentiment, c'est une réalité ; au lieu que quand les souffrances de la vie portent un homme à se tuer, non-seulement il met un terme à ses souffrances, mais encore il détruit l'avenir. Un homme ne se repentira jamais de s'être fait couper un bras, il peut se repentir et se repentira presque toujours de s'être donné la mort.

IV.

NOTES

SUR L'HISTOIRE DU PARLEMENT ANGLAIS[1].

« Hengist..... à force de soins, de caresses, de ménagemens, mena les Bretons insensiblement à son but : ils appelèrent de nouveaux Saxons dans leur île. »

Rien ne prouve mieux que cette conduite l'ascen-

[1] Cet ouvrage, publié par le libraire Baudouin en 1820, n'est

dant des grands génies sur les esprits faibles, de la politique sur la simplicité, des lumières sur l'ignorance.

« Leur gouvernement (des Anglo-Saxons) ne fut ni monarchique, ni aristocratique, ni démocratique : c'était un composé bizarre de tous les trois : le roi, les grands, le peuple partagèrent l'autorité. »

Les Anglo-Saxons se trompèrent en imaginant que leur police gouvernementale serait plus parfaite à mesure qu'elle serait plus partagée : l'expérience de tous les temps leur aurait dû apprendre que cette politique, au lieu des avantages des trois gouvernemens, n'en rassemble que les inconvéniens. Un tel équilibre détruisit nécessairement toute subordination et dérangea toute harmonie.

« Des révolutions fréquentes agitèrent l'État. »

Cela doit toujours être lorsqu'un des trois pouvoirs n'est pas absolu ; or, le tempérament dont parle plus haut notre auteur altère, mine, détruit enfin la royauté. On me citera l'Angleterre et les États-Unis, dont la trinité politique..... (*Ici la note est raturée*) ; mais ce sont des républiques modernes, et elles fini-

---

autre que l'*Histoire du parlement anglais* par l'abbé Raynal, déjà imprimée sous son nom en 1748. L'éditeur (Maugenet) prétend avoir copié un manuscrit autographe de Louis Bonaparte, conservé à la Bibliothèque ambroisienne de Milan. Cette indication est à coup sûr mensongère, mais on peut supposer que Louis Bonaparte avait corrigé et complété le livre de l'abbé Raynal, avec le projet d'en donner une nouvelle édition. Les notes, dont l'authenticité n'est pas reconnue, méritent pourtant d'être remarquées, comme empreintes des idées politiques de Napoléon. Nous avons extrait seulement les plus curieuses.

ront, comme toutes les autres, par se donner un maître.

« Guillaume était extrêmement prévenu pour les compagnons de ses victoires. »

Guillaume était reconnaissant : tout conquérant, tout roi fidèlement servi serait insensé s'il se montrait ingrat. Par sa reconnaissance des services rendus, autant que par la haine des révolutions, Guillaume était un sage conquérant, un véritable roi.

« Le pape Innocent III. »

Ce pontife orgueilleux, qui avait toutes les vertus, excepté celles de son état.

« La révolution commencée par les barons, soutenue par tous les seigneurs sous le roi Jean, devait, sous le roi Henri III, se précipiter vers son terme et fortifier la conduite de Guillaume-le-Conquérant. »

Les grands princes fondent les empires, les bons les affermissent, les mauvais les détruisent.

« Henri III, roi d'Angleterre. »

Henri fut un roi de théâtre qui ne joua jamais qu'un rôle emprunté et qui n'eut de volontés que celles qu'on lui fit avoir.

« Les Provençaux. »

L'ardeur de cette nation généreuse s'étend à tout : à la fortune, au plaisir, à la gloire. On trouve cependant un plus grand nombre d'excellens officiers chez les spirituels Gascons que chez les ardens Provençaux.

« Son ascendant et son courage furent des crimes à des yeux jaloux, et ceux de tous les crimes qu'on était le moins disposé à lui pardonner. »

Il est souvent plus dangereux d'avoir des talens

que de n'en avoir pas ; on n'évite guère le dédain qu'on ne devienne l'objet de l'envie.

« Louis IX (roi de France) préféra la gloire de juger une nation (l'Angleterre) à l'avantage de la combattre. »

La religion, qui souvent éleva son courage, enchaîna toujours sa politique. Les confesseurs des rois, qui sont devenus depuis des hommes d'État, n'étaient alors que des solitaires ; et malheureusement pour la France, leurs scrupules les plus mal fondés furent souvent préférés aux lumières des plus grands ministres.

« Édouard commença à régner sans son parlement. »

Avant que de prendre ce parti noble et vigoureux, Édouard aurait dû examiner avec soin s'il était en harmonie avec son caractère et les circonstances ; le premier pas une fois fait, il devait se roidir contre les obstacles que les prétentions orgueilleuses et le génie altier de son peuple lui faisaient voir dans l'exécution de son entreprise. Mais la plupart des hommes, des grands hommes mêmes, ne savent être hardis qu'à demi.

« Le peuple..... »

Le peuple est le même partout. Quand on dore ses fers, il ne hait pas la servitude ; mais s'il les voit à nu au travers des lambeaux de sa misère, il s'inquiète, veut les rompre, y parvient avec insolence, et son ambition écrase les faibles monarques.

« Lancastre, cet enthousiaste républicain..... »

Parmi les grands conspirateurs de l'Angleterre, on ne trouve qu'un seul grand homme, Cromwel ; mais j'avouerai aussi que c'était un grand scélérat.

« La princesse (Isabelle, femme d'Édouard) ne s'occupa guère du soin de chercher des braves qui l'accompagnassent. »

Une belle femme qui dispose de grands trésors ne manque nulle part de partisans.

« Cependant Isabelle se trouvait dans des circonstances qui devaient la rendre incertaine. »

Il est des occasions où il est plus embarrassant de réussir qu'échouer.

« L'habile reine ne s'amusa pas à goûter les douceurs de sa victoire. »

On n'a pas triomphé tant qu'il reste un seul ennemi.

« Étouffez mille petits tyrans (disait Stanley), et donnez-nous un roi bon, un roi sage, un roi pacifique. »

Si Louis XVI, roi bon et pacifique, eût eu des conseillers comme le sage et courageux Stanley, et qu'il eût suivi leurs conseils en 1788, la Révolution était retardée de cent ans, et la monarchie absolue, se relevant du sein de ses ruines, l'aurait peut-être ajournée indéfiniment ; mais le petit-fils de Henri IV n'était que pacifique et bon.

« Ce prince (Jacques, roi d'Écosse) voulut être pacifique, et il ne fut qu'indolent ; sage, et il ne fut qu'irrésolu. »

Dans un monarque l'irrésolution est un défaut ; dans un particulier, elle n'est pas toujours, quand elle est courte, le contraire de la sagesse ; mais dans un conquérant l'irrésolution est la sœur de la sottise.

« Un gouvernement arbitraire et par conséquent injuste. »

La conséquence n'est pas d'une grande justesse. Quand l'arbitraire est entre bonnes mains, il peut fort bien s'accorder avec la justice.

« Le cardinal de Richelieu..... »

Ce grand ministre, ou plutôt ce grand roi, eut le privilége unique de rendre utiles à l'État ses passions et ses talens, ses vices comme ses vertus.

« Charles, après quelques momens d'une hésitation qui lui était trop ordinaire.....»

Point d'hésitation dans les grandes crises : elle tue souvent et ne sauve jamais. Charles pouvait combattre et vaincre ; il hésita et fut perdu. Hésiter, c'est manquer de justesse et de génie. César hésita sur les bords du Rubicon, il ne fut point lui ce jour-là. Une des grandes vertus militaires, c'est de n'hésiter jamais alors qu'il faut agir.

« Charles accorda tout, parce qu'il n'était pas en état de refuser. »

Les fautes qu'on fait dans les grandes places ne sont pas toujours libres : ce sont souvent des suites malheureuses et nécessaires des fâcheuses situations où l'on se trouve.

« Les cours de France et d'Espagne, toujours rivales, toujours ennemies, briguaient bassement l'alliance des usurpateurs (de Cromwel). »

Les souverains, qui auraient dû s'unir pour venger un attentat commun à tous les rois, applaudissaient à l'injustice par crainte ou par intérêt. Toute l'Europe s'humilia, se tut ou admira.

« L'édifice du gouvernement arbitraire qu'on voulait élever.»

Le gouvernement arbitraire est le meilleur et le plus solide de tous quand un roi sage, éclairé, ferme, le dirige lui-même. Mais le mot *arbitraire* semble être synonyme de despotique. Il dérive pourtant d'*arbitre*; et tous les jours des zélateurs d'une liberté sans mesure ont, dans leurs contestations, recours à l'arbitrage.

« Le gouvernement anglais ne veut admettre que la souveraineté des rois, l'autorité de leurs ministres et la légitimité des monarchies héréditaires. »

La souveraineté du peuple est une des chimères de nos idéologues, démocrates sans énergie et républicains sans pouvoir : nos jacobins, connus et démasqués, n'ont pu se faire un parachute. Quant à la légitimité des monarchies héréditaires, c'est une grande question, inabordable de nos jours, mais le pour et le contre, si on la pouvait agiter, y brilleraient également.

« Les grandes monarchies en s'occupant de guerroyer..... »

Tous nos philosophes modernes, nos sages en discours, nos prétendus républicains, ont tonné sur les conquérans ; c'est cependant par la conquête qu'on a rendu et qu'on rendra la liberté aux nations.

———

V.

SUR LA TRAGÉDIE DE MAHOMET

PAR VOLTAIRE [1].

Malgré les taches qui obscurcissent la tragédie de Mahomet de M. de Voltaire, les beautés dont ce chef-d'œuvre est plein l'ont placé au premier rang et font encore les délices de notre scène ; mais serait-il donc bien difficile de faire disparaître des taches qui ne tiennent point à la nature de l'ouvrage ?

1° L'amour de Mahomet pour Palmire, placé à côté de celui de Séide, est un objet de dégoût et du plus mauvais effet, d'autant que cet amour est inutile, et comme hors-d'œuvre, il ne produit rien, car on ne saurait admettre que la mort de Palmire, privant Mahomet de sa maîtresse, est une punition de ses

———

[1] Ce morceau, publié en 1836, par M. Marchand, est très-curieux, parce qu'il nous montre de quelle manière l'empereur comprenait le théâtre.

crimes. Sans doute que la mort de Palmire eût été un châtiment pour l'amoureux Séide ; mais à qui fera-t-on croire que c'en pût être un pour Mahomet ?

2° La seconde tache que l'on remarque dans cette pièce est le poison, employé deux fois par Mahomet pour arriver aux moyens de succès et pour préparer ses triomphes. Quoi ! Mahomet, qui a détruit les faux dieux, renversé le temple des idoles dans la moitié du monde, propagé plus que qui que ce soit la connaissance d'un seul Dieu dans l'univers, Mahomet, considéré comme prophète à Constantinople, à Delhi, au Grand-Caire, à Maroc ; Mahomet ne serait arrivé à ces grands résultats que par les moyens qu'ont employés les Damien et les Bastide pour s'emparer de la succession de leurs voisins ? Les plus petites sociétés ont peu de durée et se détruisent d'elles-mêmes, parce qu'elles ne sont point cimentées par les liens de la moralité, si nécessaire à la société.

Hercide est faible, dit Mahomet à Omar ; eh bien, empoisonne-le. Mais comment Omar ne conçoit-il pas lui-même qu'il peut aussi être empoisonné ? Par le même principe, Séide, couvert du sang de Zopire, est désavoué par Mahomet et arrêté par Omar. Avec de pareils procédés, Mahomet pouvait trouver un second Séide, et Omar lui-même n'eût servi qu'en tremblant un scélérat sacrifiant et désavouant ses principaux instrumens.

Séide, instruit qu'il vient d'assassiner son père, se met à la tête du peuple contre Mahomet, qui semble perdu et ne se sauve d'un pas si dangereux qu'en ordonnant au poison d'agir sur Séide, afin d'arrêter le bras de ce jeune assassin et de forcer ainsi le peuple à se déclarer.....

Quoi ! toutes les destinées de Mahomet, qui ont

tant influé sur l'univers, n'étaient fondées que sur
l'art de..... et de..... [1].

Pour que l'ouvrage de Mahomet soit vraiment
digne de la scène française, il faut qu'il puisse être
lu sans indignation aux yeux des hommes éclairés
de Constantinople comme de Paris.

Mahomet fut un grand homme, intrépide soldat :
avec une poignée de monde il triompha au combat
de Bender ; grand capitaine, éloquent, grand homme
d'État, il régénéra sa patrie et créa au milieu des
déserts de l'Arabie un nouveau peuple et une nouvelle
puissance.

3° La situation des esprits et la force des factions
dans la Mecque n'est pas suffisamment développée ;
la politique de Mahomet est à peine et très-faible-
ment tracée ; c'est la troisième tache que nous dési-
rerions voir disparaître de notre scène.

Pour faire disparaître l'amour de Mahomet pour
Palmire, il n'y aurait rien à changer au premier acte.
A la scène troisième du second acte, Mahomet dit à
Séide :

> Vous, Séide, en ces lieux !

C'est, dans l'intention de l'auteur, un mouvement
de jalousie ; mais ce vers peut être laissé parce
qu'il peut être attribué à l'étonnement de voir Séide
chez son père. A la quatrième scène, il paraîtrait
que le dernier vers que prononce Mahomet :

> De quel œil revois-tu Palmire avec Séide ?

devrait être retranché ; mais on pourrait l'y laisser,
car c'est un vers de jalousie ; il peut aussi être l'effet

[1] Ces deux mots sont en blanc dans le manuscrit original.

de la surprise de voir les deux enfans de Zopire dans sa maison ; mais il faudrait supprimer la réplique de Mahomet et celle d'Omar jusqu'à ce vers :

> Tous deux sont nés ici du tyran que je hais.

Plus bas :

> Déjà, sans se connaître, ils m'outragent tous deux.
> J'attisai de mes mains leurs feux illégitimes,
> Le ciel voulut ici rassembler tous les crimes.

et dire, au lieu de ces trois vers, que ces enfans lui serviraient à détourner Zopire, à s'en faire un partisan ou à s'en venger s'il ne pouvait y réussir.

A la scène sixième, il faudrait effacer :

> De son maître offensé rival incestueux,

et toute la tirade de Mahomet, de douze vers, et qui finit le second acte.

A l'acte troisième, il faut supprimer la scène quatrième ; à la scène cinquième, l'hémistiche d'Omar :

> Et de ravir Palmire.

Au quatrième acte, scène première, il faudra effacer :

> Sachez qu'un sort plus noble, un titre encor plus grand,
> Si vous le méritez, peut-être vous attend.

et enfin les vingt-quatre vers de Mahomet qui terminent la pièce.

Ainsi avec ces trois légères suppressions, sans même ajouter un seul vers, on ferait disparaître de ce chef-d'œuvre sa plus grande tache.

Pour effacer la seconde tache, l'empoisonnement d'Hercide, il faudrait peu de changemens.

Au quatrième acte, il suffit de supprimer : « Hercide ble, » etc., ainsi que la réponse d'Omar :

> J'ai fait ce que tu veux.

A la scène cinquième du quatrième acte, il faudrait effacer :

Je suis puni, je meurs des mains de Mahomet;

et à la scène première du cinquième acte, supprimer les vers d'Omar :

Qui pourrait l'en instruire? Un éternel oubli
Tient avec ce secret Hercide enseveli.

Pour supprimer l'empoisonnement de Séide, il faudrait un changement dans tout le dénoûment; d'abord, au quatrième acte, il faudrait effacer :

Réponds-tu qu'au trépas Séide soit livré?
Réponds-tu du poison qui lui fut préparé?

Dans ce système, toute la scène sixième du quatrième acte serait à retrancher; il faudrait, à la place, y substituer une scène où Séide serait tué par les partisans de Zopire, le surprenant couvert du sang de leur maître, ou dans laquelle il se tuerait lui-même de désespoir d'avoir tué son père. Omar arriverait alors et enlèverait Palmire.

Dans ce système, le cinquième acte serait tout à changer; Séide serait avoué par Mahomet; il aurait commis le combat sacré ordonné par Dieu dans le Coran; le parti de Zopire dans la Mecque, abattu par la mort de son chef, ne saurait faire aucune résistance contre le parti de Mahomet, soutenu par l'armée, déjà aux portes de la ville, et qui apparaîtrait sur les remparts : cela avec la mort de Palmire terminerait le cinquième acte.

VI.

PLAN D'UNE BIBLIOTHÈQUE PORTATIVE[1].

Bayonne, 17 juillet 1808.

L'empereur désire se former une bibliothèque portative d'un millier de volumes, petit in-12, imprimés en beaux caractères. L'intention de S. M. est de faire imprimer ces ouvrages pour son usage particulier, sans marges pour ne pas perdre de place. Les volumes seraient de 5 à 600 pages, reliés à dos brisé et détaché, et avec la couverture la plus mince possible. Cette bibliothèque serait composée d'à peu près

  40 volumes de religion,
  40 — des épiques.
  40 — de théâtre.
  60 — de poésie.
  100 — de romans.
  60 — d'histoire.

Le surplus, pour arriver à mille, serait rempli par des mémoires historiques de tous les temps.

Les ouvrages de *religion* seraient l'Ancien et le Nouveau Testament, en prenant les meilleures traductions; quelques épîtres et autres ouvrages les plus importans des Pères de l'Église; le Coran; de la mythologie; quelques dissertations choisies sur les différentes sectes qui ont le plus influé dans l'histoire, telles que celles des ariens, des calvinistes, des réformés, etc.; une histoire de l'Église, si elle peut

---

[1] Ces deux morceaux, publiés par M. Barbier fils dans la notice biographique qui précède le 4ᵉ volume du *Dictionnaire des anonymes*, font connaître l'ensemble des opinions littéraires de l'empereur.

être comprise dans le nombre des volumes prescrit.

Les *épiques* seraient Homère, Lucain, le Tasse, *Télémaque*, la *Henriade*, etc.

Les *tragédies* : ne mettre de Corneille que ce qui est resté ; ôter de Racine les *Frères ennemis*, l'*Alexandre* et les *Plaideurs* ; ne mettre de Crébillon que *Rhadamiste*, *Atrée et Thyeste* ; de Voltaire que ce qui est resté.

L'*histoire* : mettre quelques-uns des bons ouvrages de chronologie, les principaux originaux anciens ; ce qui peut faire connaître en détail l'histoire de France.

On peut mettre comme *histoire* les discours de Machiavel sur Tite-Live, l'*Esprit des Lois*, la *Grandeur des Romains*, ce qu'il est convenable de garder de l'histoire de Voltaire.

Les *romans* : la *Nouvelle Héloïse* et les *Confessions* de Rousseau ; on ne parle pas des chefs-d'œuvre de Fielding, de Richardson, de Lesage, etc, qui trouvent naturellement leur place ; les Contes de Voltaire.

NOTA. Il ne faut mettre de Rousseau ni l'*Émile* ni une foule de lettres, mémoires, discours et dissertations inutiles. Même observation pour Voltaire.

L'empereur désire avoir un catalogue raisonné, avec des notes qui fassent connaître l'élite des ouvrages, et un mémoire sur ce que ces mille volumes coûteraient de frais d'impression et de reliure ; ce que chaque volume pourrait contenir des ouvrages de chaque auteur ; ce que pèserait chaque volume ; combien de caisses il faudrait, de quelle dimension, et quel espace cela occuperait.

L'empereur désirerait également que M. Barbier

s'occupât du travail suivant avec un de nos meilleurs géographes.

Rédiger des mémoires sur les campagnes qui ont eu lieu sur l'Euphrate et contre les Parthes à partir de celle de Crassus jusqu'au huitième siècle, en y comprenant celles d'Antoine, de Trajan, de Julien, etc.; tracer sur des cartes d'une dimension convenable le chemin qu'a suivi chaque armée, avec les noms anciens et nouveaux des pays et des principales villes ; des observations géographiques du territoire et des relations historiques de chaque expédition en la tirant des auteurs originaux. §.

Schœnbrum, 12 juin 1809.

L'empereur sent tous les jours le besoin d'avoir une bibliothèque de voyage composée d'ouvrages d'histoire. Sa Majesté désirerait porter le nombre des volumes de cette bibliothèque à trois mille, tous du format in-18, comme les ouvrages de la collection in-18 du dauphin, ayant de 4 à 500 pages et imprimés en beaux caractères de Didot sur papier vélin mince. Le format in-12 tient trop de place, et d'ailleurs les ouvrages imprimés dans ce format sont presque tous de mauvaises éditions.

Les trois mille volumes seraient placés dans trente caisses ayant trois rangs, chaque rang contenant 33 volumes.

Cette collection aurait un titre général et un numéro général, indépendamment du titre de l'ouvrage et du numéro des volumes de l'ouvrage. Elle pourrait se diviser en cinq ou six parties :

1° Chronologie et histoire universelle;

2° Histoire ancienne par les originaux, et histoire ancienne par les modernes;

3° Histoire du Bas-Empire par les originaux, et histoire du Bas-Empire par les modernes ;

4° Histoire générale et particulière, comme l'*Essai* de Voltaire, etc. ;

5° Histoire moderne des États de l'Europe, de France, d'Italie, etc.

Il faudrait y faire entrer Strabon, les Cartes anciennes de Danville, la Bible, quelque histoire de l'Église.

Voilà le canevas de cinq ou six divisions qu'il faudrait étudier et remplir avec soin. Il faudrait qu'un certain nombre d'hommes de lettres, gens de goût, fussent chargés de revoir ces éditions, de les corriger, d'en supprimer tout ce qui est inutile, comme notes d'éditeurs, etc., tout texte grec ou latin, ne conserver que la traduction française. Quelques ouvrages seulement italiens, dont il n'y aurait pas de traduction, pourraient être conservés en italien.

L'empereur prie M. Barbier de tracer le plan de cette bibliothèque et de lui faire connaître le moyen le plus avantageux et le plus économique de faire faire ces trois mille volumes.

Lorsque ces trois mille volumes d'histoire seraient achevés, on les ferait suivre par trois mille autres d'histoire naturelle, de voyages littéraires, etc. La plus grande partie serait facile à rassembler, car on trouve beaucoup de ces ouvrages in-18.

M. Barbier est aussi prié d'envoyer une liste de ces ouvrages avec des notes bien claires et bien détaillées sur tout cela, sur les hommes de lettres qu'on pourrait en charger, un aperçu du temps, de la dépense, etc.

POLÉMIQUE.

LETTRE DE M. BUONAPARTE

A M. MATTEO BUTTAFOCO,

DÉPUTÉ DE LA CORSE A L'ASSEMBLÉE NATIONALE [1].

1790.

Monsieur,

Depuis Bonifacio au cap Corse, depuis Ajaccio à Bastia, ce n'est qu'un chorus d'indignation contre vous. Vos amis se cachent, vos parens vous désavouent, et le sage même, qui ne se laisse jamais maîtriser par l'opinion populaire, est entraîné cette fois par l'effervescence générale.

Qu'avez-vous donc fait ? quels sont donc les délits qui puissent justifier une indignation si universelle, un abandon si complet ? C'est, monsieur, ce que je me plais à rechercher, en m'éclairant avec vous.

L'histoire de votre vie, depuis au moins que vous vous êtes lancé sur le théâtre des affaires, est connue. Ses principaux traits en sont tracés ici en lettres de sang. Cependant, il est des détails plus ignorés : je pourrais alors me tromper ; mais je compte sur votre indulgence et espère dans vos renseignemens.

---

[1] Cette lettre fut imprimée pour la première fois à Dôle, chez F.-X. Joly. Bonaparte, qui n'était encore que simple lieutenant au régiment de La Fère artillerie, alors en garnison à Auxonne, quittait cette ville à quatre heures du matin pour venir corriger les épreuves à Dôle et rentrait dans sa garnison après avoir fait à pied plus de huit lieues de poste.

Entré au service de France., vous revîntes voir vos parens : vous trouvâtes les tyrans abattus, le gouvernement national établi, et les Corses, maîtrisés par les grands sentimens, concourir à l'envi, par des sacrifices journaliers, à la prospérité de la chose publique. Vous ne vous laissâtes pas séduire par la fermentation générale ; bien loin de là, vous ne vîtes qu'avec pitié ce bavardage de patrie, de liberté, d'indépendance, de constitution, dont l'on avait boursouflé jusqu'à nos derniers paysans. Une profonde méditation vous avait dès lors appris à apprécier ces sentimens factices, qui ne se soutiennent qu'au détriment commun. Dans le fait, le paysan doit travailler et non pas faire le héros, si l'on veut qu'il ne meure pas de faim, qu'il élève sa famille, qu'il respecte l'autorité. Quant aux personnes appelées par leur rang et leur fortune au commandement, il n'est pas possible qu'elles soient longtemps dupes, pour sacrifier à une chimère leurs commodités, leur considération, et qu'elles s'abaissent à courtoiser un savetier, pour finale de faire les Brutus. Cependant, comme il entrait dans vos projets de vous captiver M. Paoli, vous dûtes dissimuler : M. Paoli était le centre de tous les mouvemens du corps politique. Nous ne lui refuserons pas du talent, même un certain génie: il avait en peu de temps mis les affaires de l'île dans un bon système ; il avait fondé une université où, la première fois peut-être depuis la création, l'on enseignait dans nos montagnes les sciences utiles au développement de notre raison. Il avait établi une fonderie, des moulins à poudre, des fortifications qui augmentaient les moyens de défense ; il avait ouvert des ports qui, encourageant le commerce, perfectionnaient l'agriculture ; il avait créé une marine qui

protégeait nos communications, en nuisant extrêmement aux ennemis. Tous ces établissemens, dans
leur naissance, n'étaient que le présage de ce qu'il
eût fait un jour. L'union, la paix, la liberté étaient
les avant-coureurs de la prospérité nationale, si toutefois un gouvernement mal organisé, fondé sur de
fausses bases, n'eût été un préjugé encore plus certain des malheurs, de l'anéantissement total où tout
serait tombé.

M. Paoli avait rêvé de faire le Solon ; mais il avait
mal copié son original : il avait tout mis entre les
mains du peuple ou de ses représentans, de sorte
qu'on ne pouvait exister qu'en lui plaisant. Étrange
erreur ! qui soumet à un brutal, à un mercenaire,
l'homme qui, par son éducation, l'illustration de sa
naissance, sa fortune, est seul fait pour gouverner.
A la longue, un bouleversement de raison si palpable
ne peut manquer d'entraîner la ruine et la dissolution
du corps politique, après l'avoir tourmenté par tous
les genres de maux.

Vous réussîtes à souhait. M. Paoli, sans cesse entouré d'enthousiastes ou de têtes exaltées, ne s'imagina pas que l'on pût avoir une autre passion que le
fanatisme de la liberté et de l'indépendance. Vous
trouvant de certaines connaissances de la France, il
ne daigna pas observer de plus près que vos paroles les
principes de votre morale : il vous fit nommer pour
traiter à Versailles de l'accommodement qui s'entamait
sous la médiation de ce cabinet. M. de Choiseul vous
vit et vous connut : les âmes d'une certaine trempe
sont d'abord appréciées. Bientôt, au lieu du représentant d'un peuple libre, vous vous transformâtes en
commis d'un satrape ; vous lui communiquâtes les instructions, les projets, les secrets du cabinet de Corse.

Cette conduite, qu'ici l'on trouve basse et atroce, me paraît à moi toute simple ; mais c'est qu'en toute espèce d'affaires il s'agit de s'entendre et de raisonner avec flegme.

La prude juge la coquette et en est persiflée ; c'est en peu de mots votre histoire.

L'homme à principes vous juge au pire ; mais vous ne croyez pas à l'homme à principes. Le vulgaire, toujours séduit par de vertueux démagogues, ne peut être apprécié par vous, qui ne croyez pas à la vertu. Il n'est permis de vous condamner que par vos principes, comme un criminel par les lois ; mais ceux qui en connaissent le raffinement ne trouvent dans votre conduite rien que de très-simple. Cela revient donc à ce que nous avons dit, que dans toute espèce d'affaires il faut d'abord s'entendre et puis raisonner avec flegme. Vous avez d'ailleurs par-devers vous une sous-défense non moins victorieuse, car vous n'aspirez pas à la réputation de Caton ou de Catinat : il vous suffit d'être comme un certain monde, et dans ce certain monde, il est convenu que celui qui peut avoir de l'argent sans en profiter est un nigaud, car l'argent procure tous les plaisirs des sens, et les plaisirs des sens sont les seuls. Or, M. de Choiseul, qui était très-libéral, ne vous permettait pas de lui résister lorsque surtout votre ridicule patrie vous payait de vos services, selon sa plaisante coutume, de l'honneur de la servir.

Le traité de Compiègne conclu, M. de Chauvelin et vingt-quatre bataillons débarquèrent sur nos bords. M. de Choiseul, à qui la célébrité de l'expédition importait majeurement, avait des inquiétudes que dans ses épanchemens il ne pouvait vous dissimuler. Vous lui suggérâtes de vous y envoyer avec quelques

millions. Comme Philippe prenait les villes avec sa
mule, vous lui promîtes de tout soumettre sans obstacle..... Aussitôt dit, aussitôt fait, et vous voici re-
passant la mer, jetant le masque, l'or et le brevet à
la main, entamant des négociations avec ceux que
vous jugeâtes les plus faciles.

N'imaginant pas qu'un Corse pût se préférer à la
patrie, le cabinet de Corse vous avait chargé de ses
intérêts. N'imaginant pas de votre côté qu'un homme
pût ne pas préférer l'argent et soi à la patrie, vous
vous vendîtes et espérâtes les acheter tous. Moraliste
profond, vous saviez ce que le fanatisme d'un chacun
valait, quelques livres d'or de plus ou de moins
nuançant à vos yeux la disparité des caractères.

Vous vous trompâtes cependant : le faible fut bien
ébranlé, mais fut épouvanté par l'horrible idée de
déchirer le sein de la patrie ; il s'imagina voir le père,
le frère, l'ami qui périt en la défendant lever la tête
de la tombe sépulcrale pour l'accabler de malédic-
tions. Ces ridicules préjugés furent assez puissans
pour vous arrêter dans votre course : vous gémîtes
d'avoir affaire à un peuple enfant. Mais, monsieur,
ce raffinement de sentiment n'est pas donné à la multitude ; aussi vit-elle dans la pauvreté et la misère,
au lieu que l'homme bien appris, pour peu que les
circonstances le favorisent, sait bien vite s'élever.
C'est à peu près la morale de votre histoire.

En rendant compte des obstacles qui s'opposaient
à la réalisation de vos promesses, vous proposâtes de
faire venir le régiment Royal-Corse. Vous espériez
que son exemple désabuserait nos trop simples et
trop bons paysans, les accoutumerait à une chose où
ils trouvaient tant de répugnance. Vous fûtes encore
trompé dans cette espérance. Les Rossi, Marengo et

quelques autres fous ne vont-ils pas enthousias-
mer ce régiment, au point que les officiers, unis,
protestent par un acte authentique de renvoyer leurs
brevets plutôt que violer leurs sermens ou des devoirs
plus sacrés encore !

Vous vous trouvâtes réduit à votre seul exemple.
Sans vous déconcerter, à la tête de quelques amis et
d'un détachement français, vous vous jetâtes dans
Vescovato ; mais le terrible Clémente [1] vous en déni-
cha. Vous vous repliâtes sur Bastia avec vos compagnons d'aventure et leur famille. Cette petite affaire
vous fit peu d'honneur : votre maison et celle de
vos associés furent brûlées. En lieu de sûreté,
vous vous moquâtes de ces efforts impuissans.

L'on veut ici vous imputer à défi d'avoir voulu armer Royal-Corse contre ses frères. L'on veut également entacher votre courage du peu de résistance de
Vescovato. Ces accusations sont très-peu fondées,
car la première est une conséquence immédiate, c'est
un moyen d'exécution de vos projets ; et comme
nous avons prouvé que votre conduite était toute
simple, il s'ensuit que cette inculpation incidente est
détruite. Quant au défaut de courage, je ne vois pas

---

[1] Clément Paoli, frère aîné du général Paoli, bon guerrier,
excellent citoyen, vrai philosophe. Au commencement d'une
action, il ne pouvait jamais se résoudre à se battre personnellement. Il donnait ses ordres avec ce sang-froid qui caractérise
le capitaine ; mais dès qu'il avait vu tomber quelqu'un des
siens, il saisissait ses armes avec cette conviction d'un homme
indigné, en faisait usage et s'écriait : « Hommes injustes !
pourquoi franchissez-vous les barrières de la nature? pourquoi
faut-il que vous soyez les ennemis de la patrie? »
Austère dans ses mœurs, simple dans sa vie privée, il a toujours vécu retiré. Ce n'était que dans les grands besoins qu'il
venait aussi donner son avis, dont on s'écartait rarement.

que l'action de Vescovato puisse l'arrêter : vous n'al-
lâtes pas là pour faire sérieusement la guerre, mais
pour encourager par votre exemple ceux qui vacil-
laient dans le parti opposé. Et puis, quel droit a-t-on
d'exiger que vous eussiez risqué le fruit de deux ans
de bonne conduite pour vous faire tuer comme un
soldat ! Mais vous deviez être ému de voir votre maison et celles de vos amis en proie aux flammes.....
Bon Dieu ! quand sera-ce que les gens bornés cesseront de vouloir tout apprécier ? Laissant brûler votre
maison, vous mettiez M. de Choiseul dans la nécessité de vous indemniser. L'expérience a prouvé la
justesse de vos calculs : on vous remit bien au delà
de l'évalué de vos pertes. Il est vrai que l'on se plaint
que vous gardâtes tout pour vous, ne donnant qu'une
bagatelle aux misérables que vous aviez séduits. Pour
justifier si vous l'avez dû faire, il ne s'agit que de
savoir si vous l'avez pu faire avec sûreté. Or, de
pauvres gens qui avaient si besoin de votre protection n'étaient ni dans le cas de réclamer ni même
dans celui de connaître bien clairement le tort qu'on
leur faisait. Ils ne pouvaient pas faire les mécontens
et se révolter contre votre autorité : en horreur à
leurs compatriotes, leur retour n'eût pas été plus sincère. Il est donc bien naturel qu'ayant ainsi trouvé
quelques milliers d'écus, vous ne les ayez pas laissés
échapper : c'eût été une duperie.

Les Français, battus malgré leur or, leurs brevets,
la discipline de leurs nombreux bataillons, la légèreté
de leurs escadrons, l'adresse de leurs artilleurs ; dé-
faits à la Penta, à Vescovato, à Loretto, à San-Nico-
lao, à Borgo, à Barbaggio, à Oletta, se retranchèrent
excessivement découragés. L'hiver, le moment de
leur repos, fut pour vous, monsieur, celui du plus

7

grand travail, et si vous ne pûtes triompher de l'obstination des préjugés profondément enracinés dans
l'esprit du peuple, vous parvîntes à en séduire quelques chefs, auxquels vous réussîtes, quoique avec
peine, à inculquer les bons sentimens; ce qui, joint
aux trente bataillons qu'au printemps suivant M. de
Vaux conduisit avec lui, soumit la Corse au joug, obli-
gea Paoli et les plus fanatiques à la retraite.

Une partie des patriotes étaient morts en défendant
leur indépendance; l'autre avait fui une terre pros-
crite, désormais hideux nid des tyrans. Mais un grand
nombre n'avaient dû ni mourir ni fuir : ils furent l'objet des persécutions. Des âmes que l'on n'avait pu
corrompre étaient d'une autre trempe : l'on ne pouvait asseoir l'empire français que sur leur anéantissement absolu. Hélas! ce plan ne fut que trop ponctuel-
lement exécuté. Les uns périrent victimes des crimes
qu'on leur supposa; les autres, trahis par l'hospita-
lité, par la confiance, expièrent sur l'échafaud les
soupirs, les larmes surprises à leur dissimulation; un
grand nombre, entassés par Narbonne-Fridzelar dans
la tour de Toulon, empoisonnés par les alimens,
tourmentés par leurs chaînes, accablés par les plus
indignes traitemens, ne vécurent quelque temps
dans leurs soupirs que pour voir la mort s'avancer à
pas lents... Dieu, témoin de leur innocence, comment
ne te rendis-tu pas leur vengeur!

Au milieu de ce désastre général, au sein des cris
et des gémissemens de cet infortuné peuple, vous,
cependant, commençâtes à jouir du fruit de vos peines : honneurs, dignités, pensions, tout vous fut pro-
digué. Vos prospérités se seraient encore plus rapidement accrues lorsque la Dubarri culbuta M. de
Choiseul, vous priva d'un protecteur, d'un apprécia-

teur de vos services. Ce coup ne vous découragea pas : vous vous tournâtes du côté des bureaux, vous sentîtes seulement la nécessité d'être plus assidu. Ils en furent flattés : vos services étaient si notoires! Tout vous fut accordé. Non content de l'étang de Biguglia, vous demandâtes une partie des terres de plusieurs communautés. Pourquoi les en vouliez-vous dépouiller? dit-on. Je demande à mon tour : Quels égards deviez-vous avoir pour une nation que vous saviez vous détester?

Votre projet favori était de partager l'île entre dix barons. Comment! non content d'avoir aidé à forger les chaînes où votre patrie était retenue, vous vouliez encore l'assujettir à l'absurde régime féodal! Mais je vous loue d'avoir fait aux Corses le plus de mal que vous pouviez : vous étiez dans un état de guerre avec eux, et, dans l'état de guerre, faire le mal pour son profit est un axiome.

Mais passons sur toutes ces misères-là : arrivons au moment actuel, et finissons une lettre qui par son épouvantable longueur ne peut manquer de vous fatiguer.

L'état des affaires de France présageait des événemens extraordinaires. Vous en craignîtes le contre-coup en Corse. Le même délire dont nous étions possédés avant la guerre, à votre grand scandale, commença à *ématir* cet aimable peuple. Vous en comprîtes les conséquences, car si les grands sentimens maîtrisaient l'opinion, vous deveniez plus qu'un traître, au lieu d'un homme de bon sens. Pis encore, si les grands sentimens revenaient à agiter le sang de nos chauds compatriotes; si jamais un gouvernement national s'ensuivait, que deveniez-vous? Votre conscience commença à vous épouvanter : inquiet, affli-

gê, vous ne vous y abandonnâtes pas ; vous résolûtes
de jouer le tout pour le tout, mais vous le fîtes en
homme de tête. Vous vous mariâtes pour accroître
vos appuis. Un honnête homme qui avait, sur votre
parole, donné sa sœur à votre neveu, se trouva abu-
sé. Votre neveu, dont vous aviez englouti le patrimoine pour accroître un héritage qui devait être le
sien, s'est trouvé réduit dans la misère avec une nombreuse famille.

Vos affaires domestiques arrangées, vous jetâtes un
coup d'œil sur le pays : vous le vîtes, fumant du sang
de ses martyrs, jonché de victimes multipliées, n'inspirer à tous pas que des idées de vengeance. Mais
vous y vîtes l'atroce militaire, l'impertinent robin,
l'avide publicain y régner sans contradictions, et le
Corse, accablé sous ses triples chaînes, n'oser ni penser à ce qu'il fut ni réfléchir sur ce qu'il pouvait être
encore. Vous vous dîtes, dans la joie de votre cœur :
« Les choses vont bien, il ne s'agit que de les maintenir; » et aussitôt vous vous liguâtes avec le militaire, le
robin et le publicain. Il ne fut plus question que de
s'occuper à avoir des députés qui fussent animés par
ces sentimens, car, pour vous, vous ne pouviez pas
soupçonner qu'une nation votre ennemie vous choi-
sît pour la représenter. Mais vous dûtes changer d'o-
pinion lorsque les lettres de convocation, par une
absurdité peut-être faite à dessein, déterminèrent
que le député de la noblesse serait nommé dans une
assemblée composée seulement de vingt-deux personnes : il ne s'agissait que d'obtenir douze suffrages.
Vos coassociés du conseil supérieur travaillèrent avec
activité : menaces, promesses, caresses, argent, tout
fut mis en jeu ; vous réussîtes. Les vôtres ne furent
pas si heureux dans les communes : le premier pré-

sident échoua, et deux hommes exaltés dans leurs
idées (l'un fils, frère, neveu des plus zélés défenseurs
de la cause commune; l'autre avait vu Sionville et
Narbonne : en gémissant sur son impuissance, son
esprit était plein des horreurs qu'il avait vu commet-
tre) furent proclamés et rencontrèrent le vœu de la
nation, dont ils devinrent l'espoir. Le dépit secret, la
rage que votre nomination fit dévorer à tous fait
l'éloge de vos manœuvres et du crédit de votre
ligue.

Arrivé à Versailles, vous fûtes zélé royaliste; arrivé à Paris, vous dûtes voir avec un sensible chagrin
que le gouvernement que l'on voulait organiser sur
tant de débris était le même que celui que l'on avait
chez nous noyé dans tant de sang.

Les efforts des méchans furent impuissans : la
nouvelle constitution, admirée de l'Europe et devenue la sollicitude de tout être pensant, il ne vous
resta plus qu'une ressource, ce fut de faire croire que
cette constitution ne convenait pas à notre île, quand
elle était exactement la même que celle qui opéra de
si bons effets et qu'il fallut tant de sang pour nous
l'arracher.

Tous les délégués de l'ancienne administration, qui
entraient naturellement dans votre cabale, vous servirent avec toute la chaleur de l'intérêt personnel :
l'on dressa des mémoires où l'on prétendit prouver
l'avantage dont était pour nous le gouvernement actuel et où l'on établissait que tout changement con-
trarierait le vœu de la nation. Dans ce même temps,
la ville d'Ajaccio eut indice de ce qui se tramait :
elle leva le front, forma sa garde nationale, organisa
son comité. Cet incident inattendu vous alarma; la
fermentation se communiquait partout. Vous persua-

dâtes aux ministres, sur qui vous aviez pris de l'ascendant pour les affaires de Corse, qu'il était éminent d'y envoyer votre beau-père, M. Gaffory, avec un commandement ; et voici M. Gaffory, digne précurseur de M. Narbonne, qui prétend, à la tête de ses troupes, maintenir par la force la tyrannie que feu son père, de glorieuse mémoire, avait combattue et confondue par son génie. Des bévues sans nombre ne permirent pas de dissimuler la médiocrité des talens de votre beau-père : il n'avait que l'art de se faire des ennemis. L'on se ralliait de tous côtés contre lui. Dans ce pressant danger, vous levâtes vos regards et vîtes Narbonne. Narbonne, mettant à profit un moment de faveur, avait projeté de fixer dans une île qu'il avait dévastée par des cruautés inouïes le despotisme qui le rongeait. Vous vous concertâtes : le projet est arrêté, cinq mille hommes ont reçu les ordres ; les brevets pour accroître d'un bataillon le régiment provincial sont expédiés ; Narbonne est parti. Cette pauvre nation, sans armes, sans courage, est livrée, sans espoir et sans ressource, aux mains de celui qui en fut le bourreau.

O infortunés compatriotes ! de quelle trame odieuse alliez-vous être victimes ! Vous vous en seriez aperçus lorsqu'il n'eût plus été temps. Quel moyen de résister, sans armes, à dix mille hommes ? Vous eussiez vous-mêmes signé l'acte de votre avilissement : l'espoir se serait enfui, l'espérance éteinte, et des jours de malheur se seraient succédé sans interruption. La France libre vous eût regardés avec mépris ; l'Italie affligée, avec indignation, et l'Europe, étonnée de ce degré sans exemple d'avilissement, eût effacé de ses annales les traits qui font honneur à votre vertu. Mais vos députés des communes pénétrèrent le projet et vous avertirent à temps. Un roi qui ne désira jamais que le bonheur de ses compatriotes, éclairé par M. Lafayette, ce constant ami de la liberté, sut dissiper les intrigues d'un ministre perfide que la vengeance inspira toujours à vous nuire. Ajaccio montra de la résolution dans son adresse, où était peint avec tant d'énergie l'état misérable auquel vous avait réduit le plus oppressif des gouvernemens. Bastia, engourdie jusqu'alors, se réveilla au bruit du danger et prit les armes avec cette résolution qui l'a toujours distinguée. Arena vint de Paris en Balagne, plein de ces sentimens qui portent à tout entreprendre, à n'estimer aucun danger. Les armes d'une main, les décrets de l'Assemblée nationale de l'autre, il fit pâlir les ennemis publics. Achille Méurati, le conquérant de Caprora, qui porta la désolation jusque dans Gênes, à qui il ne manqua, pour être un Turenne, que des circonstances et un théâtre plus vaste, fit ressouvenir aux compagnons de sa gloire qu'il était temps d'en acquérir encore ; que la patrie en danger avait besoin, non d'intrigues, où il ne s'entendit jamais, mais du fer et du feu. Au bruit d'une secousse si générale, Gaffory rentra dans le néant, d'où mal à propos l'intrigue l'avait fait sortir : il trembla dans la forteresse de Corte. Narbonne, de Lyon, courut ensevelir dans Rome sa honte et ses projets infernaux. Peu de jours après, la Corse est intégrée à la France, Paoli rappelé, et dans un instant la perspective change et vous offre une carrière que vous n'eussiez jamais osé espérer.

Pardonnez, monsieur, pardonnez : j'ai pris la plume pour vous défendre ; mais mon cœur s'est violemment révolté contre un système si suivi de trahison et d'horreur. Eh quoi ! fils de cette même patrie, ne sentîtes-vous jamais rien pour elle? Eh quoi! votre cœur fut-il donc sans mouvement à la vue des rochers, des arbres, des maisons, des sites, des théâtres des jeux de votre enfance? Arrivé au monde, elle vous porta sur son sein, elle vous nourrit de ses fruits; arrivé à l'âge de raison, elle mit en vous son espoir; elle vous honora de sa confiance, elle vous dit: « Mon fils, vous voyez l'état de misère où m'a réduite l'injustice des hommes; concentrée dans ma chaleur, je reprends des forces qui promettent un prompt et infaillible rétablissement; mais l'on me menace encore. Volez, mon fils, volez à Versailles, éclairez le grand roi, dissipez ses soupçons, demandez-lui son amitié. »

Hé bien! un peu d'or vous fit trahir sa confiance; et bientôt, pour un peu d'or, l'on vous vit, le fer parricide à la main, entre-déchirer ses entrailles. Ah! monsieur, je suis loin de vous désirer du mal; mais craignez.....; il est des remords vengeurs! Vos compatriotes, à qui vous êtes en horreur, éclaireront la France. Les biens, les pensions, fruit de vos trahisons, vous seront ôtés. Dans la décrépitude de la vieillesse et de la misère, dans l'affreuse solitude du crime, vous vivrez assez longtemps pour être tourmenté par votre conscience. Le père vous montrera à son fils, le précepteur à son élève, en leur disant: « Jeunes gens, apprenez à respecter la patrie, la vertu, la foi, l'humanité. »

Et vous, de qui l'on prostitua la jeunesse, les grâces et l'innocence; votre cœur pur et chaste palpite donc sous une main criminelle, femme respectable et infortunée! Dans ces momens que la nature commande à l'amour, lorsque, arrachés aux chimères de la vie, des plaisirs sans mélange se succèdent rapidement ; lorsque l'âme, agrandie par le feu du sentiment, ne jouit que de faire jouir, ne sent que de faire sentir, vous pressez contre votre cœur, vous vous identifiez à l'homme froid, à l'égoïste qui ne se démentit jamais, et qui, dans le cours de soixante ans, ne connut que les calculs de son intérêt, l'instinct de la destruction, l'avidité la plus infâme, les plaisirs, les vils plaisirs des sens ! Bientôt la cohue des honneurs, les lambris de l'opulence vont disparaître ; le mépris des hommes vous accablera. Chercherez-vous sur ses yeux des larmes pour mélanger aux vôtres ? Votre main défaillante, placée sur son sein, cherchera-t-elle à se retracer l'agitation du vôtre ? Hélas ! si vous lui surprenez des larmes, ce seront celles du remords ; si son sein s'agite, ce sera des convulsions du méchant qui meurt en abhorrant la nature, lui et la main qui le guide.

O Lameth ! ô Robespierre ! ô Pétion ! ô Volney ! ô Mirabeau ! ô Barnave ! ô Bailly ! ô Lafayette ! voilà l'homme qui ose s'asseoir à côté de vous ! tout dégouttant du sang de ses frères, souillé par des crimes de toute espèce, il se présente avec confiance sous une veste de général, inique récompense de ses forfaits ! il ose se dire représentant de la nation, lui qui la vendit, et vous le souffrez ! il ose lever les yeux, prêter les oreilles à vos discours, et vous le souffrez ! Si c'est la voix du peuple, il n'eût jamais que celle de douze nobles ; si c'est la voix du peuple, Ajaccio, Bastia et la plupart des cantons ont fait à son effigie ce qu'ils eussent voulu faire à sa personne.

Mais vous, que l'erreur du moment, peut-être les abus de l'instant, portent à vous opposer aux nouveaux changemens, pourrez-vous souffrir un traître, celui, qui sous l'extérieur froid d'un homme sensé, renferme, cache une avidité de valet ? Je ne saurais l'imaginer. Vous serez les premiers à le chasser ignominieusement dès que l'on vous aura instruits du tissu d'horreurs dont il a été l'artisan.

J'ai l'honneur, etc.

BUONAPARTE [1].

De mon cabinet de Millelli, le 23 janvier (l'an 2).

——

II.

LE SOUPER DE BEAUCAIRE [2].

1793.

Je me trouvais à Beaucaire le dernier jour de la foire ; le hasard me fit avoir pour convives à souper deux négocians marseillais, un Nîmois et un fabricant

———

[1] Traduction de la lettre du président du club patriotique d'Ajaccio à Bonaparte :

« Monsieur, le club patriotique ayant pris connaissance de l'écrit où vous dévoilez avec autant de finesse que de force et de vérité les menées obscures de l'infâme Buttafoco*, en a voté l'impression. Il m'a chargé, par une délibération dont je vous envoie copie, de vous prier d'y donner votre assentiment : il juge l'impression de cet écrit utile au bien public. C'est une raison qui ne vous permet point d'excuse.

« Je suis, etc.   MASSÉRIA,
                 « président du club patriotique. »

* « Le club patriotique, profondément indigné de la conduite criminelle et scandaleuse, de l'impudence sans exemple, de la calomnie la plus atroce que ce député de la défunte noblesse a osé afficher, même dans la tribune de l'assemblée nationale ; considérant que journellement dans ses brochures il ne cesse de déchirer son pays et tout ce qu'il a de plus précieux, a arrêté que désormais il ne serait plus appelé que l'infâme Buttafoco. » (Extrait des procès-verbaux des séances de la Société patriotique.)

[2] Voici l'événement peu connu qui précéda la composition

de Montpellier. Après plusieurs momens employés à nous reconnaître, l'on sut que je venais d'Avignon et

de cette pièce, imprimée, sans nom d'auteur, à *Avignon, Sabin Tournal*, 1793, in-8°, et accompagnée d'une introduction par Frédéric Royou :

« Le 26 juillet 1793, le général Carteaux, qui commandait en chef l'armée du midi, marcha sur Avignon, et ayant attaqué les portes de cette ville, fut repoussé par les Marseillais qui l'occupaient et qui avaient du canon de douze, de seize et de trente-six, tandis que sa propre artillerie ne consistait qu'en deux pièces de huit et quelques-unes de quatre. Pendant qu'il se mettait en retraite, les canons des Marseillais qui étaient placés au château d'Avignon, lequel est situé sur un rocher, cessèrent leur feu, et Carteaux ne savait à quoi attribuer ce silence, lorsqu'on vint l'avertir sur le soir que les Marseillais évacuaient eux-mêmes la ville et se retiraient sur Aix.

« Il apprit bientôt la cause de cette retraite inattendue. Une colonne de l'armée de Carteaux, ayant suivi la ligne droite du Rhône, était entrée sans résistance à Villeneuve, séparé d'Avignon seulement par le fleuve. Le lieutenant qui commandait l'artillerie de la colonne (Bonaparte) fit placer ses deux pièces de quatre de façon à découvrir la plate-forme du rocher d'Avignon ; il les pointa lui-même, démonta du premier coup une pièce aux Marseillais et leur tua ou blessa deux canonniers du second. Cela seul servit de prétexte aux artilleurs d'Aix et de Marseille, qui désapprouvaient les horreurs commises dans la réaction à laquelle ils avaient pris part, pour déclarer qu'ils ne pouvaient ni ne voulaient lutter contre l'artillerie de la Convention, et que puisque le département du Gard se déclarait contre eux, ils s'exposaient à être fusillés en tenant plus longtemps. Cette résolution prise entraîna la retraite des Marseillais.

« Ce fut là le premier fait d'armes de Napoléon Bonaparte.

« Le 28 et le 29 juillet, les représentans du peuple en mission auprès de Carteaux firent successivement occuper Tarascon et Beaucaire par un détachement dont Bonaparte commanda l'artillerie. Le 29, Bonaparte soupant à Beaucaire avec des négocians de Montpellier, de Nîmes et de Marseille, il s'éleva entre eux une discussion sur la situation politique de la France ; cette discussion donna naissance au *Souper de Beaucaire.* »

que j'étais militaire. Les esprits de mes convives, qui
avaient été toute la semaine fixés sur le cours du né-
goce, qui accroît les fortunes, l'étaient dans ce moment
sur l'issue des événemens présens, d'où en dépend
la conservation ; ils cherchaient à connaître mon opinion, pour, en la comparant à la leur, pouvoir se
rectifier et acquérir des probabilités sur l'avenir, qui
nous affectait différemment. Les Marseillais surtout
paraissaient être moins pétulans : l'évacuation d'A-
vignon leur avait appris à douter de tout ; il ne leur
restait qu'une grande sollicitude sur leur sort. La confiance nous eut bientôt rendus babillards, et, nous
commençâmes un entretien à peu près en ces termes :

Le Nîmois. — L'armée de Carteaux est-elle forte ?
L'on dit qu'elle a perdu bien du monde à l'attaque ;
mais s'il est vrai qu'elle ait été repoussée, pourquoi
les Marseillais ont-ils évacué Avignon ?

Le militaire. — L'armée était forte de quatre mille
hommes lorsqu'elle a attaqué Avignon, elle est aujourd'hui à six mille hommes, elle sera avant quatre
jours à dix mille hommes ; elle a perdu cinq hommes
et quatre blessés ; elle n'a point été repoussée, puisqu'elle n'a fait aucune attaque en forme : elle a vol-
tigé autour de la place, a cherché à forcer les portes,
en y attachant des pétards ; elle a tiré quelques coups
de canon pour essayer la contenance de la garnison ;
elle a dû ensuite se retirer dans son camp pour com-
biner son attaque pour la nuit suivante. Les Marseillais étaient trois mille six cents hommes ; ils avaient
une artillerie plus nombreuse et de plus fort calibre,
et cependant ils ont été contraints à repasser la Durance. Cela vous étonne beaucoup ; mais c'est qu'il
n'appartient qu'à de vieilles troupes de résister aux
incertitudes d'un siége ; nous étions maîtres du Rhône,

de Villeneuve et de la campagne, nous eussions intercepté toutes leurs communications. Ils ont dû évacuer la ville; la cavalerie les a poursuivis dans leur retraite; ils ont eu beaucoup de prisonniers et ont perdu deux pièces de canon.

Le Marseillais. — Ce n'est pas là la relation que l'on nous a donnée; je ne veux pas vous le contester, puisque vous étiez présent; mais avouez que cela ne vous conduira à rien : notre armée est à Aix, trois bons généraux sont venus remplacer les premiers; on lève à Marseille de nouveaux bataillons, nous avons un nouveau train d'artillerie, plusieurs pièces de vingt-quatre; sous peu de jours nous serons dans le cas de reprendre Avignon, ou du moins nous resterons maîtres de la Durance.

Le militaire. — Voilà ce que l'on vous dit pour vous entraîner dans le précipice qui s'approfondit à chaque instant et qui peut-être engloutira la plus belle ville de France, celle qui a le plus mérité des patriotes. Mais l'on vous a dit aussi que vous traverseriez la France, que vous donneriez le ton à la république, et vos premiers pas ont été des échecs; l'on vous a dit qu'Avignon pouvait résister longtemps à vingt mille hommes, et une seule colonne de l'armée, sans artillerie de siége, dans vingt-quatre heures, en a été maîtresse; l'on vous a dit que le Midi était levé, et vous vous êtes trouvés seuls; l'on vous a dit que la cavalerie nîmoise allait écraser les Allobroges, et ceux-ci étaient déjà au Saint-Esprit et à Villeneuve; l'on vous a dit que quatre mille Lyonnais étaient en marche pour vous secourir, et les Lyonnais négociaient leur accommodement; reconnaissez donc que l'on vous trompe, concevez l'impéritie de vos meneurs, et méfiez-vous de leurs calculs; le plus dangereux conseiller, c'est l'amour-propre : vous êtes naturellement vifs, l'on vous conduit à votre perte par le même moyen qui a ruiné tant de peuples, en exaltant votre vanité. Vous avez des richesses et une population considérable, l'on vous les exagère ; vous avez rendu des services éclatans à la liberté, l'on vous les rappelle, sans faire attention que le génie de la république était avec vous alors, au lieu qu'il vous abandonne aujourd'hui ; votre armée, dites-vous, est à Aix avec un grand train d'artillerie et de bons généraux ; eh bien ! quoi qu'elle fasse, je vous assure qu'elle sera battue. Vous aviez trois mille six cents hommes, une bonne moitié s'est dispersée ; Marseille et quelques réfugiés du département peuvent vous offrir quatre mille hommes, cela est beaucoup ; vous aurez donc cinq à six mille hommes sans ensemble, sans unité, sans être aguerris ; vous avez de bons généraux ; je ne les connais pas ; je ne puis donc leur contester leur habileté, mais ils seront absorbés par les détails, ne seront pas secondés par les subalternes, ils ne pourront rien faire qui soutienne la réputation qu'ils pourraient s'être acquise ; car il leur faudrait deux mois pour organiser passablement leur armée, et dans quatre jours Carteaux sera au delà de la Durance, et avec quels soldats ! avec l'excellente troupe légère des Allobroges, le vieux régiment de Bourgogne, un bon régiment de cavalerie, un brave bataillon de la Côte-d'Or, qui a vu cent fois la victoire le précéder dans les combats, et six ou sept autres corps, tous de vieilles milices, encouragés par leurs succès aux frontières et sur votre armée ; vous avez des pièces de vingt-quatre et de dix-huit, et vous vous croyez inexpugnables ; vous suivez l'opinion vulgaire ; mais les gens du métier vous diront, et une

fatale expérience va vous le démontrer, que de bonnes
pièces de quatre et de huit font autant d'effet pour la
guerre de campagne et sont préférables sous bien des
points de vue aux gros calibres ; vous avez des canonniers de nouvelle levée, et vos adversaires ont des artilleurs des régimens de ligne, qui sont dans leur art
les maîtres de l'Europe. Que fera votre armée si elle
se concentre à Aix ? Elle est perdue : c'est un axiome
dans l'art militaire, que celui qui reste dans ses re-
tranchemens est battu ; l'expérience et la théorie sont
d'accord sur ce point, et les murailles d'Aix ne valent
pas le plus mauvais retranchement de campagne, surtout si l'on fait attention à leur étendue, aux maisons
qui les environnent extérieurement à la portée du
pistolet. Soyez donc bien sûrs que ce parti, qui vous
semble le meilleur, est le plus mauvais ; comment
pourrez-vous d'ailleurs approvisionner la ville en si
peu de temps de tout ce qu'elle aurait besoin ? Votre
armée ira-t-elle à la rencontre des ennemis, mais elle
est moins nombreuse, mais son artillerie est moins
propre pour la campagne, elle serait rompue, dès
lors défaite sans ressource, car la cavalerie l'empêchera de se rallier ; attendez-vous donc à avoir la
guerre dans le territoire de Marseille. Un parti assez
nombreux y tient pour la république ; ce sera le moment de l'effort ; la jonction se fera ; et cette ville, le
centre du commerce du Levant, l'entrepôt du midi
de l'Europe, est perdue. Souvenez-vous de l'exemple
récent de Lisle [1] et des lois barbares de la guerre.
Mais quel esprit de vertige s'est tout à coup emparé

---

[1] Lisle, petite ville du département de Vaucluse, à quatre
lieues à l'est d'Avignon, ayant résisté à l'armée de Carteaux,
fut emportée de force le 26 juillet 1793.

de votre peuple ? comment peut-il prétendre résister
à la république entière? Quand il obligerait cette armée à se replier sur Avignon, peut-il douter que sous
peu de jours de nouveaux combattans ne viennent
remplacer les premiers : la république, qui donne la loi
à l'Europe, la recevra-t-elle de Marseille ?

Unis avec Bordeaux, Lyon, Montpellier, Nîmes,
Grenoble, le Jura, l'Eure, le Calvados, vous avez
entrepris une révolution; vous aviez une probabilité
de succès, vos instigateurs pouvaient être malintention-
nés, mais vous aviez une masse imposante de forces;
au contraire, aujourd'hui que Lyon, Nîmes, Montpellier, Bordeaux, le Jura, l'Eure, Grenoble, Caen
ont reçu la constitution, aujourd'hui qu'Avignon,
Tarascon, Arles ont plié, avouez qu'il y a dans votre
opiniâtreté de la folie; c'est que vous êtes influencés
par des personnes qui, n'ayant plus rien à ménager,
vous entraînent dans leur ruine.

Votre armée sera composée de tout ce qu'il y aura
de plus aisés, des riches de votre ville, car les sans-
culottes pourraient trop facilement tourner contre
vous. Vous allez donc compromettre l'élite de votre
jeunesse, accoutumée à tenir la balance commerciale
de la Méditerranée et à vous enrichir par leur économie et leurs spéculations, contre de vieux soldats
cent fois teints du sang du furibond aristocrate ou du
féroce Prussien.

Laissez les pays pauvres se battre jusqu'à la dernière
extrémité : l'habitant du Vivarais, des Cevennes, de
la Corse, s'expose sans crainte à l'issue d'un combat :
s'il gagne, il a rempli son but; s'il perd, il se trouve
comme auparavant, dans le cas de faire la paix et
dans la même position..... Mais vous!... perdez une
bataille, et le fruit de mille ans de fatigues, de peines,

d'économies, de bonheur, devient la proie du soldat.

Voilà cependant les risques que l'on vous fait courir avec autant d'inconsidération.

Le Marseillais.—Vous allez vite et vous m'effrayez. Je conviens avec vous que la circonstance est critique ; peut-être vraiment ne songe-t-on pas assez à la position où nous nous trouvons ; mais avouez que nous avons encore des ressources immenses à vous opposer.

Vous m'avez persuadé que nous ne pourrions pas résister à Aix, votre observation du défaut de subsistance pour un siége de longue durée est peut-être sans réplique ; mais pensez-vous que toute la Provence peut voir longtemps de sang-froid le blocus d'Aix ; elle se lèvera spontanément , et votre armée, cernée de tous côtés, se trouvera heureuse de repasser la Durance.

Le militaire.—Que c'est mal connaître l'esprit des hommes et celui du moment. Partout il y a deux partis ; dès le moment que vous serez assiégés, le parti sectionnaire aura le dessous dans toutes les campagnes ; l'exemple de Tarascon, d'Orgon, d'Arles, doit vous en convaincre : vingt dragons ont suffi pour rétablir les anciens administrateurs et mettre les autres en déroute.

Désormais tout grand mouvement en votre faveur est impossible dans votre département : il pouvait avoir lieu lorsque l'armée était au delà de la Durance et que vous étiez entiers ; à Toulon, les esprits sont très divisés, et les sectionnaires n'y ont pas la même supériorité qu'à Marseille ; il faut donc qu'ils restent dans leur ville, pour contenir leurs adversaires..... Quant au département des Basses-Alpes, vous savez que presque la totalité a accepté la constitution.

Le Marseillais.—Nous attaquerons Carteaux dans nos montagnes, où sa cavalerie ne lui sera d'aucun secours.

Le militaire.—Comme si une armée qui protège une ville était maîtresse du point d'attaque; d'ailleurs il est faux qu'il existe des montagnes assez difficiles auprès de Marseille pour rendre nul l'effet de la cavalerie; seulement, vos oliviers sont assez rapides pour rendre plus embarrassant le service de l'artillerie et donner un grand avantage à vos ennemis. Car, c'est dans les pays coupés que, par la vivacité des mouvemens, l'exactitude du service et la justesse de l'élévation des distances, le bon artilleur a de la supériorité.

Le Marseillais.—Vous nous croyez donc sans ressources? serait-il possible qu'il fût dans la destinée de cette ville, qui résista aux Romains, conserva une partie de ses lois sous les despotes qui les ont suivis, qu'elle devînt la proie de quelques brigands? Quoi! l'Allobroge chargé des dépouilles de Lisle ferait la loi dans Marseille! quoi! Dubois de Crancé, Albitte, seraient sans contradicteurs! ces hommes altérés de sang, que les malheurs des circonstances ont placés au timon des affaires, seraient les maîtres absolus! Quelle triste perspective vous m'offrez. Nos propriétés sous différens prétextes seraient envahies; à chaque instant nous serions victimes d'une soldatesque que le pillage réunit sous les mêmes drapeaux. Nos meilleurs citoyens seraient emprisonnés et périraient par le crime. Le club relèverait sa tête monstrueuse pour exécuter ses projets infernaux! rien de pis que cette horrible idée; mieux vaut-il s'exposer à vaincre que d'être victime sans alternative.

Le militaire.—Voilà ce que c'est que la guerre

civile : l'on se déchire, l'on s'abhorre, l'on se tue sans se connaître... Les Allobroges... Que croyez-vous que ce soit? des Africains, des habitans de la Sibérie : eh! point du tout; ce sont vos compatriotes, des Provençaux, des Dauphinois, des Savoyards; on les croit barbares parce que leur nom est étranger. Si l'on appelait votre phalange la phalange phocéenne, l'on pourrait accréditer sur son compte toute espèce de fable.

Il est vrai que vous m'avez rappelé un fait, c'est celui de Lisle; je ne le justifie pas, mais je l'explique.

Les Lislois ont tué le trompette qu'on leur avait envoyé, ils ont résisté sans espérance de succès, ils ont été pris d'assaut; le soldat est entré au milieu du feu et des morts, il n'a plus été possible de le contenir, l'indignation a fait le reste.

Ces soldats que vous appelez brigands sont nos meilleures troupes et nos bataillons les plus disciplinés; leur réputation est au-dessus de la calomnie.

Dubois-Crancé et Albitte, constans amis du peuple, ils n'ont jamais dévié de la ligne droite... Ils sont scélérats aux yeux des mauvais. Mais Condorcet, Brissot, Barbaroux aussi étaient scélérats lorsqu'ils étaient purs; l'apanage des bons sera d'être toujours mal famés chez le méchant. Il vous semble qu'ils ne gardent aucune mesure avec vous; et au contraire, ils vous traitent en enfans égarés.... Pensez-vous que, s'ils eussent voulu, Marseille eût retiré les marchandises qu'elle avait à Beaucaire? Ils pouvaient les séquestrer jusqu'à l'issue de la guerre; ils ne l'ont pas voulu faire, et, grâce à eux, vous pouvez retourner tranquillement chez vous.

Vous appelez Carteaux un assassin : eh bien! sachez

que ce général se donne les plus grandes sollicitudes pour l'ordre et la discipline, témoin sa conduite au Saint-Esprit et à Avignon : l'on n'a pas pris une épingle. Il a fait emprisonner un sergent qui s'était permis d'arrêter un Marseillais de votre armée qui était resté dans une maison, parce qu'il avait violé l'asile du citoyen sans un ordre exprès. L'on a puni des Avignonnais qui s'étaient permis de désigner une maison comme aristocrate. L'on instruit le procès d'un soldat accusé de vol.... Votre armée, au contraire, a tué, assassiné plus de trente personnes, a violé l'asile des familles, a rempli les prisons de citoyens, sous le prétexte vague qu'ils étaient des brigands.

Ne vous effrayez point de l'armée, elle estime Marseille, parce qu'elle sait qu'aucune ville n'a tant fait de sacrifices à la chose publique ; vous avez dix-huit mille hommes à la frontière et vous ne vous êtes point ménagés dans toutes les circonstances. Secouez le joug du petit nombre d'aristocrates qui vous conduisent, reprenez des principes plus sains, et vous n'aurez pas de plus vrais amis que le soldat.

Le Marseillais. — Ah ! vos soldats ont bien dégénéré de l'armée de 1789 ; elle ne voulut pas, cette armée, prendre les armes contre la nation ; les vôtres devaient imiter un si bel exemple et ne pas tourner leurs armes contre leurs concitoyens.

Le militaire. — Avec ces principes, la Vendée aurait aujourd'hui planté le drapeau blanc sur les murs de la Bastille relevée, et le camp de Jalès dominerait à Marseille.

Le Marseillais. — La Vendée veut un roi, veut une contre-révolution ; la guerre de la Vendée, du camp de Jalès, est celle du fanatisme ; la nôtre, au contraire, est celle des vrais républicains, amis des lois, de l'ordre, ennemis de l'anarchie et des scélérats. N'avons-nous pas le drapeau tricolore? Et quel intérêt aurions-nous à vouloir l'esclavage?

Le militaire. — Je sais bien que le peuple de Marseille est bien loin de celui de la Vendée en fait de contre-révolution. Le peuple de la Vendée est robuste et sain, celui de Marseille est faible et malade, il a besoin de miel pour avaler la pilule; pour y établir la nouvelle doctrine, l'on a besoin de le tromper; mais depuis quatre ans de révolution, après tant de trames, de complots, de conspirations, toute la perversité humaine s'est développée sous différens aspects, les hommes ont perfectionné leur tact naturel. Cela est si vrai que, malgré la coalition départementale, malgré l'habileté des chefs, le grand nombre des ressorts de tous les ennemis de la révolution, le peuple partout s'est réveillé au moment où on le croyait ensorcelé.

Vous avez, dites-vous, le drapeau tricolore.

Paoli aussi l'arbora en Corse pour avoir le temps de tromper le peuple, d'écraser les vrais amis de la liberté, pour pouvoir entraîner ses compatriotes dans ses projets ambitieux et criminels; il arbora le drapeau tricolore, et il fit tirer contre les bâtimens de la république, et il fit chasser nos troupes des forteresses, et il désarma celles qui y étaient, et il fit des rassemblemens pour chasser celles qui étaient dans l'île, et il pilla les magasins, en vendant à bas prix tout ce qu'il y avait, afin d'avoir de l'argent pour soutenir sa révolte, et il ravagea et confisqua les biens des familles les plus aisées, parce qu'elles étaient attachées à l'unité de la république, et il se fit nommer généralisme, et il déclara ennemis de la patrie tous ceux qui resteraient dans nos armées : il avait fait précédemment échouer l'expédition de Sardaigne ; et cependant, il avait l'impudeur de se dire l'ami de la France et bon républicain, et cependant il trompa la Convention, qui rapporta son décret de destitution ; il fit si bien enfin que lorsqu'il a été démasqué par ses propres lettres trouvées à Calvi, il n'était plus temps, les flottes ennemies interceptaient toutes les communications.

Ce n'est plus aux paroles qu'il faut s'en tenir, il faut analyser les actions ; et avouez qu'en appréciant les vôtres, il est facile de vous démontrer contre-révolutionnaires.

Quel effet a produit dans la république le mouvement que vous avez fait ? Vous l'avez conduite près de sa ruine ; vous avez retardé les opérations de nos armées ; je ne sais pas si vous êtes payés par l'Espagnol et l'Autrichien ; mais certes ils ne pouvaient pas désirer de plus fortes diversions : que feriez-vous de plus si vous l'étiez ? Vos succès sont l'objet des sollicitudes de tous les aristocrates reconnus ; vous avez placé à la tête de vos sections et de vos armées des aristocrates avoués, un Latourette, ci-devant colonel ; un Soumise, ci-devant lieutenant-colonel du génie, qui ont abandonné leurs corps au moment de la guerre pour ne pas se battre pour la liberté des peuples.

Vos bataillons sont pleins de pareilles gens, et votre cause ne serait pas la leur si elle était celle de la république.

Le Marseillais. — Mais Brissot, Barbaroux, Condorcet, Buzot, Vergniaux, sont-ils aussi aristocrates ? Qui a fondé la république ? qui a renversé le tyran ? qui a enfin soutenu la patrie à l'époque périlleuse de la dernière campagne ?

Le militaire. — Je ne cherche pas si vraiment ces hommes, qui avaient si bien mérité du peuple dans tant d'occasions, ont conspiré contre lui ; ce qu'il me suffit de savoir, c'est que la Montagne, par esprit public ou par esprit de parti, s'étant portée aux dernières extrémités contre eux, les ayant décrétés, emprisonnés, je veux même vous le passer, les ayant calomniés, les brissotins étaient perdus sans une guerre civile qui les mît dans le cas de faire la loi à leurs ennemis. C'est donc pour eux vraiment que votre guerre était utile : s'ils avaient mérité leur réputation première, ils auraient jeté leurs armes à l'aspect de la constitution, ils auraient sacrifié leurs intérêts au bien public ; mais il est plus facile de citer Decius que de l'imiter ; ils se sont rendus coupables du plus grand de tous les crimes, ils ont par leur conduite justifié leur décret..... Le sang qu'ils ont fait répandre a effacé les vrais services qu'ils avaient rendus.

Le fabricant de Montpellier. — Vous avez envisagé la question sous le point de vue le plus favorable à ces messieurs ; car il paraît prouvé que les brissotins étaient vraiment coupables ; mais coupables ou non, nous ne sommes plus dans des siècles où l'on se battait pour des personnes.

L'Angleterre a versé des torrens de sang pour les familles de Lancastre et d'Yorck, la France pour les Lorrains et les Bourbons : serions-nous encore à ces temps de barbarie ! ! !

Le Nîmois. — Aussi avons-nous abandonné les Marseillais dès que nous nous sommes aperçus qu'ils voulaient la contre-révolution et qu'ils se battaient pour des querelles particulières. Le masque est tombé dès qu'ils ont refusé de publier la constitution ; nous avons alors pardonné quelques irrégularités à la Montagne. Nous avons oublié Rabaud et ses jérémiades, pour ne voir que la république naissante, environnée de la plus monstrueuse des coalitions qui menace de l'étouffer à son berceau, pour ne voir que la joie des aristocrates et l'Europe à vaincre.

Le Marseillais. — Vous nous avez lâchement abandonnés après nous avoir excités par des députations éphémères.

Le Nîmois. — Nous étions de bonne foi, et vous aviez le renard sous les aisselles ; nous voulions la république, nous avons dû accepter une constitution républicaine. Vous étiez mécontens de la Montagne et de la journée du 31 mai, vous deviez donc encore accepter la constitution pour la renvoyer et faire terminer sa mission.

Le Marseillais. — Nous voulons aussi la république ; mais nous voulons que notre constitution soit formée par des représentans libres dans leurs opérations ; nous voulons la liberté, mais nous voulons que ce soit des représentans que nous estimons qui nous la donnent ; nous ne voulons pas que notre constitution protége le pillage et l'anarchie. Notre première condition est : point de club, point d'assemblées primaires si fréquentes, respect aux propriétés.

Le fabricant de Montpellier. — Il est palpable pour qui veut réfléchir qu'une partie de Marseille veut la contre-révolution ; l'on avoue vouloir la république, mais c'est un rideau que l'on rendrait tous les jours plus transparent ; l'on vous accoutumerait à voir la contre-révolution toute nue ; déjà le voile qui la couvrait n'était plus que de gaze ; votre peuple était bon, mais avec le temps on aurait perverti la masse, sans le génie de la révolution, qui veille sur elle.

Nos troupes ont bien mérité de la patrie pour avoir

pris les armes contre vous avec autant d'énergie ; elles n'ont pas dû imiter l'armée de 1789, puisque vous n'êtes pas la nation. Le centre d'unité est la Convention, c'est le vrai souverain, surtout lorsque le peuple se trouve partagé.

Vous avez renversé toutes les lois, toutes les convenances. De quel droit destituiez-vous votre département ? Était-ce à Marseille qu'on l'avait formé ? De quel droit le bataillon de votre ville parcourt-il les districts ? de quel droit vos gardes nationales prétendaient-elles entrer dans Avignon ? Le district de cette ville était le premier corps constitué, puisque le département était dissous. De quel droit prétendiez-vous entrer sur le territoire de la Drôme ? et pourquoi croyez-vous que ce département n'ait pas le droit de requérir la force publique pour le défendre ? Vous avez donc confondu tous les droits, vous avez établi l'anarchie, et puisque vous prétendez justifier vos opérations par le droit de la force, vous êtes donc des brigands, des anarchistes.

Vous aviez établi un gouvernement populaire, Marseille seul l'a nommé ; il est contraire à toutes les lois ; ce ne peut être qu'un tribunal de sang, puisque c'est le tribunal d'une faction ; vous avez soumis par la force à ce tribunal tout votre département. De quel droit ? Vous usurpez donc cette autorité que vous reprochez injustement à Paris ? Votre comité des sections a reconnu des affiliations ; voilà donc une coalition pareille à celle des clubs, contre qui vous vous récriez. Votre comité a exercé des actes d'administration sur des communes du Var ; voilà donc la division territoriale méconnue.

Vous avez, à Avignon, emprisonné sans mandat, sans décret, sans réquisition, des corps administratifs ;

vous avez violé l'asile des familles, méconnu la liberté
individuelle ; vous avez de sang-froid assassiné sur
les places publiques ; vous avez renouvelé les scènes
dont vous avez exagéré l'horreur et qui ont affligé
l'origine de la révolution, sans informations, sans
procès, sans connaître les victimes, seulement sur la
désignation de leurs ennemis ; vous les avez prises,
arrachées à leurs enfans, traînées dans les rues, et
les avez fait périr sous les coups de sabre ; l'on en
compte jusqu'à trente que vous avez ainsi sacrifiées ;
vous avez traîné la statue de la liberté dans la boue,
vous l'avez exécutée publiquement ; elle a été l'objet
des avanies de toute espèce d'une jeunesse effrénée ;
vous l'avez lacérée à coups de sabre, vous ne sauriez le
nier ; il était midi, plus de deux cents personnes des
vôtres assistaient à cette profanation criminelle ; le
cortége a traversé plusieurs rues, est arrivé à la place
de l'Horloge, etc., etc. J'arrête mes réflexions et mon
indignation. Est-ce donc ainsi que vous voulez la république ? Vous avez retardé la marche de nos armées en arrêtant les convois. Comment pouvoir se
refuser à l'évidence de tant de faits, et comment vous
épargner le titre des ennemis de la patrie ?

Le militaire. — Il est de la dernière évidence que
les Marseillais ont nui aux opérations de nos armées
et voulaient détruire la liberté ; mais ce n'est pas de
cela dont il s'agit, la question est de savoir s'ils peuvent espérer, et quel parti il leur reste à prendre.

Le Marseillais. — Nous avons moins de ressources
que je ne pensais ; mais l'on est bien fort lorsqu'on
est résolu à mourir, et nous le sommes plutôt que
de reprendre le joug des hommes qui gouvernent
l'État ; vous savez qu'un homme qui se noie s'accro-
che à toutes les branches ; aussi, plutôt que de nous

laisser égorger, nous..... Oui, nous avons tous pris
part à cette nouvelle révolution ; nous nous ferions
sacrifier par la vengeance. Il y a deux mois que l'on
avait conspiré pour égorger quatre mille de nos meilleurs citoyens ; jugez à quels excès on se porterait
aujourd'hui..... On se ressouvient toujours de ce
monstre qui était cependant un des principaux du
club ; il fit lanterner un citoyen, pilla sa maison et
viola sa femme, après lui avoir fait boire un verre du
sang de son époux.

Le militaire. — Quelle horreur ! mais ce fait est-il
vrai ? Je m'en méfie, car vous savez que l'on ne croit
plus au viol aujourd'hui.....

Le Marseillais. — Oui, plutôt de nous soumettre à
de pareilles gens, nous nous porterons à la dernière
extrémité : nous nous donnerons aux ennemis, nous
appellerons les Espagnols ; il n'y a point de peuple
dont le caractère soit moins compatible avec le nôtre ;
il n'y en a point de plus haïssable. Jugez donc par le
sacrifice que nous ferons de la méchanceté des hommes que nous craignons.

Le militaire. — Vous donner aux Espagnols !.....
Nous ne vous en donnerons pas le temps.

Le Marseillais. — On les signale tous les jours devant nos ports.

Le Nîmois. — Pour voir lequel des fédérés ou de
la Montagne tient pour la république, cette menace
seule me suffit : la Montagne a été un moment la plus
faible, la commotion paraissait générale ; a-t-elle cependant jamais parlé d'appeler les ennemis ? Ne sa-
vez-vous pas que c'est un combat à mort que celui
des patriotes et des despotes de l'Europe ? Si donc
vous espérez des secours de leur part, c'est que vos
meneurs ont de bonnes raisons pour en être accueillis,

mais j'ai encore trop bonne opinion de votre peuple pour croire que vous soyez les plus forts à Marseille dans l'exécution d'un si lâche projet.

Le militaire. — Pensez-vous que vous feriez un grand tort à la république et que votre menace soit bien effrayante? Évaluons-la.

Les Espagnols n'ont point de troupes de débarquement, leurs vaisseaux ne peuvent pas entrer dans votre port : si vous appeliez les Espagnols, ça pourrait être utile à vos meneurs pour se sauver avec une partie de leur fortune; mais l'indignation serait générale dans toute la république, vous auriez soixante mille hommes sur les bras avant huit jours; les Espagnols emporteraient de Marseille ce qu'ils pourraient, et il en resterait encore assez pour enrichir les vainqueurs.

Si les Espagnols avaient trente ou quarante mille hommes sur leur flotte tout prêts à pouvoir débarquer, votre menace serait effrayante; mais aujourd'hui, elle ne ferait que hâter votre ruine.

Le fabricant de Montpellier. — Si vous étiez capables d'une telle bassesse, il ne faudrait pas laisser pierre sur pierre dans votre superbe cité, il faudrait que d'ici à un mois le voyageur passant sur vos ruines vous crût détruits depuis cent ans.

Le militaire. — Croyez-moi, Marseillais, secouez le joug du petit nombre de scélérats qui vous conduisent à la contre-révolution; rétablissez vos autorités constituées, acceptez la constitution, rendez la liberté aux représentans, qu'ils aillent à Paris intercéder pour vous; vous avez été égarés, il n'est pas nouveau que le peuple le soit par un petit nombre de conspirateurs et d'intrigans; de tout temps la facilité

et l'ignorance de la multitude ont été la cause de
la plupart des guerres civiles.

Le Marseillais. — Eh! monsieur, qui peut faire le
bien à Marseille? Seront-ce les réfugiés qui nous
arrivent de tous les départemens? ils sont intéressés
à agir en désespérés. Seront-ce ceux qui nous gouvernent? ne sont-ils pas dans le même cas? Sera-ce
le peuple? une partie ne connaît pas sa position,
elle est aveuglée et fanatisée; l'autre partie est désarmée, suspectée, humiliée; je vois donc avec une
profonde affliction des malheurs sans remède.

Le militaire. — Vous voilà enfin raisonnable.
Pourquoi une pareille révolution ne s'opérerait-elle
pas sur un grand nombre de vos concitoyens qui
sont trompés et de bonne foi! Alors Albitte, qui ne
peut que vouloir épargner le sang français, vous enverra quelque homme loyal et habile, l'on sera d'accord, et, sans s'arrêter un seul moment, l'armée ira
sous les murs de Perpignan faire danser la carma-
gnole à l'Espagnol, enorgueilli de quelques succès, et
Marseille sera toujours le centre de gravité de la liberté; ce sera seulement quelques feuillets qu'il faudra arracher à son histoire.

Cet heureux pronostic nous remit en humeur; le
Marseillais nous paya de bon cœur plusieurs bouteilles
de vin de Champagne, qui dissipèrent entièrement les
soucis et les sollicitudes. Nous allâmes nous coucher
à deux heures du matin, nous donnant rendez-vous
au déjeuner du lendemain, où le Marseillais avait encore bien des doutes à proposer et moi bien des vérités intéressantes à lui apprendre.

29 juillet 1793.

8.

III.

RÉPONSES AUX JOURNAUX ANGLAIS[1].

Paris, le 20 vendémiaire an 12 (13 octobre 1803).

Vous aviez en Europe la réputation d'une nation sage, mais vous avez bien dégénéré de vos pères. Tous vos discours inspirent sur le continent le mépris de la pitié. Voltaire dit quelque part : « Quand Auguste buvait, la Pologne était ivre. » L'état de maladie de votre roi s'est communiqué à votre nation ; jamais peuple n'a été entraîné si promptement par un esprit de vertige qui se manifeste chez les peuples quand Dieu le permet.

Vous faites la guerre pour garder Malte, et, alarmés dès les six premiers mois sur votre position, vous croyez une levée en masse nécessaire à votre sûreté!!! Les peines, les angoisses, les périls, attachés aux mouvemens tumultueux et populaires, voilà déjà le châtiment terrible et juste de votre déloyauté.

Ce même esprit de vertige vous fit répondre avec insolence au roi de Prusse, lorsqu'il vous proposa de garantir le Hanovre, si vous vouliez reconnaître l'indépendance de son pavillon, et vous conduisit à une levée en masse dans le Hanovre. Lorsque depuis on vous proposa la convention de Salhingen, le même esprit dicta votre refus, et par là le roi d'Angle-

[1] La plupart des notes, souvent fort détaillées, qui accompagnent les extraits traduits des journaux anglais dans le *Moniteur* sous le consulat et les premières années de l'empire furent rédigées ou du moins inspirées par Napoléon.

terre manqua à ses devoirs les plus sacrés, mérita la haine de ses peuples de l'Elbe et donna lieu au gouvernement français de désarmer vingt mille hommes et d'occuper celles des provinces du Hanovre qui lui étaient encore restées.

Lorsque vous vîtes le résultat de cette conduite inconsidérée, impolitique, immorale, vous eûtes recours à une mesure moins réfléchie encore; vous déclarâtes en état de blocus l'Elbe et le Weser. Par là, vous fîtes outrage, vous fîtes tort au Danemarck, à la Prusse, à Hambourg, à Brême, qui, riverains de ce fleuve, n'avaient cependant rien de commun avec l'occupation du Hanovre.

Cette conduite était peu sage; mais qui la constitue inconcevable, c'est que bloquant l'Elbe et le Weser, vous exécutâtes précisément ce que les Français désiraient. Il n'est pas un négociant, pas un teneur de livres de Londres qui n'ait calculé le dommage que vous vous êtes fait à vous-mêmes.

Le Weser et l'Elbe demeurant libres, vous auriez introduit vos marchandises au moyen des navires prussiens, danois, brémois, etc.; et vos manufactures et votre commerce ne se fussent pas ressenti de l'occupation du Hanovre. Ainsi, en déclarant le blocus de l'Elbe et du Weser, vous avez exécuté, non-seulement la chose la plus injuste qui ait été faite depuis les Cartaginois, qui, à leur gré, prohibaient le commerce des différentes régions, mais la chose la plus contraire à vos intérêts.

Certainement cette conduite n'a pas été inspirée par l'esprit de calcul et de prudence qui seul vous dirigeait jadis, mais bien par cet esprit de vertige qui plane sur vous et qui règne dans vos conseils.

Enfin, pour prouver à la France que vous devez

garder Malte, vous la menacez d'une levée en masse,
la plus funeste des extrémités auxquelles puisse être
réduite une nation après avoir essuyé de grands
malheurs. Vienne ne fit une levée en masse que
lorsque les armées française furent à ses portes. Vous
nous menacez de M. Pitt, de lord Withwort, que
vous faites colonels, et votre roi exerce à cheval sa
troupe, afin de lui communiquer cette ardeur guer-
rière et cette expérience qu'il a acquises dans tant
de combats !!! Ces caricatures misérables font rire de
pitié l'Europe, et l'on cherche en vain l'esprit de
cette vieille Angleterre, si sûre dans ses conseils, si
sensée et si constante dans ses entreprises. La politique de vos précédens ministres vous a séparés de
tous vos alliés, était-ce le temps de vous montrer injustes, oppresseurs, violateurs des traités ? Etait-ce le
temps de vouloir par la force réunir au commerce exclusif de l'Océan celui de la Méditerranée, auquel vos
ancêtres, plus sages, avaient eu le bon esprit de renoncer ? Et lorsque vous avez des projets aussi ambitieux
qu'ils sont mal calculés, vous vous aliénez la plus belle
et la plus considérable de vos provinces. Vous avez
réuni son parlement à votre parlement, et vous refu-
sez à l'Irlande l'exercice de sa religion ! Vous savez
pourtant bien que la chose la plus sacrée parmi les
hommes c'est la conscience, et que l'homme a une voix
secrète qui lui crie que rien sur la terre ne peut l'obliger à croire ce qu'il ne croit pas. La plus horrible de
toutes les tyrannies est celle qui oblige les dix-huit
vingtièmes d'une nation à embrasser une religion contraire à leur croyance, sous peine de ne pouvoir ni exercer les droits de citoyen, ni posséder aucun bien, ce qui
est la même chose que de n'avoir plus de patrie sur la
terre.

Ainsi donc vous voulez réunir l'Irlande, et vous ne voulez pas que les Irlandais aient une patrie! Inconcevable contradiction que l'Europe ne peut expliquer qu'en l'attribuant à l'esprit d'absence et d'imprévoyance qui caractérise vos conseils. Vous êtes peut-être aujourd'hui la seule nation éclairée chez qui la tolérance ne soit pas établie. Vous voulez et vous ne voulez pas : et s'il était vrai que les Pitt et les Grenville eussent quitté le ministère parce que le roi avait manqué de parole à l'égard des Irlandais, après leur avoir promis la liberté de leur religion, il faudrait le dire : ils étaient dépourvus de toute pudeur, ces hommes qui ont brigué la honte de leur succéder aux conditions imposées par un prince malade, sans foi, et qui, dans le siècle où nous sommes, a rétabli les lois des Néron et des Domitien, et persécuté comme eux l'église catholique. Ils n'ont pas trouvé cet exemple dans votre histoire; vos pères avaient plus de vertus, plus de respect national.

Quel est donc le sort que le destin vous a préparé? il échappe aux calculs de toute intelligence humaine.

Cependant serait-il présomptueux de dire que le prince dont l'entêtement et le délire vous a fait perdre l'Amérique va vous faire perdre l'Irlande, si, pour votre punition, Dieu le conserve encore quelque temps sur son trône? Le ciel ne donne aux nations des princes vicieux ou aliénés que pour châtier et abaisser leur orgueil.

Paris, le 27 thermidor an 13 (15 août 1805).

Et pourquoi l'ennemi ne vient-il pas[1]? Nous verrions de qui l'événement châtierait la témérité. Nous
connaissons votre généralissime; nous l'avons vu à
Hondscoot et en Hollande; le tiers de l'armée de
Boulogne suffirait pour changer ses audacieuses entreprises en une destruction certaine; mais, quoi que
vous en disiez, vous savez comme nous ce que vous
pouvez attendre d'une lutte sur terre. Quant à la
guerre de mer, vous avez acquis sans doute et vous
conservez jusqu'à ce jour une véritable supériorité,
mais vous ne l'avez due, mais vous ne la devez qu'à
la trahison. C'est la trahison qui vous a livré trente
vaisseaux français à Toulon; la trahison du prince
d'Orange vous a valu douze vaisseaux hollandais; la
trahison enfin a détruit à Quiberon tout ce qui existait des officiers de notre ancienne marine. Malgré
ces avantages si odieusement obtenus et que nous
ne vous contestons pas, nos escadres vous attaquent
sur vos propres côtes; le Shannon est bloqué, non
par de petits bâtimens, comme vous le dites, mais par
une bonne et belle escadre. Vos colonies avaient déjà
rédigé leur capitulation et envoyé des agens à Villeneuve pour traiter; mais ce n'était point là l'objet de
sa mission, et malgré les contrariétés qu'il a éprouvées en revenant en Europe, quoique sa navigation
eût été de plus de cinquante jours, quoique les vents
contraires lui en eussent fait perdre vingt, il a marché sur le corps de vos escadres et opéré sa jonction.
Son objet ne fut pas d'attaquer votre commerce, et

[1] Réponse à cette phrase d'un journal anglais :
« Que l'ennemi vienne (les Français) quand il voudra, il
nous trouvera préparés à châtier sa témérité. »

il vous a fait pour vingt millions de dommages. Dans les Indes, une seule division française a fait sur vous des prises pour une valeur encore plus considérable. Un seul brick du côté des Orcades a capturé tout un convoi de Terre-Neuve. Nos frégates parcourent toutes les mers ; il n'y a pas de jour qu'il n'en rentre quelqu'une dans nos ports, et vous n'en avez pas encore pris une seule. Enfin, vous vous vantiez d'empêcher la jonction de nos flottilles, elles sont toutes réunies ; et quand vous avez voulu vous opposer à leur marche, elles vous ont battus ; vous vous vantiez d'attaquer notre ligne d'embossage, et c'est elle qui plusieurs fois a attaqué vos croisières, loin des batteries jusqu'à mi-canal et de manière que vos vaisseaux, vos frégates, vos corvettes, ont cherché leur sûreté dans la supériorité de leur marche. Mais il y a deux ans qu'on prépare la descente, et la descente n'arrive pas ? Elle arrivera si vous ne faites pas la paix. Elle arrivera peut-être dans un an, peut-être dans deux, peut-être dans trois ; mais avant que les cinq années soient expirées, quelque événement qui puisse survenir, nous aurons raison de votre orgueil et de cette supériorité que des trahisons vous ont donnée. Quant au continent, ne croyez pas que vous y ayez des alliés. Vous êtes l'ennemi de tous les peuples, et tous les peuples se réjouissent de votre humiliation. Mais parvinssiez-vous à corrompre quelques femmes, quelques ministres, les résultats ne seraient pas pour vous ; nous aurions sûrement acquis de nouvelles côtes et de nouveaux ports, de nouvelles contrées, et nous réduirions vos alliés à un tel point que nous pourrions ensuite nous livrer tout entier à la guerre maritime. C'est un singulier orgueil qui vous fait penser que nous prétendions en un jour,

en un mois, en un an, venir à bout de votre puissance colossale. Le temps est un des moyens, un des
élémens de nos calculs. Ayez recours, dans une telle
position, à des complots, à des assassinats, à la
bonne heure. Cette sorte de guerre ne vous est point
étrangère. On dit déjà que Drake songe à revenir à
Munich, Spencer-Smith à Stuttgard et Taylord à
Cassel. La France ne souffrira pas qu'ils mettent le
pied, non-seulement sur le continent, mais dans les
lieux où, en cinq à six marches, peuvent se porter
ses armées. Les diplomates assassins sont hors du
droit des gens.

Nous nous étions attendus à des malheurs quand
vous avez déclaré la guerre. Nous pouvions perdre
la Martinique, la Guadeloupe, les îles de France et
de la Réunion ; qu'avez-vous fait ? Vous êtes réduits
à un triste système de blocus qui n'empêche pas nos
escadres de parcourir les mers ; persistez à bloquer
nos ports, mais ayez les yeux fixés sur les signaux
de vos côtes, et vivez dans de perpétuelles alarmes.

Si votre nation indignée, continuant à être dupe de
quelques hommes qui se sont partagé le gouvernement de l'Angleterre, ne parvient pas à obliger vos
olygarques à faire la paix et à leur persuader enfin
que nous ne sommes plus ces Français si longtemps
vendus et trahis par des ministres faibles, des rois
fainéans ou des maîtresses avides, vous marcherez
vers une inévitable et funeste destinée.

Nous désirons la paix du continent, parce qu'il se
trouve placé comme nous voulions qu'il le fût. Nous
aurions pu augmenter notre puissance et affaiblir
celle de nos rivaux, si nous l'avions trouvé convenable. S'il est quelque État qui veuille encore troubler le continent, il sera la première victime, et sa

défaite, retombant sur vous-mêmes, rendra vos périls plus imminens et votre chute plus assurée.

Nous le répétons, une paix juste et raisonnable peut seule vous sauver. Un de nos adages est déjà prouvé, et puisque vous n'espérez de salut que dans le concours d'une puissance du continent, seuls vous ne pouvez donc rien contre la France, et la France ne souffrira pas que seuls vous ayez des vaisseaux sur les mers : les mers sont le domaine de tous les peuples.

DISCOURS.

I.

AU CORPS LÉGISLATIF.

EXPOSÉ DE LA SITUATION DE LA RÉPUBLIQUE.

1er frimaire an 10 (22 novembre 1801).

C'est avec une douce satisfaction que le gouvernement offre à la nation le tableau de la situation de la France pendant l'année qui vient de s'écouler. Tout au dedans et au dehors a pris une face nouvelle ; et de quelque côté que se portent les regards, s'ouvre une longue perspective d'espérance et de bonheur.

Dans l'Ouest et dans le Midi, des restes de brigands infestaient les routes et désolaient les campagnes ; invisibles à la force armée qui les poursuivait, ou protégés contre elle par la terreur même qu'ils inspiraient à leurs victimes jusqu'au sein des tribunaux, si quelquefois ils y étaient traduits, leur audace glaçait d'effroi les accusateurs et les témoins, les jurés et les juges. Des mains de la justice, ces monstres impunis s'élançaient à de nouveaux forfaits.

Il fallait contre ce fléau destructeur de toute société d'autres armes que les formes lentes et gra-

uées avec lesquelles la vindicte publique poursuit
es coupables isolés qui se cachent dans le silence
t dans l'ombre.

Des tribunaux spéciaux ont été créés, dont l'action plus rapide et plus sûre pût les atteindre et les
frapper. De grands coupables ont été saisis ; les témoins ont cessé d'être muets ; les juges ont obéi à
leur conscience, et la société a été vengée. Ceux qui
ont échappé à la justice fuient désormais de repaires
en repaires ; et chaque jour la république vomit de
son sein cette dernière écume des vagues qui l'ont si
longtemps agitée.

Cependant l'innocence n'a eu rien à redouter ; la
sécurité des citoyens n'a point été alarmée des mesures destinées à punir leurs oppresseurs ; et les sinistres présages dont on avait voulu épouvanter la liberté ne se sont réalisés que contre le crime.

Du mois de floréal an 9 jusqu'au 1er vendémiaire
an 10, sept cent vingt-quatre jugemens ont été prononcés par les tribunaux spéciaux ; dix-neuf seulement ont été rejetés par le tribunal de cassation, à
raison d'incompétence. On ne peut donc leur repro-
cher ni excès de pouvoir ni invasion de la justice
ordinaire.

Le gouvernement, dès les premiers jours de son
installation, proclama la liberté des consciences. Cet
acte solennel porta le calme dans des âmes que des
rigueurs imprudentes avaient effarouchées. Il a depuis annoncé la fin des dissensions religieuses ; et en
effet des mesures ont été concertées avec le souverain
pontife de l'Église catholique pour réunir dans les
mêmes sentimens ceux qui professent une commune
croyance. En même temps un magistrat, chargé de
tout ce qui concerne les cultes, s'est occupé des droits

de tous. Il a recueilli dans des conférences avec des ministres luthériens et calvinistes les lumières nécessaires pour préparer les règlemens qui assureront à tous la liberté qui leur appartient et la publicité que l'intérêt de l'ordre social autorise à leur accorder.

Des mesures égales pourvoiront à l'entretien de tous les cultes ; rien ne sera laissé à la disposition arbitraire de leurs ministres, et le trésor public n'en sentira point de surcharge.

Si quelques citoyens avaient été alarmés par de vaines rumeurs, qu'ils se rassurent, le gouvernement a tout fait pour rapprocher les esprits ; mais il n'a n'a rien fait qui pût blesser les principes et l'indépendance des opinions.

La paix continentale fixa ce qui restait encore d'inquiétude et de craintes vagues dans les esprits ; déjà heureux de tout le bonheur qu'ils attendaient encore, les citoyens se reposèrent au sein de la constitution et y attachèrent toute leur destinée.

Des administrateurs éclairés et fidèles ont bien secondé cette disposition des esprits ; presque partout l'action de l'autorité, transmise par eux, n'a rencontré qu'empressement, amour et reconnaissance.

De là, dans le gouvernement cette sécurité qui a fait sa force. Il n'a pas plus douté de l'opinion publique que de ses propres sentimens, et il ose la provoquer sans craindre sa réponse. Ainsi un prince [1] issu d'un sang qui régna sur la France a traversé nos départemens, a séjourné dans la capitale, a reçu du gouvernement des honneurs qui étaient dus à sa couronne, a reçu des citoyens tous les égards qu'un peu-

---

[1] Le roi d'Étrurie, issu de la branche des Bourbons d'Espagne.

ple doit à un autre peuple dans la personne de celui qui est appelé à le gouverner, et aucun soupçon n'a altéré le calme du commandement, aucune rumeur n'a troublé la tranquillité des esprits ; partout on a vu la contenance d'un peuple libre et les affections d'un peuple hospitalier : les étrangers, les ennemis de la patrie, ont reconnu que la république était dans le cœur des Français et qu'elle y avait déjà toute la maturité des siècles.

La rentrée de nos guerriers sur le territoire de la France a été une suite de fêtes et de triomphes. Ces vainqueurs, si redoutés dans les combats, ont été parmi nous des amis et des frères ; heureux du bonheur public, jouissant sans orgueil de la reconnaissance qu'ils avaient méritée, et se montrant, par la plus sévère discipline, dignes des victoires qu'ils avaient obtenues.

Dans la guerre qui nous restait encore à soutenir, les événemens ont été mêlés de succès et de revers. Réduite à lutter contre la marine d'Angleterre avec des forces inégales, notre marine s'est montrée avec courage sur la Méditerranée, couverte de flottes ennemies ; elle a rappelé sur l'Océan quelques souvenirs de son ancien éclat ; elle a, par une glorieuse résistance, étonné l'Angleterre accourue sur ses rives pour être témoin de sa défaite ; et sans le retour de la paix, il lui était permis d'espérer qu'elle vengerait ses malheurs passés et les fautes qui les avaient produits.

En Égypte, les soldats de l'armée d'Orient ont cédé ; mais ils ont cédé aux circonstances plus qu'aux forces de la Turquie et de l'Angleterre ; et certainement ils eussent vaincu s'ils avaient combattu réunis. Enfin ils rentrent dans leur patrie ; ils y rentrent avec la gloire qui est due à quatre années de courage et de travaux; ils laissent à l'Egypte d'immortels souvenirs, qui peut-être un jour y réveilleront les arts et les institutions sociales. L'histoire du moins ne taira pas ce qu'ont fait les Français pour y reporter la civilisation et les connaissances de l'Europe ; elle dira par quelle discipline ils l'ont si longtemps conservée, et peut-être elle en déplorera la perte comme une nouvelle calamité du genre humain.

Vingt-huit mille Français entrèrent en Égypte pour la conquérir : d'autres y ont été depuis envoyés à différentes époques ; mais d'autres, en nombre à peu près égal, en étaient revenus. Vingt-trois mille rentrent en France après l'évacuation, non compris les étrangers qui ont suivi leur fortune. Ainsi, quatre campagnes, de nombreux combats et les maladies n'auront pas enlevé un cinquième de l'armée d'Orient.

Après la guerre continentale, tout ce que les circonstances ont permis de réformer dans le militaire, le gouvernement l'a opéré.

Des congés absolus sont accordés ; ils le sont sans préférence, sans faveur, et dans un ordre irrévocablement fixé. Ceux qui les premiers ont pris les armes pour obéir aux lois de la réquisition, en obtiennent les premiers.

Pour remplir le vide que ces congés laisseront dans l'armée, il sera nécessaire d'appeler des conscrits de l'an 9 et de l'an 10 ; et, dans cette session, un projet de loi sera présenté au corps législatif pour les mettre à la disposition du gouvernement ; mais le gouvernement n'en appellera que le nombre qui sera strictement nécessaire pour maintenir l'armée au complet de l'état de paix.

Nous jouirons de la paix ; mais la guerre laissera un fardeau qui pèsera longtemps sur nos finances : acquitter des dépenses qui n'ont pu être prévues ni calculées, récompenser les services de nos défenseurs, ranimer les travaux dans nos arsenaux et dans nos ports, rendre une marine à la France ; recréer tout ce que la guerre a détruit, tout ce que le temps a consumé ; porter enfin tous nos établissemens au point où les demandent la grandeur et la sûreté de la république ; tout cela ne peut se faire qu'avec un accroissement de revenus. Les revenus s'accroîtront d'eux-mêmes avec la paix ; le gouvernement les ménagera avec la plus sévère économie : mais si l'accroissement naturel des revenus, si l'économie la plus sévère ne peuvent suffire, la nation jugera les besoins, et le gouvernement proposera les ressources que les circonstances rendront nécessaires.

Dans le cours de l'an 9, à peine quelques communications rares ont existé entre la métropole et ses colonies.

La Guadeloupe a conservé un reste de culture et de prospérité ; mais la souveraineté de la république y a reçu plus d'un outrage. En l'an 8, un agent unique y commandait ; il est déporté par une faction. Trois agens lui succèdent ; deux déportent le troisième et le remplacent par un homme de leur choix. Un autre meurt, et les deux qui restent s'investissent seuls du pouvoir qui devait être exercé par trois. Sous cette agence militaire et illégale, l'anarchie, le despotisme règnent tour à tour ; les colons, les alliés l'accusent et lui imputent des erreurs et des crimes. Le gouvernement a tenté d'organiser une administration nouvelle ; un capitaine général, un préfet, un commissaire de justice subordonnés entre eux, mais se succédant l'un à l'autre si les circonstances l'exigent, offrent un pouvoir unique qui a une sorte de censure, mais point de rivalité qui en trouble l'action et en paralyse la force. Cette administration existe, et bientôt on saura si elle a justifié les espérances qu'on en avait conçues.

Dès son arrivée, le capitaine général a eu a combattre l'esprit de faction ; il a cru devoir envoyer en France treize individus artisans de troubles et moteurs de déportations.

Le gouvernement a pensé que de pareils hommes seraient dangereux en France, et a ordonné qu'ils fussent renvoyés dans celle des colonies qu'ils voudraient choisir, la Guadeloupe exceptée.

A Saint-Domingue, des actes irréguliers ont alarmé la soumission. Sous des apparences équivoques, le gouvernement n'a voulu voir que l'ignorance qui confond les noms et les choses, qui usurpe·quand elle ne croit qu'obéir. Mais une flotte et une armée qui s'apprêtent à partir des ports de l'Europe auront bientôt dissipé tous les nuages, et Saint-Domingue rentrera tout entier sous les lois de la république.

A Saint-Domingue et à la Guadeloupe il n'y a plus d'esclaves : tout y est libre ; tout y restera libre.

La sagesse et le temps y ramèneront l'ordre et y rétabliront la culture et les travaux.

A la Martinique, ce seront des principes différens. La Martinique a conservé l'esclavage, et l'esclavage y sera conservé. Il en a trop coûté à l'humanité pour tenter encore dans cette partie une révolution nouvelle.

La Guyanne a prospéré sous un administrateur actif et vigoureux ; elle prospèrera davantage sous

l'empire de la paix , et agrandie d'un nouveau territoire qui appelle la culture et promet des richesses.

Les îles de France et de la Réunion sont restées
fidèles à la métropole au milieu des factions et sous
une administration faible , incertaine , telle que le
hasard l'a faite, et qui n'a reçu du gouvernement ni
impulsion ni secours. Ces colonies si importantes
sont rassurées ; elles ne craignent plus que la métropole, en donnant la liberté aux noirs, ne constitue
l'esclavage des blancs.

L'ordre établi dès l'année dernière dans la perception des revenus et dans la distribution des dépenses, n'avait laissé que peu d'amélioration à faire
dans cette partie. Une surveillance active a porté la
lumière sur des dilapidations passées et sur des abus
présens ; des coupables ont été dénoncés à l'opinion
publique et aux tribunaux.

L'action des régies a été concentrée ; et de là plus
d'énergie et d'ensemble dans l'administration, plus
de célérité dans les informations et dans les résultats.

Des mesures ont été prises pour accélérer encore
les versemens dans les caisses publiques , pour assurer plus de régularité dans l'acquittement des dépenses , pour en rendre la comptabilité plus simple et
plus active.

L'art des faussaires a fait des progrès alarmans
pour la société. Avec des pièces fausses, on établissait des fournitures qui n'avait jamais été faites ; on en
établissait sur des pièces achetées à Paris ; et avec ces
titres on trompait les liquidateurs et on dévorait la fortune publique. Pour prévenir désormais ces abus et ces
crimes, le gouvernement a voulu que les liquidations
faites dans les bureaux des ministres fussent soumises
à une nouvelle épreuve , et ne constituassent la ré-

9.

publique débitrice qu'après qu'elles auraient été vé-
rifiées par un conseil d'administration.

Le ministre des finances est rendu tout entier aux
travaux qu'exigent la perception des revenus et le
système de nos contributions.

Un autre veille immédiatement sur le dépôt de la
fortune publique, et sa responsabilité personnelle en
garantit l'inviolabilité.

La caisse d'amortissement a reçu une organisation
plus complète. Un seul homme en dirige les mouvemens ; mais quatre administrateurs en surveillent les
détails ; conseils et, s'il le fallait, censeurs de l'agent
qu'ils doivent seconder.

La propriété la plus précieuse de la république, les
forêts nationales ont été confiées à une administration
qui, tout entière à cet objet unique, y portera des
yeux plus exercés, des connaissances plus positives
et une surveillance plus sévère.

L'instruction publique a fait quelques pas à Paris
et dans un petit nombre de départemens ; dans presque tous les autres elle est languissante et nulle. Si
nous ne sortons pas de la route tracée, bientôt il n'y
aura de lumières que sur quelques points, et ailleurs
ignorance et barbarie.

Un système d'instruction publique plus concentré
a fixé les pensées du gouvernement. Des écoles primaires affectées à une ou plusieurs communes, si les
circonstances locales permettent cette association, offriront partout aux enfans des citoyens ces connaissances élémentaires sans lesquelles l'homme n'est
guère qu'un agent aveugle et dépendant de tout ce qui
l'environne.

Les instituteurs y auront un traitement fixe, fourni
par les communes, et un traitement variable, formé

de rétributions convenues avec les parens qui seront en état de les supporter.

Quelques fonctions utiles pourront être assignées à ces instituteurs, si elles peuvent se concilier avec leur fonction première et nécessaire.

Dans des écoles secondaires s'enseigneront les élémens des langues anciennes, de la géographie, de l'histoire et du calcul.

Ces écoles se formeront, ou par des entreprises particulières avouées de l'administration publique, ou par le concours des communes.

Elles seront encouragées par des concessions d'édifices publics ; par des places gratuites dans les écoles supérieures, accordées aux élèves qui se seront le plus distingués ; et enfin par des gratifications accordées à un nombre déterminé de professeurs qui auront fourni le plus d'élèves aux écoles supérieures.

Trente écoles, sous le nom de *lycées*, seront formées et entretenues aux frais de la république, dans les villes principales qui, par leur situation et les mœurs de leurs habitans, seront plus favorables à l'étude des lettres et des sciences.

Là seront enseignées les langues savantes, la géographie, l'histoire, la logique, la physique, la géométrie, les mathématiques ; dans quelques-unes, les langues modernes dont l'usage sera indiqué par leur situation.

Six mille élèves de la patrie seront distribués dans ces trente établissemens, entretenus et instruits aux dépens de la république.

Trois mille seront des enfans de militaires ou de fonctionnaires qui auront bien servi l'État.

Trois mille autres seront choisis dans les écoles secondaires, d'après des examens et des concours déterminés, et dans un nombre proportionné à la population des départemens qui devront les fournir.

Les élèves des départemens réunis seront appelés dans les lycées de l'intérieur, s'y formeront à nos habitudes et à nos mœurs, s'y nourriront de nos maximes et reporteront dans leurs familles l'amour de nos institutions et de nos lois.

D'autres élèves y seront reçus, entretenus et instruits aux frais de leurs parens.

Six millions seront destinés chaque année à la formation et à l'entretien de ces établissemens, à l'entretien et à l'instruction des élèves de la patrie, au traitement des professeurs, au traitement des directeurs et des agens comptables.

Les écoles spéciales formeront le dernier degré d'instruction publique; il en est qui sont déjà constituées et qui conserveront leur organisation; d'autres seront établies dans les lieux que les convenances indiqueront et pour les professions auxquelles elles seront nécessaires.

Tel est en raccourci le système qui a paru au gouvernement réunir le plus d'avantages, le plus de chances de succès, et que dans cette session il proposera au corps législatif, réduit en projet de loi. Sa surveillance peut suffire à trente établissemens; un plus grand nombre échapperait à ses soins et à ses regards; mais surtout un plus grand ne trouverait aujourd'hui ni ces professeurs distingués qui font la réputation des écoles, ni des directeurs capables d'y maintenir une sévère discipline, ni des conseils assez éclairés pour en diriger l'administration.

Trente lycées, sagement distribués sur le territoire de la république, en embrasseront toute l'étendue par leurs rapports, répandront sur toutes ses parties l'éclat de leurs lumières et de leurs succès, frapperont jusqu'aux regards de l'étranger et seront pour eux ce qu'étaient naguère pour nous quelques écoles d'Allemagne et d'Angleterre, ce que furent quelques universités fameuses, qui, vues dans le lointain, commandaient l'admiration et le respect de l'Europe.

Le Code civil fut annoncé l'année dernière aux délibérations du corps législatif; mais le travail s'accrut sous la main des rédacteurs; les tribunaux furent appelés à le perfectionner; et, enrichi de leurs observations, il est soumis dans le conseil d'État à une sévère discussion.

Toutes les parties qui le composent seront successivement présentées à la sanction des législateurs : ainsi cet important ouvrage aura subi toutes les épreuves et sera le résultat de toutes les lumières.

Les ateliers se multiplient dans les maisons d'arrêt et de détention, et le travail en bannit l'oisiveté, qui corrompt encore ceux qui étaient déjà corrompus. Dans nombre de départemens il n'y a plus de mendicité.

Les hospices sortent peu à peu de cet état de détresse qui faisait la honte de la nation et la douleur du gouvernement; déjà la bienfaisance particulière les enrichit de ses offrandes et atteste le retour de ces sentimens fraternels que des lois imprudentes et de longs malheurs semblaient avoir bannis pour toujours.

Sur toutes les grandes communications, les routes ont été ou seront bientôt réparées. Le produit de la taxe d'entretien éprouve partout des accroissemens progressifs. Le plus intéressant de tous les canaux est creusé aux dépens du trésor public, et d'autres seront bientôt créés par l'industrie particulière.

Les lettres et les arts ont reçu tout ce que les circonstances ont permis de leur donner d'encouragement et de secours.

Des projets ont été conçus pour l'embellissement de Paris, et déjà quelques-uns s'exécutent. Une association particulière formée par le zèle, bien plus que par l'intérêt, lui construit des ponts qui ouvriront des communications utiles et nécessaires. Une autre association lui donnera un canal et des eaux salubres, qui manquent encore à cette capitale.

Les départemens ne seront point négligés. De tous côtés on recherche quels travaux sont nécessaires pour les orner ou les féconder. Des collections de tableaux sont destinées à former des muséum dans les villes principales : leur vue inspirera aux jeunes citoyens le goût des arts, et ils arrêteront la curiosité des voyageurs.

Au moment où la paix générale va rendre aux arts et au commerce toute leur activité, le devoir le plus cher au gouvernement est d'éclairer leur route, d'encourager leurs travaux, d'écarter tout ce qui pourrait arrêter leur essor. Il appellera sur ces grands intérêts toutes les lumières ; il réclamera tous les conseils de l'expérience ; il fixera auprès de lui, pour les consulter, les hommes qui, par des connaissances positives, par une probité sévère, par des vues désintéressées, seront dignes de sa confiance et de l'estime publique.

Heureux si le génie national seconde son ardeur et son zèle, si par ses soins la prospérité de la république égale un jour ses triomphes et sa gloire.

Dans nos relations extérieures, le gouvernement ne craindra point de dévoiler ses principes et ses maximes : fidélité pour nos alliés, respect pour leur indépendance, franchise et loyauté avec nos ennemis; telle a été sa politique.

La Batavie reprochait à son organisation de n'avoir pas été conçue pour elle.

Mais depuis plusieurs années cette organisation régissait la Batavie. Le principe du gouvernement est que rien n'est plus funeste au bonheur des peuples que l'instabilité des institutions; et quand le directoire batave l'a pressenti sur des changemens, il l'a constamment rappelé à ce principe.

Mais enfin le peuple batave a voulu changer, et il a adopté une constitution nouvelle. Le gouvernement l'a reconnue cette constitution, et il a dû la reconnaître, parce qu'elle était dans la volonté d'un peuple indépendant.

Vingt-cinq mille Français devaient rester en Batavie, aux termes du traité de La Haye, jusqu'à la paix générale. Les Bataves ont désiré que ces forces fussent réduites, et en vertu d'une convention récente elles ont été réduites à dix mille hommes.

L'Helvétie a donné pendant l'an 9 le spectacle d'un peuple déchiré par les partis, et chacun de ces partis invoquant le pouvoir et quelquefois les armes de la France.

Nos troupes ont reçu l'ordre de rentrer sur notre territoire; quatre mille hommes seulement restent encore en Helvétie, d'après le vœu de toutes les autorités locales, qui ont réclamé leur présence.

Souvent l'Helvétie a soumis au premier consul des projets d'organisation; souvent elle lui a demandé des conseils : toujours il l'a rappelée à son indépendance.

« Souvenez-vous seulement, a-t-il dit, quelquefois du courage et des vertus de vos pères; ayez une organisation simple comme leurs mœurs. Songez à ces religions, à ces langues différentes qui ont leur limites marquées, à ces vallées, à ces montagnes qui vous séparent, à tant de souvenirs attachés à ces bornes naturelles, et qu'il reste de tout cela une empreinte dans votre organisation. Surtout, pour l'exemple de l'Europe, conservez la liberté et l'égalité à cette nation qui leur a la première appris à être indépendans et libres. »

Ce n'était là que des conseils, et ils ont été froidement écoutés. L'Helvétie est restée sans pilote au milieu des orages. Le ministre de la république n'a montré qu'un conciliateur aux partis divisés, et le général de nos troupes a refusé aux factions l'appui de ses forces.

La Cisalpine, la Ligurie ont enfin arrêté leur organisation. L'une et l'autre craignent, dans les mouvemens des premières nominations, le réveil des rivalités et des haines. Elles ont paru désirer que le premier consul se chargeât de ces nominations.

Il tâchera de concilier ce vœu de deux républiques qui sont chères à la France avec les fonctions plus sacrées que sa place lui impose.

Lucques a expié dans les angoisses d'un régime provisoire les erreurs qui lui méritèrent l'indignation du peuple français. Elle s'occupe aujourd'hui à se donner une organisation définitive.

Le roi de Toscane, tranquille sur son trône, est reconnu par de grandes puissances et le sera bientôt par toutes.

Quatre mille Français lui gardent Livourne et attendent, pour l'évacuer, qu'il ait organisé une armée nationale.

Le Piémont forme notre vingt-septième division

militaire, et, sous un régime plus doux, oublie les malheurs d'une longue anarchie.

Le Saint-Père, souverain de Rome, possède ses États dans leur intégrité. Les places de Pesaro, de Fano, de Castel Saint-Leone, qui avaient été occupées par les troupes cisalpines, lui ont été restituées.

Quinze cents Français sont encore dans la citadelle d'Ancône, pour en assurer les communications avec l'armée du Midi.

Après la paix de Lunéville, la France pouvait tomber de tout son poids sur le royaume de Naples, punir le souverain d'avoir le premier rompu les traités, et le faire repentir des affronts que les Français avaient reçus dans le port même de Naples ; mais le gouvernement se crut vengé dès qu'il fut maître de l'être ; il ne se sentit plus que le désir et la nécessité de la paix. Pour la donner, il ne demande que les ports d'Otrante, nécessaires à ses desseins sur l'Orient, depuis que Malte était occupée par les Anglais.

Paul 1er avait aimé la France ; il voulait la paix de l'Europe, il voulait surtout la liberté des mers. Sa grande âme fut émue des sentimens pacifiques que le premier consul avait manifestés ; elle le fut depuis de nos succès et de nos victoires : de là, de premiers liens qui l'attachèrent à la république.

Huit mille Russes avaient été faits prisonniers en combattant avec les alliés ; mais le ministère qui dirigeait alors l'Angleterre avait refusé de les échanger contre des prisonniers français. Le gouvernement s'indigna de ce refus ; il résolut de rendre à leur patrie de braves guerriers abandonnés de leurs alliés : il les rendit d'une manière digne de la république, digne d'eux et de leur souverain. De là des nœuds plus étroits et un rapprochement plus intime.

Tout à coup la Russie, le Danemarck, la Suède, la Prusse s'unissant, une coalition est formée pour garantir la liberté des mers ; le Hanovre est occupé par les troupes prussiennes ; de grandes, de vastes opérations se préparent ; mais Paul 1er meurt subitement.

La Bavière s'est hâtée de reformer les liens qui l'unissaient à la France. Cet allié important pour nous a fait de grandes pertes sur la rive gauche du Rhin. L'intérêt et le désir de la France sont que la Bavière obtienne sur la rive droite une juste et entière indemnité.

De grandes discussions se sont élevées à Ratisbonne sur l'exécution du traité de Lunéville ; mais ces discussions ne regardent pas immédiatement la république. La paix de Lunéville, conclue avec l'Europe et ratifiée par la diète, a fixé irrévocablement de ce côté-là tous les intérêts de la France. Si la république prend encore part aux discussions de Ratisbonne, ce n'est que comme garant de stipulations contenues dans l'article 7 du traité de Lunéville et pour maintenir un juste équilibre dans la Germanie.

La paix avec la Russie a été signée, et rien ne troublera désormais les relations de deux grands peuples qui, avec tant de raisons de s'aimer, n'en ont aucune de se craindre, et que la nature a placés aux deux extrémités de l'Europe pour en être le contre-poids au nord et au midi.

La Porte, rendue à ses véritables intérêts et à son inclination pour la France, a retrouvé son allié le plus ancien et le plus fidèle.

Avec les États-Unis d'Amérique toutes les difficultés ont été aplanies.

Enfin, des préliminaires de paix avec l'Angleterre
ont été ratifiés.

La paix avec l'Angleterre devait être le produit de
longues négociations, soutenues d'un système de
guerre qui, quoique lent dans ses préparatifs, était
infaillible dans ses résultats.

Déjà la plupart de ses alliés l'avaient abandonnée.
Le Hanovre, seule possession de son souverain sur
le continent, était toujours au pouvoir de la Prusse ;
la Porte, menacée par nos possessions importantes
sur l'Adriatique, avait entamé une négociation particulière.

Le Portugal lui restait : soumis depuis si longtemps
à l'influence et au commerce exclusif des Anglais, le
Portugal n'était plus en effet qu'une province de la
Grande-Bretagne. C'était là que l'Espagne devait
trouver une compensation pour la restitution de l'île
de la Trinité. Son armée s'avance ; une division des
troupes de la république campe sur la frontière du
Portugal pour appuyer ses opérations ; mais après
les premières hostilités et quelques escarmouches, le
ministère espagnol ratifie séparément le traité de
Badajoz. Dès lors on dut pressentir pour l'Espagne
la perte de la Trinité ; dès lors en effet l'Angleterre
la regarda comme une possession qui lui était acquise et désormais écarta de la négociation tout ce qui
pouvait en faire supposer la restitution possible.

Avant de ratifier le traité particulier de la France
avec le Portugal, le gouvernement fit connaître au
cabinet de Madrid cette détermination de l'Angleterre.

L'Angleterre s'est également refusée avec la même

inflexibilité à la restitution de l'île de Ceylan ; mais la république batave trouvera dans les nombreuses possessions qui lui sont rendues le rétablissement de son commerce et de sa puissance.

La France a soutenu les intérêts de ses alliés avec autant de force que les siens ; elle a été jusqu'à sacrifier des avantages plus grands qu'elle aurait pu obtenir pour elle-même ; mais elle a été forcée de s'arrêter au point où toute négociation devenait impossible. Ses alliés, épuisés, ne lui offraient plus de ressources pour la continuation de la guerre ; et les objets dont la restitution leur était refusée par l'Angleterre ne balançaient pas pour eux les chances d'une nouvelle campagne et toutes les calamités dont elle pouvait les accabler.

Ainsi, dans toutes les parties du monde, la république n'a plus que des amis ou des alliés, et partout son commerce et son industrie rentrent dans leurs canaux accoutumés.

Dans tout le cours de la négociation, le ministère actuel d'Angleterre a montré une volonté franche de mettre un terme aux malheurs de la guerre ; le peuple anglais a embrassé la paix avec enthousiasme, les haines de la rivalité sont éteintes ; il ne restera que l'imitation de grandes actions et les entreprises utiles.

Le gouvernement avait mis son ambition à replacer la France dans ses rapports naturels avec toutes les nations ; il mettra sa gloire à maintenir son ouvrage et à perpétuer une paix qui fera son bonheur comme celui de l'humanité.

Le premier consul, BONAPARTE.

II.

AU CORPS LÉGISLATIF.

EXPOSÉ DE LA SITUATION DE LA RÉPUBLIQUE.

2 ventose an 11 (21 février 1803).

Les événemens n'ont point trompé les vœux et l'attente du gouvernement. Le corps législatif, au moment où il reprend ses travaux, retrouve la république plus forte de l'union des citoyens, plus active dans son industrie, plus confiante dans sa prospérité.

L'exécution du concordat, sur laquelle des ennemis de l'ordre public avaient encore fondé de coupables espérances, a donné presque partout les résultats les plus heureux. Les principes d'une religion éclairée, la voix du souverain pontife, la constance du gouvernement ont triomphé de tous les obstacles. Des sacrifices mutuels ont réuni les ministres du culte. L'église gallicane renaît par les lumières et la concorde, et déjà un changement heureux se fait sentir dans les mœurs publiques. Les opinions et les cœurs se rapprochent; l'enfant redevient plus docile à la voix de ses parens, la jeunesse plus soumise à la voix des magistrats; la conscription s'exécute aux lieux mêmes où le nom seul de la conscription soulevait les esprits; et servir la patrie est une partie de la religion.

Dans les départemens qu'a visités le premier consul, il a recueilli partout le témoignage de ce retour aux principes qui font la force et le bonheur de la société.

Dans l'Eure, dans la Seine-Inférieure, dans l'Oise, on est fier de la gloire nationale; on sent dans toute leur étendue les avantages de l'égalité; on bénit le retour de la paix ; on bénit le rétablissement du culte public. C'est par tous ces liens que les cœurs ont été rattachés à l'État et à la constitution.

Le devoir du gouvernement est de nourrir et d'éclairer ces heureuses dispositions.

Les autres cultes s'organisent, et les consistoires se composent de citoyens éclairés, défenseurs connus de l'ordre public, de la liberté civile et de la liberté religieuse.

L'instruction publique, cet appui nécessaire des sociétés, est partout demandée avec ardeur. Déjà s'ouvrent plusieurs lycées ; déjà, comme l'avait prévu le gouvernement, une multitude d'écoles particulières s'élèvent au rang des écoles secondaires. Tous les citoyens sentent qu'il n'est pas de bonheur sans lumières ; que sans talens ni connaissances, il n'y a d'égalité que celle de la misère et de la servitude.

Une école militaire recevra de jeunes défenseurs de la patrie ; soldats, ils apprendront à supporter la vie des camps et les fatigues de la guerre. Par une longue obéissance, ils se formeront à commander et apporteront aux armées la force et la discipline unies aux connaissances et aux talens.

Dans les lycées comme dans l'école militaire, la jeunesse des départemens nouvellement incorporés à la république vivra confondue avec la jeunesse de l'ancienne France. De la fusion des esprits et des mœurs, de la communication des habitudes et des caractères, du mélange des intérêts, des ambitions et des espérances naîtra cette fraternité qui de plusieurs peuples ne fera qu'un seul, destiné par sa position, par son courage, par ses vertus, à être le lien et l'exemple de l'Europe.

L'institut national à sa puissance sur l'instruction

publique a reçu une direction plus utile; et désormais il déploiera sur le caractère de la nation, sur la langue, sur les sciences, sur les arts, sur les lettres, une influence plus active.

Pour assurer la stabilité de nos institutions naissantes, pour éloigner des regards des citoyens ce spectre de la discorde qui leur apparaissait encore dans le retour périodique des élections à la suprême magistrature, les amis de la patrie appelèrent le consulat à vie sur la tête du premier magistrat. Le peuple, consulté, a répondu à leur appel, et le sénat a proclamé la volonté du peuple.

Le système d'éligibilité n'a pu résister au creuset de l'expérience et à la force de l'opinion publique.

L'organisation du sénat était incomplète.

La justice nationale était disséminée dans des tribunaux sans harmonie, sans dépendance mutuelle : point d'autorité qui les protégeât ou qui pût les réformer; point de liens qui les assujettissent à une discipline commune.

Il manquait à la France un pouvoir que réclamait la justice même, celui de faire grâce. Combien de fois, depuis douze ans, il avait été invoqué. Combien de malheureux avaient succombé victimes d'une inflexibilité que les sages reprochaient à nos lois ! Combien de coupables qu'une funeste indulgence avait acquittés, parce que les peines étaient trop sévères.

Un sénatus-consulte a rendu au peuple l'exercice des droits que l'assemblée constituante avait reconnus, mais il les lui a rendus environnés de précautions qui le défendent de l'erreur ou de la précipitation de son choix, qui assurent le respect des propriétés et l'ascendant des lumières.

Que les premières magistratures viennent à vaquer,

les devoirs et la marche du sénat sont tracés ; des formes certaines garantissent la sagesse et la liberté de son choix, et la souveraineté de ce choix ne laisse ni à l'ambition le moyen de conspirer, ni à l'anarchie le moyen de détruire.

Le ciment du temps consolidera chaque jour cette institution tutélaire. Elle sera le terme de toutes les inquiétudes et le but de toutes les espérances, comme elle est la plus belle des récompenses promises aux services et aux vertus publiques.

La justice embrasse d'une chaîne commune tous les tribunaux ; ils ont leur subordination et leur censure ; toujours libres dans l'exercice de leurs fonctions, toujours indépendans du pouvoir, et jamais indépendans des lois.

Le droit de faire grâce quand l'intérêt de la république l'exige ou quand les circonstances commandent l'indulgence est remis aux mains du premier magistrat; mais il ne lui est remis que sous la garde de la justice même; il ne l'exerce que sous les yeux d'un conseil et après avoir consulté les organes les plus sévères de la loi.

Si les institutions doivent être jugées par leurs effets, jamais institution n'eut un résultat plus important que ce sénatus-consulte organique. C'est à compter de ce moment que le peuple français s'est confié à sa destinée, que les propriétés ont repris leur valeur première, que se sont multipliées les longues spéculations. Jusque-là tout semblait flotter encore : on aimait le présent, on doutait du lendemain, et les ennemis de la patrie nourrissaient toujours des espérances. Depuis cette époque il ne leur reste que de l'impuissance et de la haine.

L'île d'Elbe avait été cédée à la France; elle lui

donnait un peuple doux, industrieux, deux ports superbes, une mine féconde et précieuse; mais séparée de la France, elle ne pouvait être intimement attachée à aucun de ses départemens, ni soumise aux règles d'une administration commune. On a fait fléchir les principes sous la nécessité des circonstances; on a établi pour l'île d'Elbe des exceptions que commandaient sa position et l'intérêt public.

L'abdication du souverain, le vœu du peuple, la nécessité des choses, avaient mis le Piémont au pouvoir de la France. Au milieu des nations qui l'environnent, avec les élémens qui composaient sa population, le Piémont ne pouvait supporter ni le poids de sa propre indépendance ni les dépenses d'une monarchie. Réuni à la France, il jouira de sa sécurité et de sa grandeur; les citoyens laborieux, éclairés, développeront leur industrie et leurs talens dans le sein des arts et de la paix.

Dans l'intérieur de la France règnent le calme et la sécurité. La vigilance des magistrats, une justice sévère, une gendarmerie fortement constituée et dirigée par un chef qui a vieilli dans la carrière de l'honneur ont imprimé partout la terreur aux brigands.

L'intérêt particulier s'est élevé jusqu'au sentiment de l'intérêt public. Les citoyens ont osé attaquer ceux qu'autrefois ils redoutaient, lors même qu'ils étaient enchaînés au pied des tribunaux. Des communes entières se sont armées et les ont détruits. L'étranger envie la sûreté de nos routes et cette force publique qui, souvent invisible, mais toujours présente, veille sur son pays et le protège sans qu'il la réclame.

Dans le cours d'une année difficile, au milieu d'une pénurie générale, le pauvre ne s'est point défié

10

des soins du gouvernement. Il a supporté avec courage des privations nécessaires ; et les secours qu'il avait lieu d'attendre, il les a reçus avec reconnaissance.

Le crime de faux n'est plus encouragé par l'espoir de l'impunité. Le zèle des tribunaux chargés de le frapper et la juste sévérité des lois ont enfin arrêté les progrès de ce fléau, qui menaçait la fortune publique et les fortunes particulières.

Notre culture se perfectionne et défie les cultures les plus vantées de l'Europe. Dans les départemens, il est des cultivateurs éclairés qui donnent des leçons et des exemples.

L'éducation des chevaux a été encouragée par des primes ; l'amélioration des laines, par l'introduction de troupeaux de races étrangères. Partout les administrateurs zélés recherchent et relèvent les richesses de notre sol, et propagent les méthodes utiles et les résultats heureux de l'expérience.

Nos fabriques se multiplient, s'animent et s'éclairent ; émules entre elles, bientôt elles seront les rivales des fabriques les plus renommées dans l'étranger. Il ne manque désormais à leur prospérité que des capitaux moins chèrement achetés. Mais déjà les capitaux abandonnent les spéculations hasardeuses de l'agiotage et retournent à la terre et aux entreprises utiles. Plus de vingt mille ouvriers français qui étaient dispersés dans l'Europe sont rappelés par les fabricans et vont être rendus à nos manufactures.

Parmi nos fabriques, il en est une plus particulière à la France, que Colbert échauffa de son génie ; elle avait été ensevelie sous les ruines de Lyon ; le gouvernement a mis tous ses soins à l'en retirer. Lyon renaît à la splendeur et à l'opulence ; et déjà du sein de leurs ateliers, ses fabricans imposent des tributs aux principaux États de l'Europe. Mais le principe de leurs succès est dans le luxe même de la France : c'est dans la mobilité de nos goûts, dans l'inconstance de nos t'des que le luxe étranger doit trouver son aliment ; c'est là ce qui doit faire mouvoir et vivre une population immense, qui sans cela irait se perdre dans la corruption et la misère.

Il y aura à Compiègne, il s'élèvera bientôt sur les confins de la Vendée, des prytanées où la jeunesse se formera pour l'industrie et pour les arts mécaniques. De là nos chantiers, nos manufactures tireront un jour les chefs de leurs ateliers, de leurs travaux.

Quatorze millions, produit de la taxe des barrières, et dix millions d'extraordinaire ont été pendant l'an 10 employés aux routes publiques. Les anciennes communications ont été réparées et entretenues. Des communications nouvelles ont été ouvertes. Le Simplon, le Mont-Cenis, le Mont-Genèvre, nous livreront bientôt un triple et facile accès en Italie. Un grand chemin conduira de Gênes à Marseille. Une route est tracée du Saint-Esprit à Gap ; une autre, de Rennes à Brest, par Pontivy. A Pontivy s'élèvent de grands établissemens qui auront une grande influence sur l'esprit public des départemens dont se composait l'ancienne Bretagne ; un canal y portera le commerce et une prospérité nouvelle.

Sur les bords du Rhin, de Bingen à Coblentz, une route nécessaire est taillée dans des rochers inaccessibles. Les communes voisines associent leurs travaux aux efforts du trésor public, et les peuples de l'autre rive, qui riaient de la folie de l'entreprise, restent confondus de la rapidité de l'exécution.

De nombreux ateliers sont distribués sur le canal de Saint-Quentin.

Le canal de l'Ourcq vient de s'ouvrir, et bientôt Paris jouira de ses eaux, de la salubrité et des embellissemens qu'elles lui promettent.

Le canal destiné à unir la navigation de la Saône, du Doubs et du Rhin, est presque entièrement exécuté jusqu'à Dôle ; et le trésor public reçoit déjà, dans l'augmentation du prix des bois auxquels ce canal sert de débouché, une somme égale à celle qu'il a fournie pour en continuer les travaux.

Les canaux d'Aigues-Mortes et du Rhône, le dessèchement des marais de la Charente-Inférieure sont commencés et donneront de nouvelles routes au commerce et de nouvelles terres à la culture. On travaille à rétablir les digues de l'île de Cadsan, celles d'Ostende, celles des côtes du Nord, et à rétablir la navigation de nos rivières. Cette navigation n'est déjà plus abandonnée aux seuls soins du gouvernement. Les propriétaires des bateaux qui les fréquentent ont enfin senti qu'elle était leur patrimoine, et ils appellent sur eux-mêmes les taxes qui doivent en assurer l'entretien.

Sur l'Océan, des forts s'élèvent pour couvrir la rade de l'île d'Aix et défendre les vaisseaux de la république. Partout des fonds sont affectés à la réparation et au nettoiement de nos ports ; un nouveau bassin et une écluse de chasse termineront le port du Havre et en feront le plus beau port de commerce de la Manche. Une compagnie de pilotes se forme pour assurer la navigation de l'Escaut et l'affranchir de la science et du danger des pilotes étrangers.

A Anvers vont commencer les travaux qui doivent rendre à son commerce son ancienne célébrité ; et dans la pensée du gouvernement sont les canaux qui doivent lier la navigation de l'Escaut, de la Meuse et du Rhin, rendre à nos chantiers, à nos besoins, des bois qui croissent sur notre sol, et à nos fabriques une consommation que des manufactures étrangères leur disputent sur leur propre territoire.

Les îles de la Martinique, de Tabago, de Sainte-Lucie, nous ont été rendues avec tous les élémens de la prospérité. La Guadeloupe, reconquise et pacifiée, renaît à la culture. La Guyane sort de sa longue enfance et prend des accroissemens marqués.

Saint-Domingue était soumis, et l'artisan de ses troubles était au pouvoir de la France. Tout annonçait le retour de sa prospérité; mais une maladie l'a livrée à de nouveaux malheurs. Enfin, le fléau qui désolait notre armée a cessé ses ravages, les forces qui nous restent dans la colonie, celles qui y arrivent de tous nos ports nous garantissent qu'elle sera bientôt rendue à la paix et au commerce.

Des vaisseaux partent pour les îles de France et de la Réunion, et pour l'Inde.

Notre commerce maritime recherche les traces de ses anciennes liaisons, en forme de nouvelles et s'enhardit par des essais. Déjà une heureuse expérience et des encouragemens ont ranimé les armemens pour la pêche, qui fut longtemps le patrimoine des Français. Des expéditions commerciales plus importantes sont faites ou méditées pour les colonies occidentales, pour l'Ile-de-France, pour les Indes.

Marseille reprend sur la Méditerranée son ancien ascendant.

Des chambres de commerce ont été rendues aux villes qui en avaient autrefois; il en a été établi dans celles qui, par l'étendue de leurs opérations et l'im-

10.

portance de leurs manufactures, ont paru les mériter.

Dans ces associations formées par d'honorables choix renaîtront l'esprit et la science du commerce. Là se développeront les intérêts toujours inséparables des intérêts de l'État. Le négociant y apprendra à mettre avant les jouissances la considération qui les honore, et avant les richesses d'un vain luxe, cette sage économie qui fixe l'estime des citoyens et la confiance de l'étranger.

Des députés choisis dans ces différentes chambres discuteront sous les yeux du gouvernement les intérêts du commerce et des manufactures, et les lois et règlemens qu'exigeront les circonstances.

Dans nos armées de terre et de mer se propagent l'instruction et l'amour de la discipline. La comptabilité s'épure dans les corps militaires ; une administration domestique succède au régime dilapidateur des entreprises et des fournitures. Le soldat, mieux nourri, mieux vêtu, connaît l'économie, et les épargnes qu'il verse dans la caisse commune l'attachent à ses drapeaux comme à sa famille.

Toutes les sources de nos finances deviennent plus fécondes. La perception des contributions indirectes est moins rigoureuse pour le contribuable. On comptait en l'an 6 cinquante millions en garnisaires et en contraintes, et les recouvremens étaient arriérés de trois ou quatre années. Aujourd'hui on n'en compte que trois millions, et les contributions sont au courant.

Toutes les régies, toutes les administrations donnent des produits toujours croissans. La régie de l'enregistrement est d'une fécondité qui atteste le mouvement rapide des capitaux et la multiplicité des transactions.

Au milieu de tant de signes de prospérité, on accuse encore l'excès des contributions directes.

Le gouvernement a reconnu, avec tous les hommes éclairés en administration, que la surcharge était surtout dans l'inégalité de la répartition. Des mesures ont été prises et déjà s'exécutent pour constater les inégalités réelles qui existent entre les divers départemens. Au plus tard dans le cours de l'an 12, des opérations régulières et simultanées nous auront appris quel est le rapport des contributions entre un département et un autre département, et quel est dans chaque département le taux moyen de la contribution foncière. Une fois assuré d'un résultat certain, le gouvernement proposera les rectifications que réclame la justice. Mais dès cette session, et sans attendre les résultats, il proposera une diminution importante sur la contribution foncière.

Des innovations sont proposées encore dans notre système de finances ; mais tout changement est un mal s'il n'est pas démontré jusqu'à l'évidence que des avantages certains doivent en résulter. Le gouvernement attendra du temps et des discussions les plus approfondies la maturité de ces projets que hasarde souvent l'inexpérience, qu'on appuie sur l'exemple d'un passé dont les traces sont déjà effacées, pour la plupart, des esprits, et sur la doctrine financière d'une nation qui, par des efforts exagérés, a rompu toutes les mesures des contributions et des dépenses publiques.

Avec un accroissement incalculé de revenus, des circonstances extraordinaires ont amené des besoins qu'il n'avait pas été donné de prévoir. Il a fallu reconquérir deux de nos colonies et rétablir dans toutes le pouvoir et le gouvernement de la métropole ; il a fallu par des moyens soudains et trop étendus pour être dirigés avec toute la précision d'une sévère économie, assurer des subsistances à la capitale et à un grand nombre de départemens ; mais du moins le succès a répondu aux efforts du gouvernement ; et de ces vastes opérations il lui reste des ressources pour garantir désormais la capitale du retour de la même pénurie et pour se jouer des combinaisons du monopole.

Dans le compte raisonné du ministre des finances on trouve l'ensemble des contributions annuelles et des diverses branches du revenu public, ce qu'elles ont dû produire dans l'année révolue ; ce qu'on doit en attendre d'amélioration, soit des mesures de l'administration, soit du progrès de la prospérité publique ; quels ont été dans les divers départemens du ministère les élémens de la dépense pour l'an 10 ; quelles sommes sont encore à solder sur cette année et les années antérieures ; quelles ressources restent pour les couvrir, soit dans les fonds extraordinaires qui avaient été assignés pour la dépense de cette année et qui n'ont point encore été consommés ; quel est l'état actuel de la dette publique ; quels en ont été les accroissemens ; quelles en ont été les extinctions naturelles ; quelles en ont été enfin celles qu'a opérées la caisse d'amortissement.

Dans le compte du ministre du trésor public on verra, dans leur réalité, les recettes et les paiemens exécutés dans l'an 10 ; ce qui appartient aux diverses branches de revenus ; ce qui doit être imputé à chaque année et à chaque partie de l'administration.

Des comptes rendus de ces deux ministres, sortira le tableau le plus complet de notre situation financière. Le gouvernement le présente avec une égale confiance à ses amis, à ses détracteurs, aux citoyens et aux étrangers.

Après avoir autorisé les dépenses prévues de l'an 12 et approprié les revenus nécessaires à ses dépenses, des objets du plus grand intérêt occuperont la session du corps législatif. Il faut rétablir l'ordre dans notre système monétaire; il faut donner au système de nos douanes une nouvelle force et une nouvelle énergie pour comprimer la contrebande.

Il faut enfin donner à la France ce nouveau Code civil depuis longtemps promis et trop longtemps attendu.

Sur toutes ces matières, des projets de loi ont été formés sous les yeux du gouvernement et mûris dans des conférences où des commissions du conseil d'État et du Tribunal n'ont porté que l'amour de la vérité et le sentiment de l'intérêt public. Le même sentiment, les mêmes principes dirigeront les délibérations des législateurs, et garantissent à la république la sagesse et l'impartialité des lois qu'ils auront adoptées.

Sur le continent tout nous offre des gages de repos et de tranquillité.

La république italienne, depuis les comices de Lyon, se fortifie par l'union toujours plus intime des peuples qui la composent. L'heureux accord de ceux qui la gouvernent, son administration intérieure, sa force militaire, lui donnent déjà le caractère et l'attitude d'un État formé depuis longtemps; et si la sagesse les conserve, ils lui garantissent une prospérité toujours croissante.

La Ligurie, placée sous une constitution mixte, voit à sa tête et dans le sein de ses autorités ce qu'elle a de citoyens les plus recommandables par leurs vœux, par leurs lumières et par leur fortune.

De nouvelles secousses ont ébranlé la république helvétique. Le gouvernement devait son secours à des voisins dont le repos importe au sien, et il fera tout pour assurer le succès de la médiation et le bonheur d'un peuple dont la position, les habitudes, les intérêts en font l'allié nécessaire à la France.

La Batavie rentre successivement dans les colonies que la paix lui a conservées.

Elle se souviendra toujours que la France ne peut être pour elle que l'amie la plus utile, ou l'ennemie la plus funeste.

En Allemagne se consomment les dernières stipulations du traité de Lunéville.

La Prusse, la Bavière, tous les princes séculiers qui avaient des possessions sur la rive gauche du Rhin obtiennent sur la rive droite de justes indemnités.

La maison d'Autriche trouve dans les évêchés de Salzbourg, d'Aischtett, de Trente et Brixen et dans la plus grande partie de celui de Passau, plus qu'elle n'a perdu dans la Toscane.

Ainsi, par l'heureux concours de la France et de la Russie, tous les intérêts permanens sont conciliés; et du sein de cette tempête qui semblait devoir l'anéantir, l'empire germanique, cet empire si nécessaire à l'équilibre et au repos de l'Europe, se relève plus fort, composé d'élémens plus homogènes, mieux combinés, mieux assortis aux circonstances présentes et aux idées de notre siècle.

Un ambassadeur français est à Constantinople, chargé de fortifier et de resserrer les liens qui nous attachent à une puissance qui semble chanceler, mais qu'il est de notre intérêt de soutenir et de rassurer sur ses fondemens.

Des troupes britanniques sont toujours dans Alexandrie et dans Malte. Le gouvernement avait le droit de s'en plaindre ; mais il apprend que les vaisseaux qui doivent les remmener en Europe sont dans la Méditerranée.

Le gouvernement garantit à la nation la paix du continent, et il lui est permis d'espérer la continuation de la paix maritime. Cette paix est le besoin et la volonté de tous les peuples ; pour la conserver, le gouvernement fera tout ce qui est compatible avec l'honneur national, essentiellement lié à la stricte exécution des traités.

Mais en Angleterre, deux partis se disputent le pouvoir. L'un a conclu la paix et paraît décidé à la maintenir ; l'autre a juré à la France une haine implacable. De là cette fluctuation dans les opinions et dans les conseils, et cette attitude à la fois pacifique et menaçante.

Tant que durera cette lutte de partis, il est des mesures que la prudence commande au gouvernement de la république. Cinq cent mille homme doivent être et seront prêts à la défendre et la venger. Étrange nécessité que de misérables passions imposent à deux nations qu'un intérêt et une égale volonté attachent à la paix !

Quel que soit à Londres le sujet de l'intrigue, elle n'entraînera pas d'autres peuples dans des ligues nouvelles ; et le gouvernement le dit avec un juste orgueil : « Seule, l'Angleterre ne saurait aujourd'hui lutter contre la France. »

Mais ayons de meilleures espérances et croyons plutôt qu'on n'écoutera dans le cabinet britannique que les conseils de la sagesse et la voix de l'humanité.

Oui, sans doute, la paix se consolidera tous les

jours davantage; les relations des deux gouvernemens prendront ce caractère de bienveillance qui convient à leurs intérêts mutuels. Un heureux repos fera oublier les longues calamités d'une guerre désastreuse. La France et l'Angleterre, en faisant leur bonheur réciproque, mériteront la reconnaissance du monde entier.

Le premier consul, BONAPARTE.

III.

AU CORPS LÉGISLATIF.

EXPOSÉ DE LA SITUATION DE LA RÉPUBLIQUE.

25 nivose an 12 (16 janvier 1804).

La république a été forcée de changer d'attitude, mais elle n'a point changé de situation; elle conserve toujours dans le sentiment de sa force le gage de sa prospérité. Tout était calme dans l'intérieur de la France, lorsqu'au commencement de l'année dernière nous entretenions encore l'espoir d'une paix durable. Tout est resté calme depuis qu'une puissance jalouse a rallumé les torches de la guerre; mais sous cette dernière époque, l'union des intérêts et des sentimens s'est montrée plus pleine et plus entière; l'esprit public s'est développé avec plus d'énergie.

Dans les nouveaux départemens que le premier consul a parcourus[1], il a entendu, comme dans les anciens, les accens d'une indignation vraiment française; il a

---

[1] Ceux de la Belgique.

reconnu dans leur haine contre un gouvernement ennemi de notre prospérité, mieux encore que dans les élans de la joie publique et d'une affection personnelle, leur attachement à la patrie, leur dévouement à sa destinée.

Dans tous les départemens, les ministres du culte ont usé de l'influence de la religion pour consacrer ce mouvement spontané des esprits. Des dépôts d'armes que des rebelles fugitifs avaient confiés à la terre, pour les reprendre dans un avenir que leur forgeait une coupable prévoyance, ont été révélés au premier signal du danger et livrés aux magistrats pour en armer nos défenseurs.

Le gouvernement britannique tentera de jeter et peut-être il a déjà jeté sur nos côtes quelques-uns de ces monstres qu'il a nourris pendant la paix pour déchirer le sol qui les a vus naître ; mais ils n'y retrouveront plus ces bandes impies qui furent les instrumens de leurs premiers crimes ; la terreur les a dissoutes ou la justice en a purgé nos contrées ; ils n'y retrouveront ni cette crédulité dont ils abusèrent ni ces haines dont ils aiguisèrent les poignards. L'expérience a éclairé tous les esprits ; la sagesse des lois et de l'administration a réconcilié tous les cœurs.

Environnés partout de la force publique, partout atteints par les tribunaux, ces hommes affreux ne pourront désormais ni faire des rebelles ni recommencer impunément leur métier de brigands et d'assassins.

Tout à l'heure une misérable tentative a été faite dans la Vendée, la conscription en était le prétexte ; mais citoyens, prêtres, soldats, tout s'est ébranlé pour la défense commune ; ceux qui, dans

11

d'autres temps, furent des moteurs de troubles sont venus offrir leurs bras à l'autorité publique, et, dans leurs personnes et dans leurs familles, des gages de leur foi et de leur dévouement.

Enfin ce qui caractérise surtout la sécurité des citoyens, le retour des affections sociales, la bienfaisance se déploie tous les jours davantage; de tous côtés on offre des dons à l'infortune et des fondations à des établissemens utiles.

La guerre n'a point interrompu les pensées de la paix, et le gouvernement a poursuivi avec constance tout ce qui tend à mettre la constitution dans les mœurs et dans le tempérament des citoyens, tout ce qui doit attacher à sa durée tous les intérêts et toutes les espérances.

Ainsi, le sénat a été placé à la hauteur où son institution l'appelait. Une dotation telle que la constitution l'avait déterminée l'entoure d'une grandeur imposante.

Le corps législatif n'apparaîtra plus qu'environné de la majesté que réclament ses fonctions; on ne le cherchera plus vainement hors de ses séances. Un président annuel sera le centre de ses mouvemens et l'organe de ses pensées et de ses vœux dans ses relations avec le gouvernement. Ce corps aura enfin cette dignité qui ne pouvait exister avec des formes mobiles et indéterminées.

Les colléges électoraux se sont tenus partout avec ce calme, cette sagesse qui garantissent les heureux choix.

La Légion d'honneur existe dans les parties supérieures de son organisation et dans une partie des élémens qui doivent la composer. Ces élémens, encore égaux, attendent d'un dernier choix leurs fonc-

tions et leurs places. Combien de traits honorables a
révélés l'ambition d'y être admis ! Que de trésors la
république aura dans cette institution pour récompenser les services et les vertus !

Au conseil d'État, une autre institution prépare aux
choix du gouvernement des hommes pour toutes les
branches supérieures de l'administration; des auditeurs
s'y forment dans l'atelier des règlemens et des lois ; ils
s'y pénètrent des principes et des maximes de l'ordre
public. Toujours environnés de témoins et de juges,
souvent sous les yeux du gouvernement, souvent dans
des missions importantes, ils arriveront aux fonctions publiques avec la maturité de l'expérience et
avec la garantie que donnent un caractère, une conduite et des connaissances éprouvées.

Des lycées, des écoles secondaires s'élèvent de tous
côtés, et ne s'élèvent pas encore assez rapidement au
gré de l'impatience des citoyens. Des règlemens com-
muns, une discipline commune, un même système
d'instruction y vont former des générations qui sou-
tiendront la gloire de la France par des talens, et ses
institutions par des principes et des vertus.

Un prytanée unique, le prytanée de Saint-Cyr, reçoit les enfans des citoyens qui sont morts pour la
patrie; l'éducation y respire l'enthousiasme militaire.

A Fontainebleau, l'école spéciale militaire compte
plusieurs centaines de soldats qu'on ploie à la discipline, qu'on endurcit à la fatigue, qui acquièrent,
avec les habitudes du métier, les connaissances de
l'art.

L'école de Compiègne offre l'aspect d'une vaste
manufacture où cinq cents jeunes gens passent de
l'étude dans les ateliers, des ateliers à l'étude. Après
quelques mois, ils exécutent avec la précision de l'in-

telligence des ouvrages qu'on n'en aurait pas obtenus après des années d'un vulgaire apprentissage, et bientôt le commerce et l'industrie jouiront de leur travail et des soins du gouvernement.

Le génie, l'artillerie n'ont plus qu'une même école et une institution commune.

La médecine est partout soumise au nouveau régime que la loi a prescrit. Dans une réforme salutaire, on a trouvé le moyen de simplifier la dépense et d'ajouter à l'instruction.

L'exercice de la pharmacie a été mis sous la garde des lumières et de la probité.

Un règlement a placé entre le maître et l'ouvrier des juges qui terminent leurs différends avec la célérité qu'exigent leurs intérêts et leurs besoins, et avec l'impartialité que commande la justice.

Le Code civil s'achève, et dans cette session pourront être soumis aux délibérations du corps législatif les derniers projets de lois qui en complètent l'ensemble.

Le Code judiciaire, appelé par les vœux, subit en ce moment les discussions qui le conduiront à sa maturité.

Le Code criminel avance, et du Code de commerce les parties que paraissent réclamer le plus impérieusement les circonstances sont en état de recevoir le sceau de la loi dans la session prochaine.

De nouveaux chefs-d'œuvre sont venus embellir nos musées ; et tandis que le reste de l'Europe envie nos richesses, nos jeunes artistes vont encore au sein de l'Italie échauffer leur génie à la vue de ses grands monumens, et respirer l'enthousiasme qui les a enfantés.

Dans le département de Marengo, sous les murs

de cette Alexandrie qui sera un des plus puissans boulevards de la France, s'est formé le premier camp de nos vétérans. Là, ils conserveront le souvenir de leurs exploits et l'orgueil de leurs victoires; ils inspireront à leurs nouveaux concitoyens l'amour et le respect de cette patrie qu'ils ont agrandie et qui les a récompensés; ils laisseront dans leurs enfans des héritiers de leur courage et de nouveaux défenseurs de cette patrie dont ils recueilleront les bienfaits.

Dans l'ancien territoire de la république, dans la Belgique, d'antiques fortifications qui n'étaient plus que d'inutiles monumens des malheurs de nos pères ou des accroissemens progressifs de la France seront démolies. Les terrains qui avaient été sacrifiés à leur défense seront rendus à la culture et au commerce, et avec les fonds que produiront ces démolitions et ces terrains, seront construites de nouvelles forteresses sur nos nouvelles frontières.

Sous un meilleur système d'adjudication, la taxe d'entretien des routes a pris de nouveaux accroissemens; des fermiers d'une année étaient sans émulation; des fermiers de portions trop morcelées étaient sans fortune et sans garantie.

Des adjudications triennales, des adjudications de plusieurs barrières à la fois ont appelé des concurrens plus nombreux, plus riches et plus hardis.

Le droit de barrière a produit en l'an 11 quinze millions; dix de plus ont été consacrés dans la même année à l'entretien et au perfectionnement des routes.

Les routes anciennes ont été entretenues et réparées; des routes ont été liées à d'autres routes par des constructions nouvelles. Dès cette année les voitures franchissent le Simplon et le Mont-Cenis.

On rétablit au pont de Tours trois arches écroulées.

De nouveaux ponts sont en construction à Corbeil, à Roanne, à Nemours, sur l'Isère, sur le Roubion, sur la Durance, sur le Rhin.

Avignon et Villeneuve communiqueront par un pont entrepris par une association particulière.

Trois ponts avaient été commencés à Paris avec des fonds que des citoyens avaient fournis ; deux ont été achevés en partie avec les fonds publics, et les droits qui s'y perçoivent assurent, dans un nombre déterminé d'années, l'intérêt et le remboursement des avances.

Un troisième, le plus intéressant de tous (celui du Jardin-des-Plantes) est en construction et sera bientôt terminé. Il dégagera l'intérieur de Paris d'une circulation embarrassante, se liera avec une place superbe, depuis longtemps décrétée, qu'embelliront des plantations et les eaux de la rivière d'Ourcq et sur laquelle aboutiront en ligne directe la rue Saint-Antoine et celle de son faubourg.

Le pont seul formera l'objet d'une dépense que couvriront rapidement les droits qui y seront perçus. La place et tous ses accessoires ne coûteront à l'État que l'emplacement et les ruines sur lesquelles elle doit s'élever.

Les travaux du canal de Saint-Quentin s'opèrent sur quatre points à la fois. Déjà une galerie souterraine est percée dans une étendue de mille mètres ; deux écluses sont terminées, huit autres s'avancent ; d'autres sortent des fondations, et cette vaste entreprise offrira dans quelques années une navigation complète.

Les canaux d'Arles, d'Aigues-Mortes, de la Saône et de l'Yonne ; celui qui unira le Rhône au Rhin ; celui qui, par le Blavet, doit porter la navigation au centre de l'ancienne Bretagne, sont tous commencés, et tous seront achevés dans un temps proportionné aux travaux qu'ils exigent.

Le canal qui doit joindre l'Escaut, la Meuse et le Rhin, n'est déjà plus dans la seule pensée du gouvernement; des reconnaissances ont été faites sur le terrain; des fonds sont déjà prévus pour l'exécution d'une entreprise qui nous ouvrira l'Allemagne et rendra à notre commerce et à notre industrie des parties de notre propre territoire que leur situation livrait à l'industrie et au commerce des étrangers.

La jonction de la Rance à la Vilaine unira la Manche à l'Océan, portera la prospérité et la civilisation dans des contrées où languissent l'agriculture et les arts, où les mœurs agrestes sont encore étrangères à nos mœurs. Dès cette année des sommes considérables ont été affectées à cette opération.

Le desséchement des marais de Rochefort, souvent tenté, souvent abandonné, s'exécute avec constance. Un million sera destiné cette année à porter la salubrité dans ce port, qui dévorait nos marins et ses habitans. La culture et les hommes s'étendront sur les terrains voués depuis longtemps aux maladies et à la dépopulation.

Au sein du Cotentin, un desséchement non moins important, dont le projet est fait, dont la dépense, largement calculée, sera nécessairement remboursée par le résultat de l'opération, transformera en riches pâturages d'autres marais d'une vaste étendue qui ne sont aujourd'hui qu'un foyer de contagion toujours renaissant.

Les fonds nécessaires à cette entreprise sont portés dans le budget de l'an 12. En même temps un pont sur la Vire liera le département de la Manche au dé-

partement du Calvados, supprimera un passage toujours dangereux et souvent funeste, et abrégera de
quelques myriamètres la route qui conduit de Paris
à Cherbourg.

Sur un autre point du département de la Manche,
un canal est projeté qui portera le sable de la mer et
la fécondité dans une contrée stérile et donnera aux
constructions civiles et à la marine des bois qui pé-
rissent sans emploi à quelques myriamètres du
rivage.

Sur tous les canaux, sur toutes les côtes de la Belgique, les digues minées par le temps, attaquées par
la mer, se réparent, s'étendent et se fortifient.

La jetée et le bassin d'Ostende sont garantis des
progrès de la dégradation ; un pont ouvrira une communication importante à la ville, et l'agriculture
s'enrichira d'un terrain précieux, reconquis sur la
mer.

Anvers a vu arrêter tout à coup un port militaire,
un arsenal et des vaisseaux de guerre sur le chantier.
Deux millions, assignés sur la vente des biens nationaux situés dans les départemens de l'Escaut et des
Deux-Nèthes, sont consacrés à la restauration et à l'a-
grandissement de son ancien port. Sur la foi de ce
gage, le commerce fait des avances, les travaux sont
commencés, et dans l'année prochaine ils seront conduits à leur perfection.

A Boulogne, au Havre, sur toute cette côte que nos
ennemis appellent désormais *une côte de fer,* de
grands ouvrages s'exécutent ou s'achèvent.

La digue de Cherbourg, longtemps abandonnée,
longtemps l'objet de l'incertitude et du doute, sort
enfin du sein des eaux ; et déjà elle est un écueil
pour nos ennemis et une protection pour nos navi-

gateurs. A l'abri de cette digue, au fond d'une rade immense, un port se creuse où dans quelques années la république aura ses arsenaux et des flottes.

A la Rochelle, à Cette, à Marseille, à Nice, on répare avec des fonds assurés les ravages de l'insouciance et du temps. C'est surtout dans nos villes maritimes, où la stagnation du commerce a multiplié les malheurs et les besoins, que la prévoyance du gouvernement s'est attachée à créer des ressources dans des travaux utiles ou nécessaires.

La navigation intérieure périssait par l'oubli des principes et des règles; elle est désormais soumise à un régime salutaire et conservateur. Un droit est consacré à son entretien, aux travaux qu'elle exige, aux améliorations que l'intérêt public appelle. Placée sous la surveillance des préfets, elle a encore dans les chambres de commerce des gardiens utiles, des témoins et des censeurs de la comptabilité des fonds qu'elle produit; enfin des hommes éclairés qui discutent les projets informés pour la conserver et pour l'étendre.

Le droit de pêche dans les rivières navigables est redevenu ce qu'il dut toujours être, une propriété publique. Il est confié à la garde de l'administration forestière; et des adjudications triennales lui donnent, dans des fermiers, des conservateurs encore plus actifs, parce qu'ils sont plus intéressés.

L'année dernière a été une année prospère pour nos finances; les régies ont heureusement trompé les calculs qui en avaient d'avance déterminé les produits. Les contributions directes ont été perçues avec plus d'aisance. Les opérations qui doivent établir les rapports de la contribution foncière de département à département marchent avec rapidité. La répartition

11.

deviendra invariable; on ne verra plus cette lutte d'intérêts différens qui corrompait la justice publique et cette rivalité jalouse qui menaçait l'industrie et la prospérité de tous les départemens.

Des préfets, des conseils généraux ont demandé que la même opération s'étendît à toutes les communes de leur département pour déterminer entre elles les bases d'une répartition proportionnelle. Un arrêté du gouvernement a autorisé ce travail général devenu plus simple, plus économique par le succès du travail partiel. Ainsi, dans quelques années, toutes les communes de la république auront chacune, dans une carte particulière, le plan de leur territoire, les divisions, les rapports des propriétés qui le composent; et les conseils généraux et les conseils d'arrondissement trouveront dans la réunion de tous ces plans les élémens d'une répartition juste dans ses bases et perpétuelle dans ses proportions.

La caisse d'amortissement remplit avec constance, avec fidélité, sa destination. Déjà propriétaire d'une partie de la dette publique, chaque jour elle accroît un trésor qui garantit à l'État une prompte libération; une comptabilité sévère, une fidélité inviolable ont mérité aux administrateurs la confiance du gouvernement et leur assurent l'intérêt des citoyens.

La refonte des monnaies s'exécute sans mouvemens, sans secousses; elle était un fléau quand les principes étaient méconnus; elle est devenue l'opération la plus simple depuis que la foi publique et les règles du bon sens en ont fixé les conditions.

Au trésor, le crédit public s'est soutenu au milieu des secousses de la guerre et des rumeurs intéressées.

Le trésor public fournissait aux dépenses des colonies, soit par des envois directs de fonds, soit par des opérations sur le continent de l'Amérique. Les administrateurs pouvaient, si les fonds étaient insuffisans, s'en procurer par des traites sur le trésor public, mais avec des formes prescrites et dans une mesure déterminée.

Tout à coup une masse de traites (quarante-deux millions) a été créée à Saint-Domingue, sans l'aveu du gouvernement, sans proportion avec les besoins actuels, sans proportion avec les besoins à venir.

Des hommes sans caractère les ont colportées à la Havane, à la Jamaïque, aux États-Unis ; elles y ont partout été exposées sur les places à de honteux rabais, livrées à des hommes qui n'avaient versé ni argent ni marchandises ou qui ne devaient en fournir la valeur que quand le paiement en aurait été effectué au trésor public. De là un avilissement scandaleux en Amérique et un agiotage plus scandaleux en Europe.

C'était pour le gouvernement un devoir rigoureux d'arrêter le cours de cette imprudente mesure, de sauver à la nation les pertes dont elle était menacée, de racheter surtout son crédit par une juste sévérité.

Un agent du trésor public a été envoyé à Saint-Domingue, chargé de vérifier les journaux et la caisse du payeur général ; de constater combien de traites avaient été créées, par quelle autorité et sous quelles formes ; combien avaient été négociées, et à quelles conditions ; si pour des versemens réels, si sans versemens effectifs, si pour éteindre une dette légitime, si pour des marchés simulés.

Onze millions de traites qui n'étaient pas encore en circulation ont été annulés. Des renseignemens ont été obtenus sur les autres.

Les traites dont la valeur intégrale a été reçue ont été acquittées avec les intérêts du jour de l'échéance au jour du paiement; celles qui ont été livrées sans valeur effective sont arguées de faux, puisque les lettres de change portent *pour argent versé*, quoique le procès-verbal de paiement constate qu'il n'a rien été versé; et elles seront soumises à un sévère examen. Ainsi le gouvernement satisfera à la justice qu'il doit aux créanciers légitimes et à celle qu'il doit à la nation, dont il est chargé de défendre les droits.

La paix était dans les vœux comme dans les intérêts du gouvernement. Il l'avait voulue au milieu des chances encore incertaines de la guerre; il l'avait voulue au milieu des victoires. C'est à la prospérité de la république qu'il avait désormais attaché toute sa gloire. Au dedans, il réveillait l'industrie, il encourageait les arts, il entreprenait ou des travaux utiles ou des monumens de grandeur nationale. Nos vaisseaux étaient dispersés sur toutes les mers et tranquilles sur la foi des traités.

Ils n'étaient employés qu'à rendre nos colonies à la France et au bonheur. Aucun armement dans nos ports, rien de menaçant sur nos frontières.

Et c'est là le moment que choisit le gouvernement britannique pour alarmer sa nation, pour couvrir la Manche de vaisseaux, pour insulter notre commerce par des visites injurieuses, nos côtes et nos ports, les côtes et les ports de nos alliés par la présence de forces menaçantes.

Si au 17 ventose de l'an 11 (8 mars 1803) il existait aucun armement imposant dans les ports de France et de Hollande, s'il s'y exécutait un seul mouvement auquel la défiance la plus ombrageuse pût donner une interprétation sinistre, nous sommes les agresseurs; le message du roi d'Angleterre et son attitude hostile ont été commandés par une légitime prévoyance, et le peuple anglais a pu croire que nous menacions *son indépendance*, sa religion, sa constitution.

Mais si les assertions du message étaient fausses, si elles étaient démenties par la conscience de l'Europe, comme par la conscience du gouvernement britannique, ce gouvernement a trompé sa nation ; il l'a trompée pour la précipiter sans délibération dans une guerre dont en Angleterre les terribles effets commencent à se faire sentir et dont les résultats peuvent être si décisifs pour les destinées futures du peuple anglais.

Toutefois l'agresseur doit seul répondre des calamités qui pèsent sur l'humanité.

Malte, le motif de cette guerre, était au pouvoir des Anglais ; c'eût été à la France d'armer pour en assurer l'indépendance, et c'est la France qui attend en silence la justice de l'Angleterre, et c'est l'Angleterre qui commence la guerre et qui la commence sans la déclarer.

Dans la dispersion de nos vaisseaux, dans la sécurité de notre commerce, nos pertes devaient être immenses ; nous les avions prévues, et nous les eussions supportées sans découragement et sans faiblesse : heureusement elles ont été au-dessous de notre attente. Nos vaisseaux de guerre sont rentrés dans les ports de l'Europe ; un seul, qui depuis longtemps était condamné à n'être plus qu'un vaisseau de transport, est tombé au pouvoir de l'ennemi.

De 200 millions que les croiseurs anglais pouvaient ravir à notre commerce, plus des deux tiers ont été sauvés : nos corsaires ont vengé nos pertes par des prises importantes et les vengeront par de plus importantes encore.

Tabago, Sainte-Lucie étaient sans défense et n'ont

pu que se rendre aux premières forces qui s'y sont présentées ; mais nos grandes colonies nous restent, et les attaques que nos ennemis ont hasardées contre elles ont été vaines.

Le Hanovre est en notre pouvoir : vingt-cinq mille hommes des meilleures troupes ont posé les armes et sont restés prisonniers de guerre. Notre cavalerie s'est remontée aux dépens de la cavalerie ennemie, et une possession chère au roi d'Angleterre est, entre nos mains, le gage de la justice qu'il sera forcé de nous rendre.

Chaque jour le despotisme britannique ajoute à ses usurpations sur les mers. Dans la dernière guerre, il avait épouvanté les neutres en s'arrogeant, par une prétention inique et révoltante, le droit de *déclarer des côtes entières en état de blocus*. Dans cette guerre, il vient d'augmenter son code monstrueux du prétendu droit de *bloquer des rivières, des fleuves*.

Si le roi d'Angleterre a juré de continuer la guerre jusqu'à ce qu'il ait réduit la France à ces traités déshonorans que souscrivirent autrefois le malheur et la faiblesse, la guerre sera longue. La France a consenti dans Amiens à des conditions modérées ; elle n'en reconnaîtra jamais de moins favorables ; elle ne reconnaîtra surtout jamais dans le gouvernement britannique le droit de ne remplir de ses engagemens que ce qui convient aux calculs progressifs de son ambition, le droit d'exiger encore d'autres garanties après la garantie de la foi donnée. Eh ! si le traité d'Amiens n'est point exécuté, où seront pour un traité nouveau une foi plus sainte et des sermens plus sacrés !

La Louisiane est désormais associée à l'indépendance des États-Unis d'Amérique. Nous conservons là des amis que le souvenir d'une commune origine attachera toujours à nos intérêts et que des relations favorables de commerce uniront longtemps à notre prospérité.

Les États-Unis doivent à la France leur indépendance; ils nous devront désormais leur affermissement et leur grandeur.

L'Espagne reste neutre.

L'Helvétie est rassise sur ses fondemens, et sa constitution n'a subi que les changemens que la marche du temps et des opinions lui a commandés. La retraite de nos troupes atteste la sécurité intérieure et la fin de toutes ses divisions. Les anciennes capitulations ont été renouvelées, et la France a retrouvé ses premiers et ses plus fidèles alliés.

Le calme règne dans l'Italie; une division de l'armée de la république italienne traverse en ce moment la France pour aller camper avec les nôtres sur les côtes de l'Océan. Ces bataillons y trouveront partout des vestiges de la patience, de la bravoure et des grandes actions de leurs ancêtres.

L'empire ottoman, travaillé par les intrigues souterraines, aura, dans l'intérêt de la France, l'appui que d'anciennes liaisons, un traité récent et sa position géographique lui donnent droit de réclamer.

La tranquillité rendue au continent par le traité de Lunéville est assurée par les derniers actes de la diète de Ratisbonne. L'intérêt éclairé des grandes puissances, la fidélité du gouvernement à cultiver avec elles les relations de bienveillance et d'amitié, la justice, l'énergie de la nation et les forces de la république en répondent.

Le premier consul, BONAPARTE.

IV.

AU SÉNAT[1].

1er vendémiaire an 14 (23 septembre 1805).

Sénateurs,

Dans les circonstances présentes de l'Europe, j'éprouve le besoin de me trouver au milieu de vous et de vous faire connaître mes sentimens.

Je vais quitter ma capitale pour me mettre à la tête de l'armée, porter un prompt secours à mes alliés et défendre les intérêts les plus chers de mes peuples.

Les vœux des éternels ennemis du continent sont accomplis : la guerre a commencé au milieu de l'Allemagne. L'Autriche et la Russie se sont réunies à l'Angleterre, et notre génération est entraînée de nouveau dans toutes les calamités de la guerre. Il y a peu de jours, j'espérais encore que la paix ne serait point troublée ; mais l'armée autrichienne a passé l'Inn. Les menaces et les outrages m'avaient trouvé impassible ; Munich est envahie, l'électeur de Bavière est chassé de sa capitale : toutes mes espérances se sont évanouies.

C'est dans cet instant que s'est dévoilée la méchanceté des ennemis du continent. Ils craignaient encore la manifestation de mon violent amour pour la paix ; ils craignaient que l'Autriche, à l'aspect du gouffre qu'ils avaient creusé sous ses pas, ne revînt à des sentimens de justice et de modération ; ils l'ont précipitée dans la guerre. Je gémis du sang qu'il va en coûter à l'Europe ; mais le nom français en obtiendra un nouveau lustre.

[1] L'empereur prononça ce discours au moment de son départ pour l'armée lors de l'invasion de la Bavière par l'empereur d'Autriche.

Sénateurs, quand à votre aveu, à la voix du peuple français tout entier, j'ai placé sur ma tête la couronne impériale, j'ai reçu de vous, de tous les citoyens, l'engagement de la maintenir pure et sans tache. Mon peuple m'a donné dans toutes les circonstances des preuves de sa confiance et de son amour. Il volera sous les drapeaux de son empereur et de son armée, qui dans peu de jours auront dépassé les frontières.

Magistrats, soldats, citoyens, tous veulent maintenir la patrie hors de l'influence de l'Angleterre, qui, si elle prévalait, ne nous accorderait qu'une paix environnée d'ignominie et de honte, et dont les principales conditions seraient l'incendie de nos flottes, le comblement de nos ports et l'anéantissement de notre industrie.

Toutes les promesses que j'ai faites au peuple français, je les ai tenues. Le peuple français, à son tour, n'a pris aucun engagement avec moi qu'il n'ait surpassé. Dans cette circonstance si importante pour sa gloire et la mienne, il continuera de mériter ce nom de grand peuple, dont je le saluai au milieu des champs de bataille.

Français, votre empereur fera son devoir, mes soldats feront le leur ; vous ferez le vôtre.

————

V.

A L'OUVERTURE DU CORPS LÉGISLATIF.

16 août 1807.

Messieurs les députés des départemens au corps législatif, messieurs les tribuns et les membres de mon conseil d'État ;

Depuis votre dernière session, de nouvelles guerres, de nouveaux triomphes, de nouveaux traités de paix ont changé la face de l'Europe politique.

Si la maison de Brandebourg, qui la première se conjura contre notre indépendance, règne encore, elle le doit à la sincère amitié que m'a inspirée le puissant empereur du Nord.

Un prince français régnera sur l'Elbe : il saura concilier les intérêts de ses nouveaux sujets avec ses premiers et ses plus sacrés devoirs.

La maison de Saxe a recouvré, après cinquante ans, l'indépendance qu'elle avait perdue.

Les peuples du duché de Varsovie, de la ville de Dantzick, ont recouvré leur patrie et leurs droits.

Toutes les nations se réjouissent d'un commun accord de voir l'influence malfaisante que l'Angleterre exerçait sur le continent détruite sans retour.

La France est unie aux peuples de l'Allemagne par les lois de la confédération du Rhin, à ceux des Espagnes, de la Hollande, de la Suisse et des Italies, par les lois de notre système fédératif. Nos nouveaux rapports avec la Russie sont cimentés par l'estime réciproque de ces deux grandes nations.

Dans tout ce que j'ai fait, j'ai eu uniquement en vue le bonheur de mes peuples, plus cher à mes yeux que ma propre gloire.

Je désire la paix maritime. Aucun ressentiment n'influera jamais sur mes déterminations : je n'en saurais avoir contre une nation jouet et victime des partis qui la déchirent et trompée sur la situation de ses affaires comme sur celle de ses voisins.

Mais quelle que soit l'issue que les décrets de la Providence aient assignée à la guerre maritime, mes ouples me trouveront toujours le même, et je trouverai toujours mes peuples dignes de moi.

Français, votre conduite dans ces derniers temps, à votre empereur était éloigné de plus de cinq cents lieues, a augmenté mon estime et l'opinion que j'avais conçue de votre caractère. Je me suis senti fier d'être le premier parmi vous. — Si, pendant ces dix mois d'absence et de périls, j'ai été présent à votre pensée, les marques d'amour que vous m'avez données ont excité constamment mes plus vives émotions. Toutes mes sollicitudes,. tout ce qui pouvait avoir rapport même à la conservation de ma personne, ne me touchaient que par l'intérêt que vous y portiez et par l'importance dont elles pouvaient être pour vos futures destinées. *Vous êtes un bon et un grand peuple.*

J'ai médité différentes dispositions pour simplifier et perfectionner nos institutions.

La nation a éprouvé les plus heureux effets de l'établissement de la Légion d'honneur. J'ai créé différens titres impériaux pour donner un nouvel éclat aux principaux de mes sujets, pour honorer d'éclatans services par d'éclatantes récompenses et aussi pour empêcher le retour de tout titre féodal, incompatible avec nos institutions.

Les comptes de mes ministres des finances et du trésor public vous feront connaître l'état prospère de nos finances. Mes peuples éprouveront une considérable décharge sur la contribution foncière.

Mon ministre de l'intérieur vous fera connaître les travaux qui ont été commencés ou finis ; mais ce qui reste à faire est bien plus important encore, car je veux que dans toutes les parties de mon empire, même dans le plus petit hameau, l'aisance des ci-

toyens et la valeur des terres se trouvent augmentées
par l'effet du système général d'amélioration que j'ai
conçu.

Messieurs les députés des départemens au corps
législatif, votre assistance me sera nécessaire pour
arriver à ce grand résultat, et j'ai le droit d'y compter
constamment.

———

VI.

A L'OUVERTURE DU CORPS LÉGISLATIF.

25 octobre 1808.

Messieurs les députés des départemens au corps
législatif,

Les codes qui fixent les principes de la propriété
et de la liberté civile, qui sont l'objet de vos travaux,
obtiennent l'opinion de l'Europe. Mes peuples en
éprouvent déjà les plus salutaires effets.

Les dernières lois ont posé les bases de notre système de finances. C'est un monument de la puissance
et de la grandeur de la France. Nous pourrons désormais subvenir aux dépenses que nécessiterait
même une coalition générale de l'Europe par nos
seules recettes annuelles; nous ne serons jamais contraints d'avoir recours aux mesures désastreuses du
papier-monnaie, des emprunts et des arriérés.

J'ai fait cette année plus de mille lieues dans l'intérieur de mon empire. Le système de travaux que
j'ai arrêté pour l'amélioration du territoire se poursuit avec activité.

La vue de cette grande famille française, naguère

échirée par les opinions et les haines intestines, au-
urd'hui prospère, tranquille et unie, a sensible-
ent ému mon âme. J'ai senti que pour être heureux
me fallait d'abord l'assurance que la France fût
eureuse.

Le traité de paix de Presbourg, celui de Tilsitt,
'attaque de Copenhague, l'attentat de l'Angleterre
ontre toutes les nations maritimes, les différentes ré-
olutions de Constantinople, les affaires de Portugal
et d'Espagne ont diversement influé sur les affaires du
monde.

La Russie et le Danemarck se sont unis à moi
contre l'Angleterre.

Les États-Unis d'Amérique ont préféré renoncer
au commerce et à la mer plutôt que d'en reconnaître
l'esclavage.

Une partie de mon armée marche contre celles que
l'Angleterre a formées ou débarquées dans les Espagnes. C'est un bienfait particulier de cette Providence qui a constamment protégé nos armes, que
les passions aient assez aveuglé les conseils anglais
pour qu'ils renoncent à la protection des mers et présentent enfin leur armée sur le continent.

Je pars dans peu de jours pour me mettre moi-
même à la tête de mon armée et, avec l'aide de Dieu,
couronner dans Madrid le roi d'Espagne et planter
mes aigles sur les forts de Lisbonne.

Je ne puis que me louer des sentimens des princes
de la confédération du Rhin.

La Suisse sent tous les jours davantage les bienfaits de l'acte de médiation.

Les peuples d'Italie ne me donnent que des sujets
de contentement.

L'empereur de Russie et moi nous nous sommes

vus à Erfurt. Notre première pensée a été une pensée de paix. Nous avons résolu de faire quelques sacrifices pour faire jouir plus tôt, s'il se peut, les cent millions d'hommes que nous représentons de tous les bienfaits du commerce maritime. Nous sommes d'accord et invariablement unis pour la paix comme pour la guerre.

Messieurs les députés des départemens au corps législatif, j'ai ordonné à mes ministres des finances et du trésor public de mettre sous vos yeux les comptes des recettes et des dépenses de cette année. Vous y verrez avec satisfaction que je n'ai besoin de hausser le tarif d'aucune imposition. Mes peuples n'éprouveront aucune nouvelle charge.

Les orateurs de mon conseil d'État vous présenteront différens projets de lois, et entre autres tous ceux relatifs au Code criminel.

Je compte constamment sur toute votre assistance.

VII.

A L'OUVERTURE DU CORPS LÉGISLATIF.

3 décembre 1809.

Messieurs les députés des départemens au corps législatif, depuis votre dernière session j'ai soumis l'Aragon et la Castille, et chassé de Madrid le gouvernement fallacieux formé par l'Angleterre.

Je marchais sur Cadix et Lisbonne, lorsque j'ai dû revenir sur mes pas et planter mes aigles sur les remparts de Vienne. Trois mois ont vu naître et ter-

miner cette quatrième guerre punique. Accoutumé
au dévouement et au courage de mes armées, je ne
puis cependant dans cette circonstance ne pas reconnaître les preuves particulières d'amour que
m'ont données mes soldats d'Allemagne.

Le génie de la France a conduit l'armée anglaise ;
elle a terminé ses destins dans les marais pestilentiels
de Walcheren. Dans cette importante circonstance,
je suis resté éloigné de quatre cents lieues, certain de
la nouvelle gloire qu'allaient acquérir mes peuples
et du grand caractère qu'ils allaient déployer. Mes
espérances n'ont pas été trompées. Je dois des remercîmens en particulier aux citoyens des départemens du Pas-de-Calais et du Nord..... Français ! tout
ce qui voudra s'opposer à vous sera vaincu et soumis. Votre grandeur s'accroîtra de toute la haine
de vos ennemis. Vous avez devant vous de longues
années de gloire et de prospérité à parcourir. Vous
avez la force et l'énergie de l'Hercule des anciens.

J'ai réuni la Toscane à l'empire. Ces peuples en
sont dignes par la douceur de leur caractère, par
l'attachement que nous ont toujours montré leurs ancêtres et par les services qu'ils ont rendus à la civilisation européenne.

L'histoire m'a indiqué la conduite que je devais
tenir envers Rome. Les papes, devenus souverains
d'une partie de l'Italie, se sont constamment montrés
les ennemis de toute puissance prépondérante dans
la Péninsule. Ils ont employé leur influence spirituelle
pour lui nuire. Il m'a donc été démontré que l'influence spirituelle exercée dans mes États par un
souverain étranger était contraire à l'indépendance
de la France, à la dignité et à la sûreté de mon trône.
Cependant, comme je connais la nécessité de l'in-

fluence spirituelle des descendans du premier des pasteurs, je n'ai pu concilier ces grands intérêts qu'en annulant la donation des empereurs français, mes prédécesseurs, et en réunissant les États romains à la France.

Par le traité de Vienne, tous les rois et souverains mes alliés, qui m'ont donné tant de témoignages de la constance de leur amitié, ont acquis et acquerront un nouvel accroissement de territoire.

Les provinces Illyriennes portent sur la Save les frontières de mon grand empire. Contigu avec l'empire de Constantinople, je me trouverai en situation naturelle de surveiller les premiers intérêts de mon commerce dans la Méditerranée, l'Adriatique et le Levant. Je protégerai la Porte, si la Porte s'arrache à la funeste influence de l'Angleterre ; je saurai la punir si elle se laisse dominer par des conseils astucieux et perfides.

J'ai voulu donner une nouvelle preuve de mon estime à la nation suisse, en joignant à mes titres celui de son médiateur, et mettre un terme à toutes les inquiétudes que l'on cherche à répandre parmi cette brave nation.

La Hollande, placée entre l'Angleterre et la France, en est également froissée. Cependant elle est le débouché des principales artères de mon empire. Des changemens deviendront nécessaires ; la sûreté de mes frontières et l'intérêt bien entendu des deux pays l'exigent impérieusement.

La Suède a perdu, par son alliance avec l'Angleterre, après une guerre désastreuse, la plus belle et la plus importante de ses provinces. Heureuse cette nation, si le prince sage qui la gouverne aujourd'hui eût pu monter sur le trône quelques années plus tôt!

Cet exemple prouve de nouveau aux rois que l'alliance de l'Angleterre est le présage le plus certain de leur ruine.

Mon allié et ami l'empereur de Russie a réuni à son vaste empire la Finlande, la Moldavie, la Valachie et un district de la Gallicie. Je ne suis jaloux de rien de ce qui peut arriver de bien à cet empire. Mes sentimens pour son illustre souverain sont d'accord avec ma politique.

Lorsque je me montrerai au delà des Pyrénées, le léopard épouvanté cherchera l'Océan pour éviter la honte, la défaite et la mort. Le triomphe de mes armes sera le triomphe du génie du bien sur celui du mal, de la modération, de l'ordre, de la morale, sur la guerre civile, l'anarchie et les passions malfaisantes. Mon amitié et ma protection rendront, je l'espère, la tranquillité et le bonheur aux peuples des Espagnes.

Messieurs les députés des départemens au corps législatif, j'ai chargé mon ministre de l'intérieur de vous faire connaître l'historique de la législation, de l'administration et des finances dans l'année qui vient de s'écouler. Vous y verrez que toutes les pensées que j'ai conçues pour l'amélioration de mes peuples se sont suivies avec la plus grande activité; que dans Paris, comme dans les parties les plus éloignées de mon empire, la guerre n'a apporté aucun retard dans les travaux. Les membres de mon conseil d'État vous présenteront différens projets de lois, spécialement la loi sur les finances; vous y verrez leur état prospère. Je ne demande à mes peuples aucun nouveau sacrifice, quoique les circonstances m'aient obligé à doubler mon état militaire.

VIII.

A L'OUVERTURE DU CORPS LÉGISLATIF.

17 juin 1811.

Messieurs les députés des départemens au corps
législatif,

La paix conclue avec l'empire d'Autriche a été
depuis cimentée par l'heureuse alliance que j'ai con-
tractée. La naissance du roi de Rome a rempli mes
vœux et satisfait à l'avenir de mes peuples.

Les affaires de la religion ont été trop souvent
mêlées et sacrifiées aux intérêts d'un État du troisième ordre. Si la moitié de l'Europe s'est séparée de
l'église de Rome, on peut l'attribuer spécialement à
la contradiction qui n'a cessé d'exister entre les vérités et les principes de la religion, qui sont pour
tout l'univers, et des prétentions et des intérêts qui
ne regardaient qu'un très-petit coin de l'Italie. J'ai
mis fin à ce scandale pour toujours. J'ai réuni Rome
à l'empire. J'ai accordé des palais aux papes à Rome
et à Paris : s'ils ont à cœur les intérêts de la religion,
ils voudront séjourner souvent au centre des affaires
de la chrétienté ; c'est ainsi que saint Pierre préféra
Rome au séjour même de la Terre-Sainte.

La Hollande a été réunie à l'empire ; elle n'en est
qu'une émanation. Sans elle, l'empire ne serait pas
complet.

Les principes adoptés par le gouvernement anglais, de ne reconnaître la neutralité d'aucun pavillon, m'ont obligé de m'assurer des débouchés de
l'Ems, du Weser et de l'Elbe, et m'ont rendu indispensable une communication intérieure avec la Bal-

tique. Ce n'est pas mon territoire que j'ai voulu accroître, mais bien mes moyens maritimes.

L'Amérique a fait des efforts pour faire reconnaître
la liberté de son pavillon. Je la seconderai.

Je n'ai qu'à me louer des souverains de la confédération du Rhin.

La réunion du Valais avait été prévue dès l'acte
de médiation et considérée comme nécessaire pour
concilier les intérêts de la Suisse avec les intérêts de
la France et de l'Italie.

Les Anglais mettent en jeu toutes les passions.
Tantôt ils supposent à la France tous les projets qui
peuvent alarmer les autres puissances, projets qu'elle
aurait pu mettre à exécution s'ils étaient entrés dans
sa politique; tantôt ils font un appel à l'amour-
propre des nations pour exciter leur jalousie; ils sai-
sissent toutes les circonstances que font naître les
événemens inattendus des temps où nous nous trouvons : c'est la guerre dans toutes les parties du continent qui peut seule assurer leur prospérité. Je ne
veux rien qui ne soit dans les traités que j'ai conclus.
Je ne sacrifierai jamais le sang de mes peuples pour
des intérêts qui ne sont pas immédiatement ceux de
mon empire. Je me flatte que la paix du continent ne
sera pas troublée.

Le roi d'Espagne est venu assister à cette dernière
solennité. Je lui ai accordé tout ce qui était nécessaire
et propre à réunir les intérêts et l'esprit des différens
peuples de ses provinces. Depuis 1809, la plupart
des places fortes d'Espagne ont été prises après des
siéges mémorables. Les insurgés ont été battus dans
un grand nombre de batailles rangées. L'Angleterre
a compris que cette guerre tournait à sa fin et que
les intrigues et l'or n'étaient plus suffisans désormais

pour la nourrir. Elle s'est trouvée contrainte à en changer la nature ; et d'auxiliaire, elle est devenue une partie principale. Tout ce qu'elle a de troupes de ligne a été envoyé dans la Péninsule : l'Angleterre, l'Écosse, l'Irlande sont dégarnies. Le sang anglais a enfin coulé à grands flots dans plusieurs actions glorieuses pour les armes françaises..... Cette lutte contre Carthage, qui paraissait devoir se décider sur les champs de bataille de l'Océan ou au delà des mers, le sera donc désormais dans les plaines des Espagnes ! Lorsque l'Angleterre sera épuisée, qu'elle aura enfin ressenti les maux qu'avec tant de cruauté elle verse depuis vingt ans sur le continent, que la moitié de ses familles sera couverte du voile funèbre, un coup de tonnerre mettra fin aux affaires de la Péninsule, aux destins de ses armées, et vengera l'Europe et l'Asie en terminant cette seconde guerre punique.

Messieurs les députés des départemens au corps égislatif,

J'ordonne à mon ministre de mettre sous vos yeux les comptes de 1809 et 1810. C'est l'objet pour lequel je vous ai réunis. Vous y verrez la situation prospère de mes finances. Quoique j'aie mis, il y a trois mois, cent millions d'extraordinaire à la disposition de mon ministre de la guerre, pour subvenir aux dépenses des nouveaux armemens qui alors paraissaient nécessaires, je me trouve dans l'heureuse situation de n'avoir à imposer aucune nouvelle surcharge à mes peuples. Je ne hausserai aucun tarif ; je n'ai besoin d'aucun accroissement dans les impositions.

IX.

A L'OUVERTURE EXTRAORDINAIRE DU CORPS LÉGISLATIF.

19 décembre 1813.

Sénateurs, conseillers d'État, députés des départemens au corps législatif,

D'éclatantes victoires ont illustré les armes françaises dans cette campagne. Des défections sans exemple ont rendu ces victoires inutiles. Tout a tourné contre nous. La France même serait en danger sans l'énergie et l'union des Français.

Dans ces grandes circonstances, ma première pensée a été de vous appeler près de moi. Mon cœur a besoin de la présence et de l'affection de mes sujets.

Je n'ai jamais été séduit par la prospérité, l'adversité me trouverait au-dessus de ses atteintes.

J'ai plusieurs fois donné la paix aux nations lorsqu'elles avaient tout perdu. D'une part de mes conquêtes j'ai élevé des trônes pour des rois qui m'ont abandonné.

J'avais conçu et exécuté de grands desseins pour la prospérité et le bonheur du monde !..... Monarque et père, je sens que la paix ajoute à la sécurité des trônes et à celle des familles. Des négociations ont été entamées avec les puissances coalisées. J'ai adhéré aux bases préliminaires qu'elles ont présentées. J'avais donc l'espoir qu'avant l'ouverture de cette session le congrès de Manheim serait réuni ; mais de nouveaux retards, qui ne sont pas attribués à la France, ont différé ce moment, que presse le vœu du monde.

12.

J'ai ordonné qu'on vous communiquât toutes les pièces originales qui se trouvent au portefeuille de mon département des affaires étrangères. Vous en prendrez connaissance par l'intermédiaire d'une commission. Les orateurs de mon conseil vous feront connaître ma volonté sur cet objet.

Rien ne s'oppose de ma part au rétablissement de la paix. Je connais et je partage tous les sentimens des Français ; je dis Français parce qu'il n'en est aucun qui désirât la paix au prix de l'honneur.

C'est à regret que je demande à ce peuple généreux de nouveaux sacrifices ; mais ils sont commandés par ses plus nobles et ses plus chers intérêts. J'ai dû renforcer mes armées par de nombreuses levées : les nations ne traitent avec sécurité qu'en déployant toutes leurs forces. Un accroissement dans les recettes devient indispensable. Ce que mon ministre des finances vous proposera est conforme au système de finances que j'ai établi. Nous ferons face à tout sans emprunt, qui consomme l'avenir, et sans papier-monnaie, qui est le plus grand ennemi de l'ordre social.

Je suis satisfait des sentimens que m'ont montrés dans cette circonstances mes peuples d'Italie.

Le Danemarck et Naples sont seuls restés fidèles à mon alliance.

La république des États-Unis d'Amérique continue avec succès sa guerre contre l'Angleterre.

J'ai reconnu la neutralité des dix-neuf cantons suisses.

Sénateurs, conseillers d'État, députés des départemens au corps législatif,

Vous êtes les organes naturels de ce trône : c'est à vous de donner l'exemple d'une énergie qui recom-

mande notre génération aux générations futures ;
qu'elles ne disent pas de nous : « Ils ont sacrifié les
premiers intérêts du pays ! ils ont reconnu les lois
que l'Angleterre a cherché en vain, pendant quatre
siècles, à imposer à la France ! »

Mes peuples ne peuvent pas craindre que la politique de leur empereur trahisse jamais la gloire
nationale. De mon côté, j'ai la confiance que les
Français seront constamment dignes d'eux et de moi.

X.

[AU CHAMP-DE-MAI.

1er juin 1815.

Messieurs les électeurs des collèges de département
et d'arrondissement,

Messieurs les députés de l'armée de terre et de mer
au Champ-de-Mai,

Empereur, consul, soldat, je tiens tout du peuple.
Dans la prospérité, dans l'adversité, sur le champ de
bataille, au conseil, sur le trône, dans l'exil, la
France a été l'objet unique et constant de mes pensées
et de mes actions.

Comme ce roi d'Athènes, je me suis sacrifié pour
mon peuple dans l'espoir de voir se réaliser la pro-
messe donnée de conserver à la France son intégrité
naturelle, ses honneurs et ses droits.

L'indignation de voir ces droits sacrés, acquis par
vingt-cinq années de victoires, méconnus et perdus
à jamais, le cri de l'honneur français flétri, les vœux
de la nation m'ont ramené sur ce trône, qui m'est

cher parce qu'il est le *palladium* de l'indépendance, de l'honneur et des droits du peuple.

Français, en traversant au milieu de l'allégresse publique les diverses provinces de l'empire pour arriver dans ma capitale, j'ai dû compter sur une longue paix ; les nations sont liées par les traités conclus par leurs gouvernemens, quels qu'ils soient.

Ma pensée se portait alors tout entière sur les moyens de fonder notre liberté par une constitution conforme à la volonté et à l'intérêt du peuple. J'ai convoqué le Champ-de-Mai.

Je ne tardai pas à apprendre que les princes qui ont méconnu tous les principes, froissé l'opinion et les plus chers intérêts de tant de peuples, veulent nous faire la guerre. Ils méditent d'accroître le royaume des Pays-Bas, de lui donner pour barrières toutes nos places frontières du nord et de concilier les différens qui les divisent encore en se partageant la Lorraine et l'Alsace.

Il a fallu se préparer à la guerre.

Cependant, devant courir personnellement les hasards des combats, ma première sollicitude a dû être de constituer sans retard la nation. Le peuple a accepté l'acte que je lui ai présenté.

Français, lorsque nous aurons repoussé ces injustes agressions et que l'Europe sera convaincue de ce qu'on doit aux droits et à l'indépendance de vingt-huit millions de Français, une loi solennelle, faite dans les formes voulues par l'acte constitutionnel, réunira les différentes dispositions de nos constitutions aujourd'hui éparses.

Français, vous allez retourner dans vos départemens. Dites aux citoyens que les circonstances sont grandes !!! qu'avec de l'union, de l'énergie et de la persévérance, nous sortirons victorieux de cette lutte d'un grand peuple contre ses oppresseurs; que les générations à venir scruteront sévèrement notre conduite; qu'une nation a tout perdu quand elle a perdu l'indépendance. Dites-leur que les rois étrangers que j'ai élevés sur le trône, ou qui me doivent la conservation de leur couronne, qui tous, au temps de ma prospérité, ont brigué mon alliance et la protection du peuple français, dirigent aujourd'hui tous leurs coups contre ma personne. Si je ne voyais que c'est à la patrie qu'ils en veulent, je mettrais à leur merci cette existence contre laquelle ils se montrent si acharnés. Mais dites aussi aux citoyens que tant que les Français me conserveront les sentimens d'amour dont ils me donnent tant de preuves, cette rage de nos ennemis sera impuissante.

Français, ma volonté est celle du peuple; mes droits sont les siens; mon honneur, ma gloire, mon bonheur, ne peuvent être autres que l'honneur, la gloire et le bonheur de la France.

———

XI.

A L'OUVERTURE DE LA CHAMBRE DES REPRÉSENTANS:

7 juin 1815.

Messieurs de la chambre des pairs et de la chambre des représentans, depuis trois mois les circonstances et la confiance du peuple m'ont investi d'un pouvoir illimité; et je viens aujourd'hui remplir le premier désir et le besoin le plus pressant de mon cœur en

ouvrant votre cession et en commençant ainsi la monarchie constitutionnelle.

Les hommes sont impuissans pour fixer les destinées des nations ; ce n'est que par des institutions
sages que leur prospérité peut être établie sur des
bases solides. La monarchie est nécessaire à la France
pour assurer sa liberté et son indépendance. Nos
constitutions sont encore éparses, et un de nos premiers soins sera de les réunir et d'en coordonner les
différentes parties en un seul corps de loi. Ce travail
recommandera l'époque actuelle à la postérité. J'am-
bitionne de voir la France jouir de toute la liberté
possible, je dis possible, parce que l'anarchie conduit les peuples au despotisme.

Une coalition formidable d'empereurs et de rois en
veut à notre indépendance ; la frégate *la Melpomène*
a été prise, après un combat sanglant, par un vaisseau anglais de 74 ; ainsi le sang a coulé pendant la
paix. Nos ennemis comptent sur nos dissensions intestines et cherchent à en profiter ; on communique
aujourd'hui avec Gand comme on communiquait en
1789 avec Coblentz.

Des mesures législatives seront nécessaires pour
réprimer ces complots ; je confie à vos lumières et à
votre patriotisme les destinées de la France et la sûreté de ma personne. La liberté de la presse est inhé-
rente à nos institutions ; on n'y peut rien changer
sans porter atteinte à la liberté civile ; mais des lois
sages seront nécessaires pour en prévenir les abus :
je recommande à votre attention cet objet important.

Mes ministres vous feront connaître successivement la situation de nos affaires. Nos finances offriraient de plus grandes ressources sans les sacrifices
indispensables qu'ont exigés les circonstances, et si

les sommes portées dans le budget rentraient aux
époques déterminées. Il est possible que le premier
devoir des princes m'appelle à la tête des enfans de
la patrie. L'armée et moi nous ferons notre devoir.
Vous, pairs, et vous, représentans, secondez nos
efforts en entretenant la confiance par votre attachement au prince et à la patrie, et la cause sainte du
peuple triomphera.

XII.

FRAGMENS D'UN DISCOURS

PRONONCÉ DANS UNE SÉANCE DU CONSEIL D'ÉTAT TENUE
A L'ÉLYSÉE.

20 juin 1815.

..... Je n'ai plus d'armée; je n'ai plus que des
fuyards. Je retrouverai des hommes, mais comment
les armer? Je n'ai plus de fusils. Cependant avec de
l'union, tout pourrait se réparer. J'espère que les
députés me seconderont, qu'ils sentiront la responsabilité qui va peser sur eux; vous avez mal jugé, je
crois, de leur esprit; la majorité est bonne, est française. Je n'ai contre moi que Lafayette, Lanjuinais,
Flaugergues et quelques autres. Ils ne veulent pas de
moi, je le sais; je les gêne. Ils voudraient travailler
pour eux... Je ne les laisserai pas faire. Ma présence
ici les contiendra.....

... Nos malheurs sont grands. Je suis venu pour
les réparer, pour imprimer à la nation, à l'armée,
un grand et noble mouvement. Si la nation se lève,
l'ennemi sera écrasé; si, au lieu de levées, de mesures

extraordinaires, on dispute, tout est perdu. L'ennemi est en France. J'ai besoin, pour sauver la patrie, d'un grand pouvoir, d'une dictature temporaire. Dans l'intérêt de la nation, je pourrais me saisir de ce pouvoir, mais il serait utile et plus national qu'il me fût donné par les chambres.....

..... La présence de l'ennemi sur le sol national rendra, je l'espère, aux députés le sentiment de leurs devoirs. La nation ne les a pas envoyés pour me renverser, mais pour me soutenir. Je ne les crains point. Quelque chose qu'ils fassent, je serai toujours l'idole du peuple et de l'armée. Si je disais un mot, ils seraient tous assommés. Mais ne craignant rien pour moi, je crains tout pour la France. Si nous nous querellons entre nous au lieu de nous entendre, nous aurons le sort du Bas-Empire : tout sera perdu. Le patriotisme de la nation, son attachement à ma personne, nous offrent encore d'immenses ressources : notre cause n'est point désespérée.....

PROCLAMATIONS.

I.

AU PEUPLE FRANÇAIS.

Paris, 18 brumaire an 8, à onze heures
du soir (10 novembre 1799).

À mon retour à Paris, j'ai trouvé la division dans toutes les autorités et l'accord établi sur cette seule vérité, que la constitution était à moitié détruite et ne pouvait sauver la liberté.

Tous les partis sont venus à moi, tous m'ont confié leurs desseins, dévoilé leurs secrets et ont demandé mon appui; j'ai refusé d'être l'homme d'un parti.

Le conseil des Anciens m'a appelé; j'ai répondu à son appel. Un plan de restauration générale avait été concerté par des hommes en qui la nation est accoutumée à voir des défenseurs de la liberté, de l'égalité, de la propriété. Ce plan demandait un examen calme, libre, exempt de toute influence et de toute crainte. En conséquence, le conseil des Anciens a résolu la translation du corps législatif à Saint-Cloud; il m'a chargé de la disposition de la force nécessaire à son indépendance. J'ai cru devoir à mes concitoyens, aux soldats périssant dans nos armées, à la gloire na-

13

tionale acquise au prix de leur sang, d'accepter le commandement.

Les conseils se rassemblent à Saint-Cloud, les troupes républicaines garantissent la sûreté au dehors; mais des assassins établissent la terreur au dedans; plusieurs députés du conseil des Cinq-Cents, armés de stylets et d'armes à feu, font circuler autour d'eux des menaces de mort.

Les plans qui devaient être développés sont res-serrés, la majorité désorganisée, les orateurs les plus intrépides déconcertés, et l'inutilité de toute proposition sage évidente.

Je porte mon indignation et ma douleur au conseil des Anciens, je lui demande d'assurer l'exécution de ses généreux desseins; je lui représente les maux de la patrie qui les lui ont fait concevoir; il s'unit à moi par de nouveaux témoignages de sa constante volonté.

Je me présente au conseil des Cinq-Cents, seul, sans armes, la tête découverte, tel que les Anciens m'avaient reçu et applaudi; je venais rappeler à la majorité ses volontés et l'assurer de son pouvoir.

Les stylets qui menaçaient les députés sont aussi-tôt levés sur leur libérateur; vingt assassins se préci-pitent sur moi et cherchent ma poitrine. Les gre-nadiers du corps législatif que j'avais laissés à la porte de la salle accourent et se mettent entre les assassins et moi. L'un de ces braves grenadiers (Thomé) est frappé d'un coup de stylet dont ses habits sont percés : ils m'enlèvent.

Au même moment les cris de *hors la loi!* se font entendre contre le défenseur de *la loi.* C'était le cri farouche des assassins contre la force destinée à les réprimer.

Ils se pressent autour du président, la menace à la

bouche ; les armes à la main , ils lui ordonnent de prononcer le *hors la loi*. L'on m'avertit, je donne ordre de l'arracher à leur fureur, et six grenadiers du corps législatif s'en emparent. Aussitôt après des grenadiers du corps législatif entrent au pas de charge dans la salle et la font évacuer.

Les factieux intimidés se dispersent et s'éloignent. La majorité, soustraite à leurs coups, rentre librement et paisiblement dans la salle de ses séances, entend les propositions qui devaient lui être faites pour le salut public , délibère et prépare la résolution salutaire qui doit devenir la loi nouvelle et provisoire de la république.

Français ! vous reconnaissez sans doute à cette conduite le zèle d'un soldat de la liberté, d'un citoyen dévoué à la république. Les idées conservatrices, tutélaires, libérales, sont rentrées dans leurs droits par la dispersion des factieux qui opprimaient les conseils, et qui, pour être devenus les plus odieux des hommes, n'ont pas cessé d'être les plus méprisables.

BONAPARTE.

II.

AUX FRANÇAIS.

Paris, le 17 ventose an 8 (8 mars 1800).

Français !

Vous désirez la paix ; votre gouvernement la désire avec plus d'ardeur encore. Ses premiers vœux, ses démarches constantes ont été pour elle. Le ministère anglais la repousse ; le ministère anglais a trahi le secret de son horrible politique. Déchirer la

France, détruire sa marine et ses ports, l'effacer du tableau de l'Europe, ou l'abaisser au rang des puissances secondaires, tenir toutes les nations du continent divisées, pour s'emparer du commerce de toutes et s'enrichir de leurs dépouilles; c'est pour obtenir ces affreux succès que l'Angleterre répand l'or, prodigue les promesses et multiplie les intrigues.

Mais ni l'or, ni les promesses, ni les intrigues de l'Angleterre n'enchaîneront à ses vues les puissances du continent. Elles ont entendu le vœu de la France; elles connaissent la modération des principes qui la dirigent; elles écouteront la voix de l'humanité et la voix puissante de leur intérêt.

S'il en était autrement, le gouvernement, qui n'a pas craint d'offrir et de solliciter la paix, se souviendra que c'est à vous de la commander. Pour la commander, il faut de l'argent, du fer et des soldats.

Que tous s'empressent de payer le tribut qu'ils doivent à la défense commune; que les jeunes citoyens marchent; ce n'est plus pour des factions, ce n'est plus pour le choix des tyrans qu'ils vont s'armer, c'est pour la garantie de ce qu'ils ont de plus cher; c'est pour l'honneur de la France; c'est pour les intérêts sacrés de l'humanité et de la liberté. Déjà les armées ont repris cette attitude, présage de la victoire; à leur aspect, à l'aspect de la nation entière réunie dans les mêmes intérêts et dans les mêmes vœux, n'en doutez point, Français, vous n'aurez plus d'ennemis sur le continent. Que si quelque puissance encore veut tenter le sort des combats, le premier consul a promis la paix; il ira la conquérir à la tête de ces guerriers qu'il a plus d'une fois conduits à la victoire. Avec eux il saura retrouver ces

champs encore pleins du souvenir de leurs exploits ;
mais au milieu des batailles, il invoquera la paix, et
il jure de ne combattre que pour le bonheur de la
France et le repos du monde.

Le premier consul, BONAPARTE.

———

III.

AUX FRANÇAIS.

PROCLAMATION [1].

Paris, le 21 messidor an 9 (10 juillet 1801).

Français,

Ce jour est destiné à célébrer cette époque d'espérance et de gloire où tombèrent des institutions barbares ; où vous cessâtes d'être divisés en deux peuples, l'un condamné aux humiliations, l'autre marqué
pour les distinctions et pour les grandeurs ; où vos
propriétés furent libres comme vos personnes ; où la
féodalité fut détruite, et avec elle ces nombreux abus
que des siècles avaient accumulés sur vos têtes.

Cette époque, vous la célébrâtes en 1790, dans
l'union des mêmes principes, des mêmes sentimens
et des mêmes vœux. Vous l'avez célébrée depuis,
tantôt au milieu des triomphes, tantôt sous le poids
des fers, quelquefois aux cris de la discorde et des
factions.

Vous la célébrez aujourd'hui sous de plus heureux
auspices. La discorde se tait, les factions sont com-
primées ; l'intérêt de la patrie règne sur tous les in-

---

[1] Elle fut lue le 25 messidor, pendant la solennité de la fête
destinée à célébrer l'anniversaire du 14 juillet.

térêts. Le gouvernement ne connaît d'ennemis que ceux qui le sont de la tranquillité du peuple. -

La paix continentale a été conclue par la modération. Votre puissance et l'intérêt de l'Europe en garantissent la durée.

Vos frères, vos enfans rentrent dans vos foyers, tous dévoués à la cause de la liberté, tous unis pour assurer le triomphe de la république.

Bientôt cessera le scandale des divisions religieuses.

Un code civil, mûri par la sage lenteur des discussions, protégera vos propriétés et vos droits.

Enfin une dure, mais utile expérience, vous garantit du retour des dissensions domestiques et sera longtemps la sauvegarde de votre prospérité.

Jouissez, Français, jouissez de votre position, de votre gloire et des espérances de l'avenir; soyez toujours fidèles à ces principes et à ces institutions qui ont fait vos succès et qui feront la grandeur et la félicité de vos enfans. Que de vaines inquiétudes ne troublent jamais vos spéculations ni vos travaux. Vos ennemis ne peuvent plus rien contre votre tranquillité.

Tous les peuples envient vos destinées.

Le premier consul, BONAPARTE.

IV.

AUX FRANÇAIS.

Paris, le 18 brumaire an 10 (9 novembre 1801).

Français!

Vous l'avez enfin tout entière, cette paix que

vous avez méritée par de si longs et de si généreux efforts [1] !

Le monde ne vous offre plus que des nations amies, et sur toutes les mers s'ouvrent pour vos vaisseaux des ports hospitaliers.

Fidèle à vos vœux et à ses promesses, le gouvernement n'a cédé ni à l'ambition des conquêtes ni à l'attrait des entreprises hardies et extraordinaires. Son devoir était de rendre le repos à l'humanité et de rapprocher par des liens solides et durables cette grande famille européenne dont la destinée est de faire les destinées de l'univers.

Sa première tâche est remplie; une autre commence pour vous et pour lui. A la gloire des combats faisons succéder une gloire plus douce pour les citoyens, moins redoutable pour nos voisins.

Perfectionnons, mais surtout apprenons aux générations naissantes à chérir nos institutions et nos lois. Qu'elles croissent pour l'égalité civile, pour la liberté publique, pour la prospérité nationale! Portons dans les ateliers de l'agriculture et des arts cette ardeur, cette constance, cette patience qui ont étonné l'Europe dans toutes nos circonstances difficiles. Unissons aux efforts du gouvernement les efforts des citoyens pour enrichir, pour féconder toutes les parties de notre vaste territoire.

Soyons le lien et l'exemple des peuples qui nous environnent. Que l'étranger qu'un intérêt de curiosité attirera parmi nous s'y arrête, attaché par le charme de nos mœurs, par le spectacle de notre union, de notre industrie et par l'attrait de nos jouissances;

[1] Les préliminaires de paix entre la France et l'Angleterre avaient été signés le 9 vendémiaire (1er octobre 1801).

qu'il s'en retourne dans sa patrie plus ami du nom français, plus instruit et meilleur.

S'il reste encore des hommes que tourmente le besoin de haïr leurs concitoyens ou qu'aigrisse le souvenir de leurs pertes, d'immenses contrées les attendent ; qu'ils osent aller y chercher des richesses et l'oubli de leurs infortunes et de leurs peines. Les regards de la patrie les y suivront ; elle secondera leur courage ; un jour, heureux de leurs travaux, ils reviendront dans son sein, dignes d'être citoyens d'un État libre et corrigés du délire des persécutions.

Français ! il y a deux ans, ce même jour vit terminer vos dissensions civiles, s'anéantir toutes les factions ! Dès lors vous pûtes concentrer votre énergie, embrasser tout ce qui est grand aux yeux de l'humanité, tout ce qui est utile aux intérêts de la patrie : partout le gouvernement fut votre guide et votre appui. Sa conduite sera constamment la même. Votre grandeur fait la sienne, et votre bonheur est la seule récompense à laquelle il aspire.

Le premier consul, BONAPARTE.

V.

AUX FRANÇAIS.

Paris, le 27 germinal an 10 (17 avril 1802).

Français,

Du sein d'une révolution inspirée par l'amour de la patrie, éclatèrent tout à coup au milieu de vous des dissensions religieuses qui devinrent le fléau de vos familles, l'aliment des factions et l'espoir de vos ennemis.

Une politique insensée tâcha de les étouffer sous les ruines de la religion même. A sa voix cessèrent les pieuses solennités où les citoyens s'appelaient du doux nom de frères et se reconnaissaient tous égaux sous la main du Dieu qui les avait créés ; le mourant, seul avec sa douleur, n'entendit plus cette voix consolante qui appelle les chrétiens à une meilleure vie, et Dieu même sembla exilé de la nature.

Mais la conscience publique, mais le sentiment de l'indépendance des opinions se soulevèrent, et bientôt égarés par les ennemis du dehors, leur explosion porta le ravage dans nos départemens ; des Français oublièrent qu'ils étaient Français et devinrent les instrumens d'une haine étrangère.

D'un autre côté, les passions déchaînées, la morale sans appui, le malheur sans espérance de l'avenir, tout se réunissait pour porter le désordre dans la société.

Pour arrêter ce désordre, il fallait rasseoir la religion sur sa base, et on ne pouvait le faire que par des mesures avouées par la religion même.

C'était au souverain pontife que l'exemple des siècles et la raison commandaient de recourir, pour rapprocher les opinions et réconcilier les cœurs.

Le chef de l'Église a pesé dans sa sagesse et dans l'intérêt de l'Église les propositions que l'intérêt de l'État avait dictées ; sa voix s'est fait entendre aux pasteurs : ce qu'il approuve, le gouvernement l'a consenti, et les législateurs en ont fait une loi de la république.

Ainsi disparaissent tous les élémens de discorde ; ainsi s'évanouissent tous les scrupules qui pouvaient

13.

alarmer les consciences et tous les obstacles que la malveillance pouvait opposer au retour de la paix intérieure.

Ministres d'une religion de paix, que l'oubli le plus profond couvre vos dissensions, vos malheurs et vos fautes ; que cette religion qui vous unit, vous attache tous par les mêmes nœuds, par des nœuds indissolubles, aux intérêts de la patrie.

Déployez pour elle tout ce que votre ministère vous donne de force et d'ascendant sur les esprits ; que vos leçons et vos exemples forment les jeunes citoyens à l'amour de nos institutions, au respect et à l'attachement pour les autorités tutélaires qui ont été créées pour les protéger ; qu'ils apprennent de vous que le Dieu de la paix est aussi le Dieu des armées et qu'il combat avec ceux qui défendent la liberté et l'indépendance de la France.

Citoyens qui professez les religions protestantes, la loi a également étendu sur vous sa sollicitude. Que cette morale si sainte, si pure, si fraternelle, les unisse tous dans le même amour pour la patrie, dans le même respect pour ses lois, dans la même affection pour tous les membres de la grande famille.

Que jamais des combats de doctrines n'altèrent ces sentimens que la religion inspire et commande.

Français, soyons tous unis pour le bonheur de la patrie ; et pour le bonheur de la patrie et pour le bonheur de l'humanité, que cette religion, qui a civilisé l'Europe, soit encore le lien qui en rapproche les habitans, et que les vertus qu'elle exige soient toujours associées aux hommes qui nous éclairent.

Le premier consul, BONAPARTE.

VI.

AUX FRANÇAIS.

Paris, le 21 messidor an 10 (10 juillet 1802).

Français,

Le 14 juillet commença, en 1789, les nouvelles destinées de la France. Après treize ans de travaux, le 14 juillet revient plus cher pour vous, plus auguste pour la postérité. Vous avez vaincu tous les obstacles, et vos destinées sont accomplies. Au dedans, plus de tête qui ne fléchisse sous l'empire de l'égalité; au dehors, plus d'ennemi qui menace votre sûreté et votre indépendance, plus de colonie française qui ne soit soumise aux lois, sans lesquelles il ne peut exister de colonies. Du sein de vos ports le commerce appelle votre industrie et vous offre les richesses de l'univers; dans l'intérieur, le génie de la république féconde tous les germes de la prospérité.

Français, que cette époque soit pour nous et pour nos enfans l'époque d'un bonheur durable; que cette paix s'embellisse par l'union des vertus, des lumières et des arts; que des institutions assorties à notre caractère environnent nos lois d'une impénétrable enceinte; qu'une jeunesse avide d'instruction aille dans nos lycées apprendre à connaître ses devoirs et ses droits; que l'histoire de nos malheurs la garantisse des erreurs passées et qu'elle conserve, au sein de la sagesse et de la concorde, cet édifice de grandeur qu'a élevé le courage des citoyens.

Tels sont le vœu et l'espoir du gouvernement français; secondez ses efforts, et la félicité de la France sera immortelle comme sa gloire.

Le premier consul, BONAPARTE.

VII.

AUX DIX-HUIT CANTONS DE LA RÉPUBLIQUE HELVÉTIQUE.

Saint-Cloud, le 8 vendémiaire an 11 (30 septembre 1802).

Habitans de l'Helvétie,

Vous offrez depuis deux ans un spectacle affligeant. Des factions opposées se sont successivement emparées du pouvoir ; elles ont signalé leur empire passager par un système de partialité qui accusait leur faiblesse et leur inhabileté.

Dans le courant de l'an 10, votre gouvernement a désiré que l'on retirât le petit nombre de troupes françaises qui étaient en Helvétie. Le gouvernement français a saisi volontiers cette occasion d'honorer votre indépendance ; mais bientôt après vos différens partis se sont agités avec une nouvelle fureur ; le sang des Suisses a coulé par la main des Suisses.

Vous vous êtes disputés trois ans sans vous entendre ; si l'on vous abandonne plus longtemps à vous-mêmes, vous vous tuerez trois ans sans vous entendre davantage. Votre histoire prouve d'ailleurs que vos guerres intestines n'ont jamais pu se terminer que par l'intervention efficace de la France.

Il est vrai que j'avais pris le parti de ne me mêler en rien de vos affaires ; j'avais vu constamment vos différens gouvernemens me demander des conseils et ne pas les suivre, et quelquefois abuser de mon nom, selon leurs intérêts et leurs passions.

Mais je ne puis ni ne dois rester insensible au malheur auquel vous êtes en proie ; je reviens sur ma résolution : je serai le médiateur de vos différends ;

mais ma médiation sera efficace, telle qu'il convient au grand peuple au nom duquel je parle.

Cinq jours après la notification de la présente proclamation, le sénat se réunira à Berne.

Toute magistrature qui se serait formée à Berne depuis la capitulation sera dissoute et cessera de se réunir et d'exercer aucune autorité.

Les préfets se rendront à leurs postes.

Toutes les autorités qui auraient été formées cesseront de se réunir.

Les rassemblemens armés se dissiperont.

Les première, deuxième demi-brigades helvétiques formeront la garnison de Berne.

Les troupes qui étaient sur pied depuis plus de six mois pourront seules rester en corps de troupes.

Enfin tous les individus licenciés des armées belligérantes, et qui sont aujourd'hui armés, déposeront leurs armes à la municipalité de la commune de leur naissance.

Le sénat enverra trois députés à Paris; chaque canton pourra également en envoyer.

Tous les citoyens qui depuis trois ans ont été landammans, sénateurs et ont successivement occupé des places dans l'autorité centrale, pourront se rendre à Paris pour faire connaître les moyens de ramener l'union et la tranquillité et de concilier tous les partis.

De mon côté, j'ai le droit d'attendre qu'aucune ville, aucune commune, aucun corps, ne voudra rien faire qui contrarie les dispositions que je vous fais connaître.

Habitans de l'Helvétie, revivez à l'espérance !

Votre patrie est sur le bord du précipice : elle en sera immédiatement tirée ; tous les hommes de bien seconderont ce généreux projet.

Mais si, ce que je ne puis penser, il était parmi vous un grand nombre d'individus qui eussent assez peu de vertus pour ne pas sacrifier leurs passions et leurs préjugés à l'amour de la patrie, peuple de l'Helvétie, vous seriez bien dégénéré de vos pères !

Il n'est aucun homme sensé qui ne voie que la médiation dont je me charge est pour l'Helvétie un bienfait de cette Providence qui, au milieu de tant de bouleversemens et de chocs, a toujours veillé à l'existence et à l'indépendance de votre nation, et que cette médiation est le seul moyen qui vous reste pour sauver l'une et l'autre.

Car il est temps enfin que vous songiez que si le patriotisme et l'union de vos ancêtres fondèrent votre république, le mauvais esprit de vos factions, s'il continue, la perdra infailliblement ; et il serait pénible de penser qu'à une époque où plusieurs nouvelles républiques se sont élevées, le destin eût marqué la fin d'une des plus anciennes. BONAPARTE,

premier consul de la république française,
président de la république italienne.

VIII.

AUX PEUPLES DE L'ESPAGNE.

Bayonne, le 25 mai 1808.

Espagnols,

Après une longue agonie, votre nation périssait ; j'ai vu vos maux : je vais y porter remède ; votre grandeur, votre puissance fait partie de la mienne.

Vos princes m'ont cédé tous leurs droits à la couronne des Espagnes. Je ne veux point régner sur vos provinces, mais je veux acquérir des titres éternels à l'amour et à la reconnaissance de votre postérité.

Votre monarchie est vieille : ma mission est de la rajeunir. J'améliorerai toutes vos institutions, et je vous ferai jouir, si vous me secondez, des bienfaits d'une réforme sans froissemens, sans désordre, sans convulsions.

Espagnols, j'ai fait convoquer une assemblée générale des députations des provinces et des villes. Je veux m'assurer par moi-même de vos désirs et de vos besoins.

Je déposerai alors tous mes droits, et je placerai votre glorieuse couronne sur la tête d'un autre moi-même, en vous garantissant une constitution qui concilie la sainte et salutaire autorité du souverain avec les libertés et les priviléges du peuple.

Espagnols, souvenez-vous de ce qu'ont été vos pères : voyez ce que vous êtes devenus. La faute n'en est pas à vous, mais à la mauvaise administration qui vous a régis. Soyez pleins d'espérance et de confiance dans les circonstances actuelles; car je veux que vos derniers neveux conservent mon souvenir et disent : « *Il est le régénérateur de notre patrie.* »

NAPOLÉON.

IX.

AUX ESPAGNOLS.

Au camp impérial de Madrid, 7 décembre 1808.

Vous avez été égarés par des hommes perfides; ils vous ont engagés dans une lutte insensée et vous ont

fait courir aux armes. Est-il quelqu'un parmi vous
qui, réfléchissant un moment sur tout ce qui s'est
passé, ne soit aussitôt convaincu que vous avez été le
jouet des perpétuels ennemis du continent qui se ré-
jouissaient en voyant répandre le sang espagnol et le
sang français ? Quel pouvait être le résultat du succès
même de quelques campagnes ? une guerre de terre sans
fin et une longue incertitude sur le sort de vos propriétés et de votre existence. Dans peu de mois vous avez
été livrés à toutes les angoisses des factions populaires. La défaite de vos armées a été l'affaire de quelques marches. Je suis entré dans Madrid ; les droits
de la guerre m'autorisaient à donner un grand exemple et à laver dans le sang des outrages faits à moi
et à ma nation : je n'ai écouté que la clémence. Quelques hommes auteurs de tous vos maux' seront seuls
frappés. Je chasserai bientôt de la Péninsule cette armée anglaise qui a été envoyée en Espagne non pour
vous secourir, mais pour vous inspirer une fausse
confiance et vous égarer.

Je vous avais dit dans ma proclamation du 2 juin
que je voulais être votre régénérateur. Aux droits
qui m'ont été cédés par les princes de la dernière
dynastie, vous avez voulu que j'ajoutasse le droit de
conquête. Cela ne changera rien à mes dispositions.
Je veux même louer ce qu'il peut y avoir eu de généreux dans vos efforts, je veux reconnaître que l'on
vous a caché vos vrais intérêts, que l'on vous a dis-
simulé le véritable état des choses. Espagnols, votre
destinée est entre vos mains. Rejetez les poisons que
les Anglais ont répandus parmi vous; que votre roi
soit certain de votre amour et de votre confiance, et
vous serez plus puissans, plus heureux que vous
n'avez jamais été. Tout ce qui s'opposait à votre pros-

périté et à votre grandeur, je l'ai détruit ; les entraves qui pesaient sur le peuple, je les ai brisées ; une constitution libérale vous donne, au lieu d'une monarchie absolue, une monarchie tempérée et constitutionnelle. Il dépend de vous que cette constitution soit encore votre loi.

Mais si tous mes efforts sont inutiles, et si vous ne répondez pas à ma confiance, il ne me restera qu'à vous traiter en provinces conquises et à placer mon frère sur un autre trône. Je mettrai alors la couronne d'Espagne sur ma tête, et je saurai la faire respecter des méchans, car Dieu m'a donné la force et la volonté nécessaires pour surmonter tous les obstacles.

NAPOLÉON.

―――

X.

ORDRE DU JOUR.

Fontainebleau, 4 avril 1814.

L'empereur remercie l'armée pour l'attachement qu'elle lui témoigne et principalement parce qu'elle reconnaît que la France est en lui et non pas dans le peuple de la capitale. Le soldat suit la fortune et l'infortune de son général, son honneur et sa religion. Le duc de Raguse n'a pas inspiré ces sentimens à ses compagnons d'armes ; il est passé aux alliés. L'empereur ne peut approuver la condition sous laquelle il a fait cette démarche ; il ne peut accepter la vie ni la liberté de la merci d'un sujet. Le sénat s'est permis de disposer du gouvernement français ; il a oublié qu'il doit à l'empereur le pouvoir dont il abuse maintenant ; que c'est lui qui a sauvé une partie de ses mem-

bres de l'orage de la révolution, tiré de l'obscurité et
protégé l'autre contre la haine de la nation. Le sénat
se fonde sur les articles de la constitution pour la
renverser; il ne rougit pas de faire des reproches à
l'empereur, sans remarquer que, comme le premier
corps de l'État, il a pris part à tous les événemens. Il
est allé si loin qu'il a osé accuser l'empereur d'avoir
changé des actes dans la publication; le monde entier sait qu'il n'avait pas besoin de tels artifices : un
signe était un ordre pour le sénat, qui toujours faisait
plus qu'on ne désirait de lui. L'empereur a toujours
été accessible aux sages remontrances de ses ministres, et il attendait d'eux dans cette circonstance
une justification la plus indéfinie des mesures qu'il
avait prises. Si l'enthousiasme s'est mêlé dans les
adresses et discours publics, alors l'empereur a été
trompé; mais ceux qui ont tenu ce langage doivent
s'attribuer à eux-mêmes la suite funeste de leurs
flatteries. Le sénat ne rougit pas de parler des libel-
les publiés contre les gouvernemens étrangers; il
oublie qu'ils furent rédigés dans son sein. Si longtemps que la fortune s'est montrée fidèle à leur souverain, ces hommes sont restés fidèles, et nulle
plainte n'a été entendue sur les abus du pouvoir. Si
l'empereur avait méprisé les hommes, comme on le
lui a reproché, alors le monde reconnaîtrait aujour-
d'hui qu'il a eu des raisons qui motivaient son mépris. Il tenait sa dignité de Dieu et de la nation;
eux seuls pouvaient l'en priver : il l'a toujours considérée comme un fardeau, et lorsqu'il l'accepta,
c'était dans la conviction que lui seul était à même
de la porter dignement. Son bonheur paraissait être
sa destination : aujourd'hui que la fortune s'est dé-
cidée contre lui, la volonté de la nation seule pour-

rait le persuader de rester plus longtemps sur le trône. S'il se doit considérer comme le seul obstacle à la paix, il fait ce dernier sacrifice à la France : il a, en conséquence, envoyé le prince de la Moskowa et les ducs de Vicence et de Tarente à Paris, pour entamer les négociations. L'armée peut être certaine que son bonheur ne sera jamais en contradiction avec le bonheur de la France.

XI.

AU PEUPLE FRANÇAIS.

Au golfe Juan, le 1er mars 1815.

Français, la défection du duc de Castiglione livra Lyon sans défense à nos ennemis ; l'armée dont je lui avais confié le commandement était, par le nombre de ses bataillons, la bravoure et le patriotisme des troupes qui la composaient, à même de battre le corps d'armée autrichien qui lui était opposé et d'arriver sur les derrières du flanc gauche de l'armée ennemie qui menaçait Paris.

Les victoires de Champ—Aubert, de Montmirail, de Château-Thierry, de Vauchamp, de Mormans, de Montereau, de Craone, de Reims, d'Arcis-sur-Aube et de Saint-Dizier ; l'insurrection des braves paysans de la Lorraine, de la Champagne, de l'Alsace, de la Franche-Comté et de la Bourgogne, et la position que j'avais prise sur les derrières de l'armée ennemie, en la séparant de ses magasins, de ses parcs de réserve, de ses convois et de tous ses équipages, l'avaient placée dans une situation désespérée. Les Français ne furent jamais sur le point d'être plus puissans, et l'élite de l'armée ennemie était perdue sans ressource ;

elle eût trouvé son tombeau dans ces vastes contrées qu'elle avait si impitoyablement saccagées, lorsque la trahison du duc de Raguse livra la capitale et désorganisa l'armée. La conduite inattendue de ces deux généraux, qui trahirent à la fois leur patrie, leur prince et leur bienfaiteur, changea le destin de la guerre. La situation désastreuse de l'ennemi était telle qu'à la fin de l'affaire qui eut lieu devant Paris, il était sans munitions par sa séparation de ses parcs de réserve.

Dans ces nouvelles et grandes circonstances, mon cœur fut déchiré, mais mon âme resta inébranlable. Je ne consultai que l'intérêt de la patrie ; je m'exilai sur un rocher au milieu des mers. Ma vie vous était et devait encore vous être utile. Je ne permis pas que le grand nombre de citoyens qui voulaient m'accompagner partageassent mon sort ; je crus leur présence utile à la France, et je n'emmenai avec moi qu'une poignée de braves nécessaires à ma garde.

Elevé au trône par votre choix, tout ce qui a été fait sans vous est illégitime. Depuis vingt-cinq ans la France a de nouveaux intérêts, de nouvelles institutions, une nouvelle gloire, qui ne peuvent être garantis que par un gouvernement national et par une dynastie née dans ces nouvelles circonstances. Un prince qui régnerait sur vous, qui serait assis sur mon trône par la force des mêmes armes qui ont ravagé notre territoire, chercherait en vain à s'étayer des principes du droit féodal ; il ne pourrait assurer l'honneur et les droits que d'un petit nombre d'individus ennemis du peuple, qui depuis vingt-cinq ans les a condamnés dans toutes nos assemblées nationales. Votre tranquillité intérieure et votre considération extérieure seraient perdues à jamais.

Français ! dans mon exil j'ai entendu vos plaintes et vos vœux ; vous réclamez ce gouvernement de votre choix, qui seul est légitime. Vous accusiez mon long sommeil ; vous me reprochiez de sacrifier à mon repos les grands intérêts de la patrie.

J'ai traversé les mers au milieu des périls de toute espèce ; j'arrive parmi vous reprendre mes droits, qui sont les vôtres. Tout ce que les individus ont fait, écrit ou dit depuis la prise de Paris, je l'ignorerai toujours : cela n'influera en rien sur le souvenir que je conserve des services importans qu'ils ont rendus ; car il est des événemens d'une telle nature qu'ils sont au-dessus de l'organisation humaine.

Français ! il n'est aucune nation, quelque petite qu'elle soit, qui n'ait eu le droit et ne se soit soustraite au déshonneur d'obéir à un prince imposé par un ennemi momentanément victorieux. Lorsque Charles VII rentra à Paris et renversa le trône éphémère de Henri V, il reconnut tenir son trône de la vaillance de ses braves, et non d'un prince régent d'Angleterre.

C'est aussi à vous seuls et aux braves de l'armée que je fais et ferai toujours gloire de tout devoir.

NAPOLÉON.

LETTRES CHOISIES.

LETTRES A JOSÉPHINE [1].

Marmirolo, le 29 messidor, neuf heures du
soir (17 juillet 1796).

Je reçois ta lettre, mon adorable amie, elle a rempli mon cœur de joie. Je te suis obligé de la peine que tu as prise de me donner de tes nouvelles... Depuis que je t'ai quittée, j'ai toujours été triste, mon bonheur est d'être près de toi ; sans cesse je repasse dans ma mémoire tes baisers, tes larmes, ton aimable jalousie, et les charmes de l'incomparable Joséphine allument sans cesse une flamme vive et brûlante dans mon cœur et dans mes sens. Quand, libre de toute inquiétude, de toute affaire, pourrai-je passer tous mes instants près de toi, n'avoir qu'à t'aimer et ne penser qu'au bonheur de te le dire et de te le prouver. Je t'enverrai ton cheval; mais j'espère que tu pourras bientôt me répondre. Je croyais t'aimer il y a quelques jours, mais depuis que je t'ai vue, je sens que je t'aime mille fois plus encore. Depuis que je te connais, je t'adore tous les jours davantage : cela prouve combien la maxime de La Bruyère que *l'amour vient tout*

---

[1] Ces lettres sont extraites de la correspondance de Joséphine et de Napoléon, publiée en 1833, d'après les originaux.

d'un coup, est fausse. Tout dans la nature a un cours et différens degrés d'accroissement. Ah ! je t'en prie, laisse-moi voir quelques-uns de tes défauts ; sois moins belle, moins gracieuse, moins tendre, moins bonne surtout ; surtout ne sois jamais jalouse, ne pleure jamais, tes larmes m'ôtent la raison, brûlent mon sang. Crois bien qu'il n'est plus en mon pouvoir d'avoir une pensée qui ne soit point à toi et une idée qui ne te soit pas soumise. Repose-toi bien, rétablis vite ta santé. Viens me rejoindre, et au moins qu'avant de mourir nous puissions dire : « Nous fûmes tant de jours heureux. »   BONAPARTE.

Modène, le 26 vendémiaire an 5 (17 octobre 1796),
à neuf heures du soir.

J'ai été avant-hier toute la journée en campagne, j'ai gardé hier le lit. La fièvre et un violent mal de tête, tout cela m'a empêché d'écrire à mon adorable amie ; mais j'ai reçu ses lettres, je les ai pressées contre mon cœur et mes lèvres, et la douleur de l'absence, cent milles d'éloignement ont disparu. Dans ce moment je t'ai vue près de moi, non capricieuse et fâchée, mais douce, tendre, avec cette onction de bonté qui est exclusivement le partage de ma Joséphine. C'était un rêve ; juge si cela m'a guéri de ma fièvre ! Tes lettres sont froides comme cinquante ans, elles ressemblent à quinze ans de mariage. On y voit l'amitié et les sentimens de cet hiver de la vie. Fi ! Joséphine !... c'est bien méchant, bien mauvais, bien traître à vous ! Que vous reste-t-il pour me rendre bien à plaindre ? ne plus m'aimer ? eh ! c'est déjà fait ; me haïr ? eh bien ! je le souhaite, tout avilit hors la haine ; mais l'indifférence, au pouls de marbre, à l'œil fixe, à la démarche monotone.....

Mille, mille baisers, bien tendres comme mon cœur.

Je me porte un peu mieux, je pars demain, les Anglais évacuent la Méditerranée, la Corse est à nous. Bonne nouvelle pour la France et pour l'armée.

BONAPARTE.

6 novembre 1806, à neuf heures du soir.

J'ai reçu ta lettre où tu me parais fâchée du mal que je dis des femmes ; il est vrai que je hais les femmes intrigantes au delà de tout. Je suis accoutumé à des femmes bonnes, douces et conciliantes, ce sont celles que j'aime ; si elles m'ont gâté, ce n'est pas ma faute, mais la tienne. Au reste, tu verras que j'ai été fort bon pour une qui s'est montrée sensible et bonne, Mᵐᵉ d'Hatzfeld. Lorsque je lui montrai la lettre de son mari, elle me dit en sanglotant avec une profonde sensibilité et naïvement : « Ah ! c'est bien là son écriture ! » Lorsqu'elle lisait, son accent allait à l'âme, elle me fit de la peine. Je lui dis : « Eh bien ! madame, jetez cette lettre au feu, je ne serai plus assez puissant pour faire punir votre mari. » Elle brûla la lettre et me parut heureuse ; son mari est depuis fort tranquille ; deux heures plus tard il était perdu. Tu vois donc que j'aime les femmes bonnes, naïves et douces, mais c'est que celles-là seules te ressemblent. Adieu, mon amie, je me porte bien.   NAPOLÉON.

16 janvier 1807.

Ma bonne amie, j'ai reçu ta lettre du 5 janvier. Tout ce que tu me dis de ta douleur me peine. Pourquoi des larmes, du chagrin ? n'as-tu donc pas de courage ? Je te verrai bientôt ; ne doute jamais de mes sentimens ; et si tu veux m'être plus chère en-

core, montre du caractère et de la force d'âme. Je suis
humilié de penser que ma femme puisse se méfier de
mes destinées. Adieu, mon amie, je t'aime, je désire
te voir et veux te savoir contente et heureuse.

NAPOLÉON.

23 janvier 1807.

Il est impossible que je permette à des femmes un
voyage comme celui-ci ; mauvais chemins, chemins
peu sûrs et fangeux. Retourne à Paris, sois-y gaie,
contente, peut-être y serai-je bientôt. J'ai ri de ce
que tu me dis, que tu as pris un mari pour être avec
lui ; je pensais, dans mon ignorance, que la femme
était faite pour le mari, le mari pour la patrie, la famille et la gloire. Pardon de mon ignorance, l'on apprend toujours avec nos belles dames.

Adieu, mon amie, crois qu'il m'en coûte de ne pas
te faire venir ; dis-toi : « C'est une preuve combien je
lui suis précieuse. »   NAPOLÉON.

Huit heures du soir, décembre 1809.

Mon amie, je t'ai trouvée aujourd'hui plus faible[1]
que tu ne devais être ; tu as montré du courage, il
faut que tu en trouves pour te soutenir, il faut ne pas
se laisser aller à une funeste mélancolie, il faut te
trouver contente et surtout soigner ta santé, qui m'est
si précieuse. Si tu m'es attachée, si tu m'aimes, tu
dois te comporter avec force et te placer heureuse. Tu
ne peux pas mettre en doute ma constante et ma tendre amitié, et tu connaîtrais bien mal les sentimens
que je te porte, si tu supposais que je puis être heu-

[1] Après le divorce.

reux si tu n'es pas heureuse, et content si tu ne te tranquillises.

Adieu, mon amie, dors bien, songe que je le veux.
NAPOLÉON.

Mercredi, midi.

Eugène m'a dit que tu avais été toute triste hier; cela n'est pas bien, mon amie, c'est contraire à ce que tu m'avais promis.

J'ai été fort ennuyé de revoir les Tuileries; ce grand palais m'a paru vide, et je m'y suis trouvé isolé.   NAPOLÉON.

———

AU CITOYEN ORIANI[1].

Au quartier général à Milan, le 5 prairial
an 4 (24 mai 1796).

Les sciences, qui honorent l'esprit humain, les arts, qui embellissent la vie et transmettent les grandes actions à la postérité, doivent être spécialement honorés dans les gouvernemens libres. Tous les hommes de génie et tous ceux qui ont obtenu un rang dans la république des lettres sont frères, quel que soit le pays qui les ait vus naître.

Les savans dans Milan n'y jouissaient pas de la considération qu'ils devaient avoir. Retirés dans le fond de leurs laboratoires, ils s'estimaient heureux que les rois et les prêtres voulussent bien ne pas leur faire de mal. Il n'en est pas ainsi aujourd'hui; la

[1] Le comte Barnabé Oriani, directeur de l'observatoire de Brera, astronome distingué, auteur de savans ouvrages d'astronomie.

pensée est devenue libre en Italie : il n'y a plus ni inquisition, ni intolérance, ni despotes. J'invite les savans à se réunir et à me proposer leurs vues sur les moyens qu'il y aurait à prendre, ou les besoins qu'ils auraient pour donner aux sciences et aux beaux-arts une nouvelle vie et une nouvelle existence. Tous ceux qui voudront aller en France seront accueillis avec distinction par le gouvernement. Le peuple français ajoute plus de prix à l'acquisition d'un savant mathématicien, d'un peintre en réputation, d'un homme distingué, quel que soit l'état qu'il professe, que de la ville la plus riche et la plus abondante.

Soyez donc, citoyen, l'organe de ces sentimens auprès des savans distingués qui se trouvent dans le Milanais.   BONAPARTE.

LE GÉNÉRAL EN CHEF DE L'ARMÉE D'ITALIE

A SON ALTESSE ROYALE M. LE PRINCE CHARLES.

Du 11 germinal an 5 (31 mars 1797).

M. le général en chef,

Les braves militaires font la guerre et désirent la paix : celle-ci ne dure-t-elle pas depuis six ans? Avons-nous assez tué de monde et commis assez de maux à la triste humanité? Elle réclame de tous côtés. L'Europe, qui avait pris les armes contre la république française, les a posées; votre nation reste seule, et cependant le sang va couler encore plus que jamais. Cette sixième campagne s'annonce par des présages sinistres : quelle qu'en soit l'issue, nous tuerons de part et d'autre quelques milliers d'hommes de plus, et il faudra bien que l'on finisse par s'en-

LETTRES CHOISIES.

Le directoire exécutif de la république française avait fait connaître à sa majesté l'empereur le dessein de mettre fin à la guerre qui désole les deux peuples; l'intervention de la cour de Londres s'y est opposée : n'y a-t-il donc aucun espoir de nous entendre? Et faut-il, pour les intérêts ou les passions d'une nation étrangère aux maux de la guerre, que nous continuions à nous entr'égorger? Vous, M. le général en chef, qui par votre naissance approchez si près du trône et êtes au-dessus de toutes les petites passions qui animent souvent les ministres et les gouvernemens, êtes-vous décidé à mériter le titre de bienfaiteur de l'humanité entière et de vrai sauveur de l'Allemagne? Ne croyez pas, M. le général en chef, que j'entende par là qu'il ne soit pas possible de la sauver par la force des armes; mais, dans la supposition que les chances de la guerre vous deviennent favorables, l'Allemagne n'en sera pas moins ravagée. Quant à moi, M. le général en chef, si l'ouverture que j'ai l'honneur de vous faire peut sauver la vie à un seul homme, je m'estimerai plus fier de la couronne civique que je me trouverai avoir méritée, que de la triste gloire qui peut revenir des succès militaires.

Je vous prie de croire, M. le général en chef, aux sentimens d'estime et de considération distingués avec lesquels je suis, etc.   BONAPARTE.

A LA CITOYENNE BRUEYS.

Au Caire, le 2 fructidor an 6 (19 août 1798).

Votre mari a été tué d'un coup de canon en

combattant à son bord. Il est mort sans souffrir et de la mort la plus douce, la plus enviée par les militaires.

Je sens vivement votre douleur. Le moment qui nous sépare de l'objet que nous aimons est terrible; il nous isole de la terre; il fait éprouver au corps les convulsions de l'agonie. Les facultés de l'âme sont anéanties; elle ne conserve de relation avec l'univers qu'au travers d'un cauchemar qui altère tout. Les hommes paraissent plus froids, plus égoïstes qu'ils ne le sont réellement. L'on sent dans cette situation que si rien ne nous obligeait à la vie, il vaudrait beaucoup mieux mourir; mais, lorsque après cette première pensée l'on presse ses enfans sur son cœur, des larmes, des sentimens tendres raniment la nature, et l'on vit pour ses enfans. Oui, madame, voyez dès ce premier moment qu'ils ouvrent votre cœur à la mélancolie : vous pleurerez avec eux, vous élèverez leur enfance, cultiverez leur jeunesse; vous leur parlerez de leur père, de votre douleur, de la perte qu'eux et la république ont faite. Après avoir rattaché votre âme au monde par l'amour filial et l'amour maternel, appréciez pour quelque chose l'amitié et le vif intérêt que je prendrai toujours à la femme de mon ami. Persuadez-vous qu'il est des hommes, en petit nombre, qui méritent d'être l'espoir de la douleur, parce qu'ils sentent avec chaleur les peines de l'âme.

BONAPARTE.

AU GÉNÉRAL KLÉBER.

Alexandrie, le 5 fructidor an 7 (22 août 1799).

Vous trouverez ci-joint, citoyen général, un ordre pour prendre le commandement en chef de l'armée.

La crainte que la croisière anglaise ne reparaisse d'un moment à l'autre me fait précipiter mon voyage de deux ou trois jours.

J'emmène avec moi les généraux Berthier, Andréossi, Murat, Lannes et Marmont, et les citoyens Monge et Berthollet.

Vous trouverez ci-joint les papiers anglais et de Francfort jusqu'au 10 juin. Vous y verrez que nous avons perdu l'Italie, que Mantoue, Turin et Tortone sont bloqués. J'ai lieu d'espérer que la première tiendra jusqu'à la fin de novembre. J'ai l'espérance, si la fortune me sourit, d'arriver en Europe avant le commencement d'octobre.

Vous trouverez ci-joint un chiffre pour correspondre avec le gouvernement, et un autre chiffre pour correspondre avec moi.

Je vous prie de faire partir, dans le courant d'octobre, Junot ainsi que mes domestiques et tous les effets que j'ai laissés au Caire; cependant, je ne trouverai pas mauvais que vous engagiez à votre service ceux de mes domestiques qui vous conviendraient.

L'intention du gouvernement est que le général Desaix parte pour l'Europe dans le courant de novembre, à moins d'événemens majeurs.

La commission des arts passera en France sur un parlementaire que vous demanderez à cet effet, conformément au cartel d'échange, dans le courant de novembre, immédiatement après qu'elle aura achevé sa mission. Elle est maintenant occupée à voir la Haute-Égypte; cependant ceux de ses membres que vous jugerez pouvoir vous être utiles, vous les mettrez en réquisition sans difficulté.

L'effendi fait prisonnier à Aboukir est parti pour se rendre à Damiette. Je vous ai écrit de l'envoyer en

Chypre; il est porteur, pour le grand visir, d'une lettre dont vous trouverez ci-joint la copie.

L'arrivée de notre escadre de Brest à Toulon, et de l'escadre espagnole à Carthagène, ne laisse plus de doute sur la possibilité de faire passer en Égypte les fusils, les sabres, les pistolets, fers coulés, dont vous pourriez avoir besoin, et dont j'ai l'état le plus exact, avec une quantité de recrues suffisante pour réparer les pertes des deux campagnes.

Le gouvernement vous fera connaître alors lui-même ses intentions, et moi, comme homme public et comme particulier, je prendrai des mesures pour vous faire avoir fréquemment des nouvelles. Si, par des événemens incalculables, toutes les tentatives étaient infructueuses, et qu'au mois de mai vous n'ayez reçu aucun secours ni nouvelles de France, et si malgré toutes les précautions, la peste était en Égypte cette année et vous tuait plus de quinze cents soldats, perte considérable, puisqu'elle serait en sus de celles que les événemens de la guerre vous occasionneront journellement; je pense que, dans ce cas, vous ne devez pas hasarder de soutenir la campagne et que vous êtes autorisé à conclure la paix avec la Porte-Ottomane, quand même la condition principale serait l'évacuation de l'Égypte. Il faudrait seulement éloigner l'exécution de cette condition, si cela était possible, jusqu'à la paix générale.

Vous savez apprécier aussi bien que moi combien la possession de l'Égypte est importante à la France : cet empire turc, qui menace ruine de tous côtés, s'écroule aujourd'hui, et l'évacuation de l'Égypte serait un malheur d'autant plus grand que nous verrions de nos jours cette belle province passer en d'autres mains européennes.

Les nouvelles des succès ou des revers qu'aura la république doivent aussi entrer puissamment dans vos calculs.

Si la Porte répondait, avant que vous eussiez reçu de mes nouvelles de France, aux ouvertures de paix que je lui ai faites, vous devez déclarer que vous avez tous les pouvoirs que j'avais et entamer les négociations : persistant toujours dans l'assertion que j'ai avancée, que l'intention de la France n'a jamais été d'enlever l'Égypte à la Porte, demander que la Porte sorte de la coalition et nous accorde le commerce de la mer Noire, qu'elle mette en liberté les Français prisonniers ; et enfin, six mois de suspension d'armes, afin que pendant ce temps-là l'échange des ratifications puisse avoir lieu.

Supposant que les circonstances soient telles que vous croyez devoir conclure ce traité avec la Porte, vous ferez sentir que vous ne pouvez pas le mettre à exécution qu'il ne soit ratifié ; et, selon l'usage de toutes les nations, l'intervalle entre la signature d'un traité et sa ratification doit toujours être une suspension d'hostilité.

Vous connaissez, citoyen général, quelle est ma manière de voir sur la politique intérieure de l'Égypte : quelque chose que vous fassiez, les chrétiens seront toujours nos amis. Il faut les empêcher d'être trop insolens, afin que les Turcs n'aient pas contre nous le même fanatisme que contre les chrétiens, ce qui nous les rendrait irréconciliables. Il faut endormir le fanatisme avant qu'on puisse le déraciner. En captivant l'opinion des grands scheicks du Caire, on a l'opinion de toute l'Égypte, et de tous les chefs que ce peuple peut avoir, il n'y en a aucun moins dangereux que des scheicks qui sont peureux, ne savent pas se battre, et qui, comme tous les prêtres, inspirent le fanatisme sans être fanatiques.

Quant aux fortifications d'Alexandrie, d'El-Arich, voilà les clefs de l'Égypte. J'avais le projet de faire établir cet hiver des redoutes de palmiers, deux depuis Salahieh à Catieh, deux de Catieh à El-Arich : l'une se serait trouvée à l'endroit où le général Menou a trouvé de l'eau potable.

Le général Samson, commandant du génie, et le général Songis, commandant l'artillerie, vous mettront chacun au fait de ce qui regarde sa partie.

Le citoyen Poussielgue a été exclusivement chargé des finances; je l'ai reconnu travailleur et homme de mérite. Il commence à avoir quelques renseignemens sur le chaos de l'administration de l'Égypte. J'avais le projet, si aucun nouvel événement ne survenait, de tâcher d'établir cet hiver un nouveau mode d'imposition, ce qui nous aurait permis de nous passer à peu près des Cophtes; cependant, avant de l'entreprendre, je vous conseille d'y réfléchir longtemps. Il vaut mieux entreprendre cette opération un peu plus tard qu'un peu trop tôt.

Des vaisseaux de guerre français paraîtront cet hiver indubitablement à Alexandrie, Bourlos ou Damiette. Faites construire une bonne tour à Bourlos; tâchez de réunir cinq ou six cents mameluks que, lorsque les vaisseaux français seront arrivés, vous ferez en un jour arrêter au Caire et dans les autres provinces, et embarquer pour la France. Au défaut de mameluks, des otages d'Arabes, des scheicks Belet qui pour une raison quelconque se trouveraient arrêtés, pourront y suppléer. Ces individus, arrivés en France, y seront retenus un ou deux ans, verront la grandeur de la nation, prendront quelques idées de nos mœurs et de notre langue, et de retour en Égypte y formeront autant de partisans.

J'avais déjà demandé plusieurs fois une troupe de comédiens : je prendrai un soin particulier de vous en envoyer. Cet article est très-important pour l'armée et pour commencer à changer les mœurs du pays.

La place importante que vous allez occuper en chef va vous mettre à même enfin de déployer les talens que la nature vous a donnés. L'intérêt de ce qui se passera ici est vif ; et les résultats en seront immenses pour le commerce, pour la civilisation ; ce sera l'époque d'où dateront de grandes révolutions.

Accoutumé à voir la récompense des peines et des travaux de la vie dans l'opinion de la postérité, j'abandonne avec le plus grand regret l'Égypte. L'intérêt de la patrie, sa gloire, l'obéissance, les événemens extraordinaires qui viennent de se passer, me décident seuls à passer au milieu des escadres ennemies pour me rendre en Europe. Je serai d'esprit et de cœur avec vous. Vos succès me seront aussi chers que ceux où je me trouverais en personne, et je regarderai comme mal employés tous les jours de ma vie où je ne ferai pas quelque chose pour l'armée dont je vous laisse le commandement, et pour consolider le magnifique établissement dont les fondemens viennent d'être jetés.

L'armée que je vous confie est toute composée de mes enfans ; j'ai eu dans tous les temps, même au milieu des plus grandes peines, des marques de leur attachement. Entretenez-les dans ces sentimens, vous le devez à l'estime et à l'amitié toute particulière que j'ai pour vous et à l'attachement vrai que je leur porte.　　　　　　　　　　　BONAPARTE.

AU CITOYEN TOUSSAINT-LOUVERTURE,
GÉNÉRAL EN CHEF DE L'ARMÉE DE SAINT-DOMINGUE.

Paris, le 17 brumaire an 10 (8 novembre 1801).

Citoyen général,

La paix avec l'Angleterre et toutes les puissances de l'Europe, qui vient d'asseoir la république au premier degré de puissance et de grandeur, met le gouvernement à même de s'occuper de la colonie de Saint-Domingue. Nous y envoyons le citoyen Leclerc, notre beau-frère, en qualité de capitaine général, comme premier magistrat de la colonie. Il est accompagné de forces convenables pour faire respecter la souveraineté du peuple français. C'est dans ces circonstances que nous nous plaisons à espérer que vous allez nous prouver, et à la France entière, la sincérité des sentimens que vous avez constamment exprimés dans les différentes lettres que vous nous avez écrites. Nous avons conçu pour vous de l'estime, et nous nous plaisons à reconnaître et à proclamer les grands services que vous avez rendus au peuple français. Si son pavillon flotte sur Saint-Domingue, c'est à vous et aux braves noirs qu'il le doit. Appelé par vos talens et la force des circonstances au premier commandement, vous avez détruit la guerre civile, mis un frein à la persécution de quelques hommes féroces, remis en honneur la religion et le culte du Dieu de qui tout émane. La constitution que vous avez faite, en renfermant beaucoup de bonnes choses, en contient qui sont contraires à la dignité et à la souveraineté du peuple français, dont Saint-Domingue ne forme qu'une portion.

Les circonstances où vous vous êtes trouvé, environné de tous côtés d'ennemis, sans que la métropole puisse ni vous secourir ni vous alimenter, ont rendu légitimes les articles de cette constitution qui pourraient ne plus l'être. Mais aujourd'hui que les circonstances sont si heureusement changées, vous serez le premier à rendre hommage à la souveraineté de la nation qui vous compte au nombre de ses plus illustres citoyens, par les services que vous lui avez rendus et par les talens et la force de caractère dont la nature vous a doué. Une conduite contraire serait inconciliable avec l'idée que nous avons conçue de vous. Elle vous ferait perdre vos droits nombreux à la reconnaissance et aux bienfaits de la république et creuserait sous vos pas un précipice qui, en vous engloutissant, pourrait contribuer au malheur de ces braves noirs dont nous aimons le courage et dont nous nous verrions avec peine obligés de punir la rébellion.

Nous avons fait connaître à vos enfans et à leur précepteur les sentimens qui nous animent [1]. Nous vous les renvoyons.

Assistez de vos conseils, de votre influence et de vos talens le capitaine général. Que pourrez-vous désirer? la liberté des noirs. Vous savez que dans tous les pays où nous avons été, nous l'avons donnée aux peuples qui ne l'avaient pas. De la considération, des honneurs, de la fortune? Ce n'est pas après les services que vous avez rendus, que vous pouvez rendre encore dans cette circonstance, avec les sentimens particuliers que nous avons pour vous, que vous

[1] Les enfans de Toussaint-Louverture étaient élevés à Paris, aux frais de la république. Le général Leclerc était chargé de les ramener au général noir avec leur précepteur.

devez être incertain sur votre considération, votre
fortune et les honneurs qui vous attendent.

Faites connaître aux peuples de Saint-Domingue
que la sollicitude que la France a toujours portée à
leur bonheur a été souvent impuissante par les circonstances impérieuses de la guerre ; que les hommes
venus du continent pour l'agiter et alimenter les factions étaient le produit des factions, qui elles-mêmes
déchiraient la patrie ; que désormais la paix et la force
du gouvernement assurent leur prospérité et leur
liberté. Dites-leur que si la liberté est pour eux le
premier des biens, ils ne peuvent en jouir qu'avec
le titre de citoyens français, et que tout acte contraire
aux intérêts de la patrie, à l'obéissance qu'ils doivent
au gouvernement et au capitaine général, qui en est
le délégué, serait un crime contre la souveraineté
nationale, qui éclipserait leurs services et rendrait
Saint-Domingue le théâtre d'une guerre malheureuse,
où des pères et des enfans s'entr'égorgeraient.

Et vous, général, songez que si vous êtes le premier de votre couleur qui soit arrivé à une si grande
puissance et qui se soit distingué par sa bravoure et
ses talens militaires, vous êtes aussi devant Dieu et
nous le principal responsable de leur conduite.

S'il était des malveillans qui disent aux individus
qui ont joué le principal rôle dans les troubles de
Saint-Domingue que nous venons pour rechercher
ce qu'ils ont fait pendant les temps d'anarchie, assu-
rez-les que nous ne nous informerons que de leur
conduite dans cette dernière circonstance, et que
nous ne rechercherons le passé que pour connaître
les traits qui les auraient distingués dans la guerre
qu'ils ont soutenue contre les Espagnols et les
Anglais, qui ont été nos ennemis.

15

Comptez sans réserve sur notre estime, et conduisez-vous comme doit le faire un des principaux citoyens de la plus grande nation du monde.

BONAPARTE.

A LA REINE DE HOLLANDE [1].

Finkenstein, ce 20 mai 1807.

Ma fille, tout ce qui me revient de La Haye m'apprend que vous n'êtes pas raisonnable ; quelque légitime que soit votre douleur, elle doit avoir des bornes; n'altérez point votre santé; prenez des distractions et sachez que la vie est semée de tant d'écueils et peut être la source de tant de maux que la mort n'est pas le plus grand de tous.

Votre affectionné père, NAPOLÉON.

AU PRINCE MURAT.

29 mars 1808.

Monsieur le grand-duc de Berg, je crains que vous ne me trompiez sur la situation de l'Espagne et que vous ne vous trompiez vous-même. L'affaire du 20 mars a singulièrement compliqué les événemens. Je reste dans une grande perplexité.

Ne croyez pas que vous attaquiez une nation désarmée et que vous n'ayez que des troupes à montrer pour soumettre l'Espagne. La révolution du 20 mars prouve qu'il y a de l'énergie chez les Espa-

[1] Elle venait de perdre son fils.

gnols. Vous avez affaire à un peuple neuf : il a tout le courage et il aura tout l'enthousiasme que l'on rencontre chez des hommes que n'ont point usés les passions politiques.

L'aristocratie et le clergé sont les maîtres de l'Espagne. S'ils craignent pour leurs priviléges et pour leur existence, ils feront contre nous des levées en masse qui pourront éterniser la guerre. J'ai des partisans ; si je me présente en conquérant, je n'en aurai plus.

Le prince de la Paix est détesté parce qu'on l'accuse d'avoir livré l'Espagne à la France. Voilà le grief qui a servi l'usurpation de Ferdinand. Le parti populaire est le plus faible.

Le prince des Asturies n'a aucune des qualités qui sont nécessaires au chef d'une nation ; cela n'empêchera pas que, pour nous l'opposer, on n'en fasse un héros. Je ne veux pas que l'on use de violence envers les personnages de cette famille : il n'est jamais utile de se rendre odieux et d'enflammer les haines. L'Espagne a plus de cent mille hommes sous les armes ; c'est plus qu'il ne faut pour soutenir avec avantage une guerre intérieure. Divisés sur plusieurs points, ils peuvent servir de noyau au soulèvement total de la monarchie.

Je vous présente l'ensemble des obstacles qui sont inévitables ; il en est d'autres que vous sentirez. L'Angleterre ne laissera pas échapper cette occasion de multiplier nos embarras. Elle expédie journellement des avisos aux forces qu'elle tient sur les côtes du Portugal et dans la Méditerranée ; elle fait des enrôlemens de Siciliens et de Portugais.

La famille royale n'ayant point quitté l'Espagne pour aller s'établir aux Indes, il n'y a qu'une révolution qui puisse changer l'état de ce pays. C'est peut-être celui de l'Europe qui y est le moins préparé. Les gens qui voient les vices monstrueux de ce gouvernement et l'anarchie qui a pris la place de l'autorité légale font le plus petit nombre ; le plus grand nombre profite de ces vices et de cette anarchie.

Dans l'intérêt de mon empire, je puis faire beaucoup de bien à l'Espagne. Quels sont les meilleurs moyens à prendre ?

Irai-je à Madrid ? Exercerai-je l'acte d'un grand protectorat, en prononçant entre le père et le fils ? Il me semble difficile de faire régner Charles IV : son gouvernement et son favori sont tellement dépopularisés qu'ils ne se soutiendraient pas trois mois.

Ferdinand est l'ennemi de la France, c'est pour cela qu'on l'a fait roi. Le placer sur le trône sera servir les factions qui depuis vingt-cinq ans veulent l'anéantissement de la France.

Une alliance de famille serait un faible lien. La reine Élisabeth et d'autres princesses françaises ont péri misérablement lorsque l'on a pu les immoler impunément à d'atroces vengeances. Je pense qu'il ne faut rien précipiter, qu'il convient de prendre conseil des événemens qui vont suivre..... Il faudra fortifier les corps d'armée qui se tiendront sur les frontières du Portugal et attendre.

Je n'approuve pas le parti qu'a pris votre altesse impériale de s'emparer aussi précipitamment de Madrid. Il falloit tenir l'armée à dix lieues de la capitale. Vous n'aviez pas l'assurance que le peuple et la magistrature allaient reconnaître Ferdinand sans contestation. Le prince de la Paix doit avoir dans les emplois publics des partisans ; il y a d'ailleurs un attachement d'habitude au vieux roi qui pouvait produire des résultats. Votre entrée à Madrid, en inquiétant les Espagnols, a puissamment servi Ferdinand. J'ai donné ordre à Savary d'aller auprès du nouveau roi voir ce qui se passe. Il se concertera avec votre altesse impériale. J'aviserai ultérieurement au parti qui sera à prendre ; en attendant, voici ce que je juge convenable de vous prescrire :

Vous ne m'engagerez à une entrevue, en Espagne, avec Ferdinand que si vous jugez la situation des choses telle que je doive le reconnaître comme roi d'Espagne. Vous userez de bons procédés envers le roi, la reine et le prince Godoy. Vous exigerez pour eux et vous leur rendrez les mêmes honneurs qu'autrefois. Vous ferez en sorte que les Espagnols ne puissent pas soupçonner le parti que je prendrai. Cela ne vous sera pas difficile : je n'en sais rien moi-même.

Vous ferez entendre à la noblesse et au clergé que si la France doit intervenir dans les affaires d'Espagne, leurs priviléges et leurs immunités seront respectés. Vous leur direz que l'empereur désire le perfectionnement des institutions politiques de l'Espagne, pour la mettre en rapport avec l'état de civilisation de l'Europe, pour la soustraire au régime des favoris..... Vous direz aux magistrats et aux bourgeois des villes, aux gens éclairés, que l'Espagne a besoin de recréer la machine de son gouvernement, et qu'il lui faut des lois qui garantissent les citoyens de l'arbitraire et des usurpations de la féodalité, des institutions qui raniment l'industrie, l'agriculture et les arts. Vous leur peindrez l'état de tranquillité et d'aisance dont jouit la France, malgré les guerres où

elle s'est toujours engagée; la splendeur de la religion, qui doit son établissement au concordat que j'ai
signé avec le pape. Vous leur démontrerez les avantages qu'ils peuvent tirer d'une régénération politique : l'ordre et la paix dans l'intérieur, la considération et la puissance dans l'extérieur. Tel doit être
l'esprit de vos discours et de vos écrits. Ne brusquez
aucune démarche; je puis attendre à Bayonne, je puis
passer les Pyrénées et, me fortifiant vers le Portugal, aller conduire la guerre de ce côté.

Je songerai à vos intérêts particuliers, n'y songez
pas vous-même..... Le Portugal restera à ma disposition..... Qu'aucun projet personnel ne vous occupe
et ne dirige votre conduite, cela me nuirait et vous
nuirait encore plus qu'à moi.

Vous allez trop vite dans vos instructions du 14; la
marche que vous prescrivez au général Dupont est
trop rapide, à cause de l'événement du 19 mars. Il y
a des changemens à faire; vous donnerez de nouvelles
dispositions, vous recevrez des instructions de mon
ministre des affaires étrangères.

J'ordonne que la discipline soit maintenue de la
manière la plus sévère : point de grâce pour les
petites fautes. L'on aura pour l'habitant les plus
grands égards; l'on respectera principalement les
églises et les couvens.

L'armée évitera toute rencontre soit avec le corps
de l'armée espagnole, soit avec des détachemens : il
ne faut pas que d'aucun côté il soit brûlé une amorce.

Laissez Solano dépasser Badajoz, faites-le observer;
donnez vous-même l'indication des marches de mon
armée, pour la tenir toujours à une distance de plusieurs lieues des corps espagnols. Si la guerre s'allu-
mait, tout serait perdu.

C'est à la politique et aux négociations qu'il appartient de décider les destinées de l'Espagne. Je vous recommande d'éviter des explications avec Solano, comme avec les autres généraux et les gouverneurs espagnols.

Vous m'enverrez deux estafettes par jour. En cas d'événemens majeurs, vous m'expédierez des officiers d'ordonnance. Vous me renverrez sur-le-champ le chambellan de T..., qui vous porte cette dépêche; vous lui remettrez un rapport détaillé.

Sur ce je prie Dieu, monsieur le grand-duc de Berg, qu'il vous ait, etc.   NAPOLÉON.

———

AU ROI DE HOLLANDE.

Au château de Marach, le 3 avril 1808.

Monsieur mon frère, l'auditeur D..... m'a remis, il y a une heure, votre dépêche du 22 mars. Je fais partir un courrier qui vous portera cette lettre en Hollande.

L'usage que vous venez de faire du droit de grâce ne peut qu'être d'un très-mauvais effet. Le droit de grâce est un des plus beaux et des plus nobles attributs de la souveraineté. Pour ne pas le discréditer, il ne faut l'exercer que dans le cas où la clémence royale ne peut déconsidérer l'œuvre de la justice, que dans le cas où la clémence royale doit laisser après les actes qui émanent d'elle l'idée des sentimens généreux. Il s'agit ici d'un rassemblement de bandits qui vont attaquer et égorger un parti de douaniers pour ensuite faire la contrebande. Ces gens sont condamnés à mort; votre majesté leur fait grâce!...... Elle fait grâce à des meurtriers, à des assassins, à des individus auxquels la société ne peut accorder aucune pitié! Si ces individus avaient été pris faisant la contrebande; si même, en se défendant, ils avaient tué des employés, alors vous auriez pu peut-être considérer la position de leurs familles, leur position particulière, et donner à votre gouvernement une couleur de paternité en modifiant par une commutation de peine la rigueur des lois. C'est dans les condamnations pour contraventions aux lois de fiscalité, c'est plus particulièrement encore dans celles qui ont lieu pour des délits politiques, que la clémence est bien placée. En ces matières, il est de principe que si c'est le souverain qui est attaqué, il y a de la grandeur dans le pardon. Au premier bruit d'un délit de ce genre, l'intérêt public se range du côté du coupable et point de celui d'où doit partir la punition. Si le prince fait la remise de la peine, les peuples le placent au-dessus de l'offense, et la clameur s'élève contre ceux qui l'ont offensé. S'il suit le système opposé, on le répute haineux et tyran. S'il fait grâce à des crimes horribles, on le répute faible ou mal intentionné.

Ne croyez pas que le droit de faire grâce puisse être exercé impunément et que la société applaudisse toujours à l'usage qu'en peut faire le monarque. Elle le blâme lorsqu'il l'applique à des scélérats, à des meurtriers, parce que ce droit devient nuisible à la famille sociale. Vous avez trop souvent et en trop de circonstances usé du droit de grâce. La bonté de votre cœur ne doit point être écoutée lorsqu'elle peut nuire à vos peuples. Dans l'affaire des *Juifs*, j'aurais fait comme vous; dans celle des contrebandiers de *Midelbourg*, je me serais bien gardé de faire grâce.

Mille raisons devaient vous porter à laisser la justice faire une exécution exemplaire, qui aurait eu l'excellent effet de prévenir beaucoup de crimes par la terreur qu'elle aurait inspirée. Des gens du roi sont égorgés au milieu de la nuit, les assassins sont condamnés,..... votre majesté commue la peine de mort en quelques années de prison !..... Quel découragement n'en résultera-t-il point parmi les gens qui font rentrer vos impôts ! L'effet politique est très-mauvais. Je m'explique :

La Hollande était le canal par lequel depuis plusieurs années l'Angleterre introduisait sur le continent ses marchandises. Les marchands hollandais ont gagné à ce trafic des sommes immenses ; voilà pourquoi les Hollandais aiment la contrebande et les Anglais ; et voilà les raisons pour lesquelles ils n'aiment point la France, qui défend la contrebande et qui combat les Anglais. La grâce que vous avez accordée à ces contrebandiers assassins est une espèce d'hommage que vous rendez au goût des Hollandais pour la contrebande. Vous paraissez faire cause commune avec eux, et contre qui ?..... Contre moi.

Les Hollandais vous aiment ; vous avez de la simplicité dans les manières, de la douceur dans le caractère..... Vous les gouvernez selon eux ; si vous vous montriez fermement résolu à réprimer la contrebande, si vous les éclairiez sur leur position, vous useriez sagement de votre influence ; ils croiraient que le système prohibitif est bon, puisque le roi en est le propagateur. Je ne vois pas quel parti pourrait tirer votre majesté d'un genre de popularité qu'elle acquerrait à mes dépens. Assurément la Hollande n'est point au temps de Ryswick, et la France aux der-

15.

nières années de Louis XIV. Si la Hollande ne peut suivre un système politique indépendant de celui de la France, il faut qu'elle remplisse les conditions de l'alliance.

Ce n'est point au jour la journée que doivent travailler les princes ; mon frère, c'est sur l'avenir qu'il faut jeter les yeux. Quel est aujourd'hui l'état de l'Europe ? L'Angleterre d'un côté ; elle possède par elle-même une domination à laquelle jusqu'à présent le monde entier a dû se soumettre ; de l'autre, l'empire français et les puissances continentales, qui, avec toutes les forces de leur union, ne peuvent s'accommoder du genre de suprématie qu'exerce l'Angleterre. Ces puissances avaient aussi des colonies, un commerce maritime ; elles possèdent en étendue de côtes bien plus que l'Angleterre. Elles se sont désunies ; l'Angleterre a combattu séparément leur marine, elle a triomphé sur toutes les mers ; toutes les marines ont été détruites. La Russie, la Suède, la France, l'Espagne, qui ont tant de moyens d'avoir des vaisseaux et des matelots, n'osent hasarder une escadre hors de leurs rades. Ce n'est donc plus d'une confédération des puissances maritimes, confédération d'ailleurs qu'il serait impossible de faire subsister à cause des distances, des croisemens d'intérêts, que l'Europe peut attendre sa libération maritime et un système de paix qui ne pourra s'établir que par la volonté de l'Angleterre.

Cette paix, je la veux par tous les moyens conciliables avec la dignité de la France ; je la veux au prix de tous les sacrifices que peut permettre l'honneur national. Chaque jour je sens qu'elle devient plus nécessaire, les princes du continent la désirent autant que moi ; je n'ai contre l'Angleterre ni préven-

tion passionnée ni haine invincible. Les Anglais ont
suivi contre moi un système de répulsion ; j'ai adopté
le système continental, beaucoup moins, comme le
supposent mes adversaires, par jalousie d'ambition
que pour amener le cabinet anglais à en finir avec
nous. Que l'Angleterre soit riche et prospère, peu
m'importe, pourvu que la France et ses alliés le
soient comme elle.

Le système continental n'a donc d'autre but que
d'avancer l'époque où le droit public sera définitive-
ment assis pour l'empire français et pour l'Europe.
Les souverains du Nord maintiennent sévèrement le
régime prohibitif ; le commerce y a singulièrement
gagné : les fabriques de la Prusse peuvent rivaliser
avec les nôtres. Vous savez que la France et le littoral qui fait aujourd'hui partie de l'empire depuis
le golfe de Lyon jusqu'aux extrémités de l'Adriatique
sont absolument fermés aux produits de l'industrie
étrangère. Je vais prendre un parti dans les affaires
d'Espagne qui aura pour résultat d'enlever le Portugal aux Anglais et de mettre au pouvoir de la politique française les côtes que l'Espagne a sur les deux
mers. Le littoral entier de l'Europe sera fermé aux
Anglais, à l'exception de celui de la Turquie ; mais
comme les Turcs ne trafiquent point en Europe, je
ne m'en inquiète pas.

Voyez-vous par cet aperçu quelles seraient les fu-
nestes conséquences des facilités que la Hollande donnerait aux Anglais pour introduire leurs marchandises
sur le continent ? Elle leur procurerait l'occasion de
lever sur nous-mêmes les subsides qu'ils offriraient
ensuite à certaines puissances pour nous combattre.
Votre majesté est plus intéressée que moi à se garantir de l'astuce de la politique anglaise. Encore quel-

ques années de patience, et l'Angleterre voudra [la paix autant que nous la voulons nous-mêmes.

Considérez la position de vos États, vous remarquerez que ce système vous est plus utile qu'à moi.

La Hollande est une puissance maritime commerçante : elle a des ports magnifiques, des flottes, des matelots, des chefs habiles et des colonies qui ne coûtent rien à la métropole ; ses habitans ont le génie du commerce comme les Anglais. N'a-t-elle pas tout cela à défendre aujourd'hui ? La paix ne peut-elle pas la remettre en possession de son ancien état ? Sa situation, peut-être pénible pendant quelques années, n'est-elle pas préférable à faire du monarque hollandais un gouverneur pour l'Angleterre ? de la Hollande et de ses colonies, un fief de la Grande-Bretagne ? L'encouragement que vous donneriez au commerce anglais vous conduirait à cela : vous avez sous les yeux l'exemple de la Sicile et du Portugal.

Laissez marcher le temps : si vous avez besoin de vendre vos genièvres, les Anglais ont besoin de les acheter. Désignez les points où les smogleurs anglais viendront les prendre ; mais qu'ils les paient avec de l'argent, et jamais avec des marchandises. Jamais, entendez-vous ? Il faudra bien enfin que la paix se fasse ; vous signerez en son lieu un traité de commerce avec l'Angleterre. J'en signerai peut-être un aussi ; mais les intérêts réciproques seront garantis. Si nous devons laisser exercer à l'Angleterre une sorte de suprématie sur les mers, qu'elle aura achetée au prix de ses trésors et de son sang, une prépondérance qui tient à sa position géographique et à ses occupations territoriales dans les trois parties du monde, au moins nos pavillons pourront se montrer sur l'Océan sans craindre l'insulte ; notre commerce maritime cessera d'être ruineux. C'est à empêcher l'Angleterre de se mêler des affaires du continent qu'il faut travailler aujourd'hui.

Votre affaire de grâce m'a entraîné dans ces détails ; je m'y suis livré parce que j'ai craint que vos ministres hollandais n'aient fait entrer de fausses idées dans l'esprit de votre majesté.

Je désire que vous réfléchissiez cette lettre et que vous fassiez des sujets qu'elle traite l'objet des délibérations de vos conseils ; enfin que vos ministres impriment à l'administration le mouvement qui lui convient.

Sous aucun prétexte la France ne souffrira que la Hollande se sépare de la cause continentale.

Quant à ces contrebandiers, puisque la faute a été commise, il n'y a plus à revenir sur le passé ; je vous conseille seulement de ne pas les laisser dans les prisons de Midelbourg : c'est trop près du lieu où le crime a été commis ; renvoyez-les dans le fond de la Hollande.

Cette lettre n'étant à autre fin, etc.

NAPOLÉON.

A BERNADOTTE.

Aux Tuileries, le 8 août 1811.

Monsieur le prince royal de Suède, votre correspondance particulière m'est parvenue ; j'ai apprécié comme la preuve des sentimens d'amitié que vous me portez et comme une marque de la loyauté de votre caractère les communications que vous me faites. Aucune raison politique ne m'empêche de vous répondre.

Vous appréciez sans doute les motifs de mon décret du 21 novembre 1806. Il ne prescrit point de
lois à l'Europe ; il trace seulement la marche à suivre
pour arriver au même but : les traités que j'ai signés
font le reste. Le droit de blocus que s'est arrogé l'Angleterre nuit autant au commerce de la Suède, est
aussi contraire à l'honneur de son pavillon et à sa
puissance maritime qu'il nuit au commerce de l'empire français et à la dignité de sa puissance. Je dirai
même que les prétentions dominatrices de l'Angleterre sont encore plus offensives envers la Suède, car
votre commerce est plus maritime que continental : la
force réelle du royaume de Suède est autant dans
l'existence de sa marine que dans l'existence de son
armée.

Le développement des forces de la France est tout
continental. J'ai su créer dans mes États un commerce intérieur qui porte la vie et l'argent des extrémités de l'empire au centre, et du centre aux extrémités, par l'impulsion donnée aux industries agricoles
et manufacturières, par la rigoureuse prohibition des
produits étrangers. Cet état de choses est tel que je
ne sais pas si le commerce français aurait beaucoup
à gagner par la paix avec l'Angleterre.

Le maintien, l'observance ou l'adoption du décret
de Berlin est donc, j'ose le dire , plus dans les intérêts de la Suède et de l'Europe que dans les intérêts
privés de la France.

Telles sont les raisons que ma politique ostensible
peut proposer à la politique ostensible de l'Angleterre.

Les raisons secrètes de l'Angleterre, les voici : elle
ne veut pas la paix ; elle s'est refusée à toutes les
ouvertures que je lui ai fait faire ; la guerre agrandit
son commerce et son territoire ; elle craint des resti-

tutions ; elle ne veut pas consolider le nouveau système par un traité ; elle ne veut pas que la France soit
puissante. Je veux la paix, je la veux entière, parce
qu'elle seule peut assurer les nouveaux intérêts et les
États créés par la conquête : je pense que sur ce
point votre altesse royale ne doit pas différer de sentimens avec moi.

J'ai beaucoup de vaisseaux, je n'ai point de marins ;
je ne puis lutter avec l'Angleterre pour l'obliger de
faire la paix ; il n'y a que le système continental qui
puisse réussir. Je n'éprouve à cela aucun obstacle de
la Russie et de la Prusse ; leur commerce n'a qu'à
gagner au régime prohibitif.

Votre cabinet se compose d'hommes éclairés. Il y
a de la dignité et du patriotisme dans la nation suédoise. L'influence de votre altesse royale dans le gouvernement est généralement approuvée : elle trouvera
peu d'obstacles à soustraire ses peuples à une soumission mercantile envers une nation étrangère. Ne vous
laissez pas prendre à des appâts trop flatteurs que
vous présenterait l'Angleterre. L'avenir vous prou-
vera que, quelles que soient les révolutions que le
temps doit produire, les souverains de l'Europe donneront des lois prohibitives qui les laisseront maîtres
chez eux.

L'article 3 du traité du 24 février 1802 corrige les
stipulations incomplètes du traité de Frédérisham. Il
faut qu'il soit rigoureusement observé pour tout ce
qui regarde les denrées coloniales. Vous me dites que
vous ne pouvez vous passer de ces denrées et que,
par défaut de leur introduction, les revenus de vos
douanes diminuent. Je vous donnerai pour vingt
millions de denrées coloniales que j'ai à Hambourg ;
vous me donnerez pour vingt millions de fer. Vous

n'aurez point d'argent à exporter de la Suède. Cédez ces denrées à des marchands : ils paieront les droits d'entrée ; vous vous débarrasserez de vos fers : cela m'arrangera. J'ai besoin de fers à Anvers, et je ne sais que faire des denrées anglaises.

Soyez fidèle au traité du 24 février ; chassez les contrebandiers anglais de la rade de Gothembourg ; chassez-les de vos côtes, où ils trafiquent librement ; je vous donne ma parole que de mon côté je garderai scrupuleusement les conditions de ce traité. Je m'opposerai à ce que vos voisins s'approprient vos possessions continentales. Si vous manquez à vos engagemens, je me croirai dégagé des miens.

Je désire toujours m'entendre amicalement avec votre altesse royale; je verrai avec plaisir qu'elle communique cette réponse à sa majesté suédoise, dont j'ai toujours apprécié les bonnes intentions.

Mon ministre des affaires étrangères répondra officiellement à la dernière note que le comte d'Essen a fait mettre sous mes yeux.

Cette lettre n'étant à autre fin, etc.

NAPOLÉON.

AU PRINCE RÉGENT D'ANGLETERRE.

Rochefort, le 13 juillet 1815.

Altesse royale,

En butte aux factions qui divisent mon pays et à l'inimitié des plus grandes puissances de l'Europe, j'ai terminé ma carrière politique, et je viens comme Thémistocle m'asseoir aux foyers du peuple britannique. Je me mets sous la protection de ses lois, que je réclame de votre altesse royale, comme le plus puissant, le plus constant et le plus généreux de mes ennemis. NAPOLÉON.

A M. DE LAS-CASES.

Longwood, le 11 décembre 1816.

Mon cher comte de Las-Cases, mon cœur sent vivement ce que vous éprouvez. Arraché il y a quinze jours d'auprès de moi, vous êtes enfermé, depuis cette époque, au secret, sans que j'aie pu recevoir ni vous donner aucunes nouvelles, sans que vous ayez communiqué avec qui que ce soit, Français ou Anglais, privé même d'un domestique de votre choix.

Votre conduite à Sainte-Hélène a été, comme votre vie, honorable et sans reproche : j'aime à vous le dire.

Votre lettre à une de vos amies de Londres n'a rien de répréhensible ; vous y épanchez votre cœur dans le sein de l'amitié.

Cette lettre est pareille à huit ou dix autres que vous avez écrites à la même personne et que vous avez envoyées décachetées. Le commandant de ce pays, ayant eu l'indélicatesse d'épier les expressions que vous confiez à l'amitié, vous en a fait des reproches dernièrement, vous a menacé de vous renvoyer de l'île si vos lettres contenaient davantage des plaintes contre lui. Il a par là violé le premier devoir de sa place, le premier article de ses instructions et le premier sentiment de l'honneur ; il vous a ainsi autorisé à chercher les moyens de faire arriver vos épanchemens dans le sein de vos amis et de leur faire connaître la conduite coupable de ce commandant. Mais vous avez été bien simple, votre confiance a été bien facile à surprendre ! ! !

On attendait un prétexte de se saisir de vos papiers : mais votre lettre à votre amie de Londres n'a pu autoriser une descente de police chez vous, puisqu'elle ne contient aucune trame ni aucun mystère, qu'elle n'est que l'expression d'un cœur noble et franc. La conduite illégale, précipitée qu'on a tenue à cette occasion porte le cachet d'une haine personnelle bien basse.

Dans les pays les moins civilisés, les exilés, les prisonniers, même les criminels, sont sous la protection des lois et des magistrats ; ceux qui sont préposés à leur garde ont des chefs dans l'ordre administratif et judiciaire qui les surveillent. Sur ce rocher l'homme qui fait les règlemens les plus absurdes les exécute avec violence et transgresse toutes les lois ; personne ne contient les écarts de ses passions.

Le prince régent ne pourra jamais être instruit de la conduite que l'on tient en son nom : on s'est refusé à lui faire passer mes lettres, on a renvoyé avec emportement les plaintes qu'adressait le comte Montholon ; et depuis on a fait connaître au comte Bertrand qu'on ne recevrait aucunes lettres si elles étaient libellées comme elles l'avaient été jusqu'à cette heure.

On environne Longwood d'un mystère qu'on voudrait rendre impénétrable pour cacher une conduite criminelle et qui laisse soupçonner de plus criminelles intentions ! ! !

Par des bruits répandus avec astuce, on voudrait donner le change aux officiers, aux voyageurs, aux habitans et même aux agens que l'on dit que l'Autriche et la Russie entretiennent en ce pays. Sans doute que l'on trompe de même le gouvernement anglais par des récits adroits et mensongers.

On a saisi vos papiers, parmi lesquels on savait qu'il y en avait qui m'appartenaient, sans aucune formalité, à côté de ma chambre, avec un éclat et une joie féroce. J'en fus prévenu peu de momens après, je mis la tête à la fenêtre, et je vis qu'on vous enlevait. Un nombreux état-major caracolait autour de la maison ; il me parut voir des habitans de la mer du Sud danser autour du prisonnier qu'ils allaient dévorer.

Votre société m'était nécessaire. Seul vous lisez, vous parlez et entendez l'anglais. Combien vous avez passé de nuits pendant mes maladies ! Cependant je vous engage et au besoin vous ordonne de requérir le commandant de ce pays de vous envoyer sur le continent : il ne peut point s'y refuser, puisqu'il n'a action sur vous que par l'acte volontaire que vous avez signé. Ce sera pour moi une grande consolation que de vous savoir en chemin pour de plus fortunés pays.

Arrivé en Europe, soit que vous alliez en Angleterre ou que vous retourniez dans la patrie, oubliez le souvenir des maux qu'on vous a fait souffrir ; vantez-vous de la fidélité que vous avez montrée et de toute l'affection que je vous porte.

Si vous voyez un jour ma femme et mon fils, embrassez-les ; depuis deux ans, je n'en ai aucunes nouvelles ni directes ni indirectes.

Il y a dans ce pays, depuis six mois, un botaniste allemand qui les a vus dans le jardin de Schœnbrunn, quelques mois avant son départ. Les barbares ont empêché soigneusement qu'il ne vînt me donner de leurs nouvelles.

Toutefois consolez-vous et consolez mes amis. Mon corps se trouve, il est vrai, au pouvoir de la haine de mes ennemis; ils n'oublient rien de ce qui peut assouvir leur vengeance; ils me tuent à coups d'épingle; mais la Providence est trop juste pour qu'elle permette que cela se prolonge longtemps encore. L'insalubrité de ce climat dévorant, le manque de tout ce qui entretient la vie, mettront, je le sens, un terme prompt à cette existence, dont les derniers momens seront un acte d'opprobre pour le caractère anglais; et l'Europe signalera un jour avec horreur cet homme astucieux et méchant : les vrais Anglais le désavoueront pour Breton.

Comme tout porte à penser qu'on ne vous permettra pas de venir me voir avant votre départ, recevez mes embrassemens, l'assurance de mon estime et mon amitié; soyez heureux !

Votre dévoué, NAPOLÉON.

FIN.

TABLE.

—

FIN DE LA TABLE.